Gas·tro·naut, *Substantiv [der]* jmd., der die Küchenphänomene unserer Welt mit **physikalischem Hintergrundwissen** und einer großen Portion **Entdeckergeist** erkundet. Hantiert für gewöhnlich ohne Einkaufszettel, orientiert sich an **saisonalem Angebot.** Kreiert Rezepte von A–Z im Kopf. Sieht vor geistigem Auge die wichtigsten Moleküle der Zubereitung, wie sie **denaturieren,** thermisch zappeln, Wasser binden, mit Salzen und Geschmacksstoffen wechselwirken, grenzflächenaktiv sind, **emulgieren** und Aromaverbindungen festhalten. Verschiebt dabei zusehends die Grenzen des bereits erschlossenen Küchenuniversums.

THOMAS A. VILGIS

Der Gastronaut

Erkundungen eines kochenden Physikers

When I grow up, I want to be a Gastronaut,
but if I can't be a Gastronaut,
I think I'll be a physicist, a scientist.

Inhalt

Es knackt, kracht, schäumt und prickelt – überraschende Texturexperimente

Fehler, Zufallsentdeckungen und andere Abwege

Alle Jahreszeiten wieder

Cooking, fast and slow

Vom Räuchern und Rösten

Aus weiter Ferne und ganz nah

Register

Vorwort

Seit Jahrzehnten bin ich als Gastronaut im kulinarischen Universum unterwegs, von den ersten Schritten in der »Koch-AG, auch für Buben« über meine berufliche Spezialisierung auf dem Gebiet der Lebensmittelmolekularphysik bis hin zu Genussreisen in die Ferne und wieder zurück in die eigene Küche. Dieses Buch ist eine Art Logbuch meiner jüngeren Expeditionen. Notizen dafür entstanden im Laufe der letzten zwei, drei Jahre – bei neugierigen Experimenten im Labor und im häuslichen Küchenkeller, auf Reisen oder bei der Zubereitung meines Abendessens.

Ich koche täglich einfache Gerichte, um bei maximalem Genuss satt zu werden. Nicht abgehoben mit Hummer oder Nachtigallenzungen, sondern mit den saisonalen Produkten des Wochenmarkts, des Gartens, der Bäume und Sträucher, der Weiden und Ställe. Meist ganz altmodisch, wie es seit Jahrhunderten üblich ist. Mit Feuer, Topf und Pfanne oder alten Kochlöffeln. Bisweilen unterstützt von älterem Gerät wie Mikrowelle und Spätzlepresse – oder neuerem wie Lötlampe und Kammervakuumierer. Und oft einfach mit dem, was gerade im Kühl- oder Vorratsschrank zu finden ist: Nüsse, getrocknete Hülsenfrüchte, eine Handvoll Getreide oder Mehl. Ein kleiner Sellerie, eine Karotte, etwas Buchweizen und 1–2 Esslöffel Joghurt bergen schon ein hochdimensionales kulinarisches Potenzial. Auch oft verschmähte Lebensmittel kommen bei mir auf den Tisch: Innereien, Fischschuppen, Garnelenköpfe, lasches Gemüse, Blätter, Stiele, madiger Käse oder angedätschtes, leicht bräunliches Obst mit seinen wunderbar fruchtigen Aromen sind für mich persönlich kein Tabu. Im Gegenteil: Es reizt mich, das Letzte aus allen Lebensmitteln herauszuholen und Köstliches daraus zu zaubern. Denn es ist viel mehr essbar (und köstlich!), als manch einer denkt.

Ich bin bekennender Allesfresser. Das Einzige, was bei mir nicht auf den Tisch kommt, ist Convenience-Food. Eine Fertigpizza, egal ob aus dem (Bio)Supermarkt oder vom Lieferservice, wirkt auf mich nulldimensional. Ich lasse mich viel lieber von meinem eigenen Geschmack, den physikalischen, chemischen und sensorischen Eigenschaften der Lebensmittel und den wissenschaftlichen Grundlagen des Kochens treiben. In meiner wöchentlichen Radiokolumne »Gastro Jet«, die seit 2016 am Samstagnachmittag im SWR2 läuft, habe ich bereits regelmäßig die Esskultur aus physikalischer Perspektive betrachtet und zu jedem Thema ein Rezept notiert, das durch meine persönliche, naturwissenschaftliche und hin und wieder krakelige Handschrift geprägt ist. Dieses Material war die Grundlage für dieses Buch.

Inspirieren lasse ich mich außerdem gern auf Reisen. Die lokalen Märkte in fremden Städten, Regionen und Ländern sind für mich die spannendsten Erkundungen. So stehen immer, wenn es geht, authentische Gasthäuser und die ansässige Spitzengastronomie auf dem Programm, denn gemäß meiner Theorie lässt sich nur auf diese Weise die Kultur einer Stadt, einer Region, eines Landes erfahren. In pulsierenden Hafenspelunken, Apérobars oder Bistros, in die sich kaum ein Ortsfremder hineintraut, weil es laut und rau zugeht, ist weit mehr über die Menschen zu erfahren als in sterilen Museen. In Cafés, Gasthäusern und auf Märkten sauge ich wie ein schwarzes Loch alles auf, was sich im Riech-, Hör- und Sichtradius befindet und verschiebe dadurch stetig die Grenzen meines kulinarischen Horizonts.

Die Rezepte, die ich für dieses Buch zusammengestellt habe, sind, wie es sich für einen frei schweifenden Gastronauten gehört, nichts weiter als Ideen. Sie dürfen keineswegs mit religiösem Eifer grammgenau nachgekocht werden. Ich bin kein Rezeptentwickler, geschweige denn Koch, und so sind auch die Rezeptfotos mehr als Serviervorschläge zu verstehen, von denen Sie getrost abweichen können, wenn es Ihnen beliebt. Die meisten Gerichte sind einfache Teller und eignen sich kaum als Aufnahmegesuche in die Clubs der kochenden Männer. Aber sie haben mir ein Aha-Erlebnis beschert und stillten meinen Hunger, nicht nur im Magen, sondern auch in Hippocampus und Amygdala. So alltäglich die verwendeten Produkte auch erscheinen mögen: Lassen Sie sich überraschen, zum Beispiel von den röstigen Tiefen einer Sellerieknolle oder den diversen Nanopartikeln der Rohmilch. Und zum Schluss wird Ihnen selbst das Innere eines Soufflés genauso wenig mehr ein Geheimnis sein wie die Temperatur der fortwährend sterbenden Sonne.

Das kulinarische All ist vermutlich endlich, aber die Lebenserwartung eines Menschen erscheint mir zu kurz, um an die Grenzen dieses Universums vorzustoßen. Meine Aufzeichnungen sind als Einladung zu verstehen, kreativitätshemmende Dos and Don'ts und jedwede Bequemlichkeit hinter sich zu lassen und sich auf eigene Entdeckungsreise zu begeben – mit allen Sinnen durch Geschmackskontinente und Texturdimensionen, auf Um- und Abwege, hinein in die Welt der Bakterien und hinaus in die Regionalküchen der Welt.

Viel Vergnügen!
Thomas A. Vilgis, Gastronaut

Es gibt Leben hier drinnen! Mikrobakterielle Metamorphosen

Tokyo trifft Mainz, Koji trifft Kartoffel

My personal kimchi

Rohmilchgeschichten

Sanft beschwipstes Gemüse

Ein Misoscherzel

Trinkjoghurt (»probiotisch«), Marke Eigenbau

Salzzitronen, Salzorangen, Salzgrapefruit? Alles geht!

Tokyo trifft Mainz, Koji trifft Kartoffel

Wer weiß, was im Inneren der Lebensmittel passiert, kann schon mal auf »abwegige« Gedanken kommen – im positiven Sinne natürlich. So ging es mir vor einigen Jahren mit dem erstmaligen bewussten Erwerb von nicht pasteurisierter, original japanischer Misopaste in einem Biomarkt. Nicht pasteurisiert – da stellt mancher sich Schlimmes vor: In dem Behälter wuselt es gewaltig und gleich krabbeln kleine Tiere heraus. Das ist natürlich Unsinn, aber nicht pasteurisiert bedeutet tatsächlich: Es gibt Leben da drinnen!

Im Zentrum steht hier ein spezieller Pilz, der Koji-Pilz *(Aspergillus flavus var. oryzae)*. In Japan spielt er die Hauptrolle bei allen Fermentationen, von Miso über Mirin bis hin zu Sake. Der Koji-Pilz wächst auf gedämpftem Reis als »Substrat« und produziert dabei Enzyme, die Proteine, Stärke und Fett »zerlegen« können. Diese Enzyme heißen Proteasen, Lipasen und Amylasen, sie sind nach den Namen der Verbindungen benannt, die sie bearbeiten: Proteasen zerschneiden Proteine, Lipasen Lipide und so weiter.

Wird diese hochaktive Misopaste nun einem Lebensmittel zugegeben, dessen Bestandteile den Enzymen zur Verfügung stehen, gehen diese unverzüglich ans Werk. Alles, was Proteine, Stärke oder Fett enthält, lässt sich auf diese Weise fermentieren. Warum also nicht einmal mit gedämpften oder gekochten Kartoffeln experimentieren? Unter der hohen Temperatur quillt die harte native Stärke der Kartoffeln auf, wird weich und ist damit zugängliches Futter für Amylasen. Diese produzieren dann beim Zerschneiden der Stärke Zucker (Glukose), die wiederum Aromen bilden und gleichzeitig eine Milchsäuregärung in Gang setzen, die den pH-Wert kontinuierlich absenkt. Des Weiteren zerschneiden die Proteasen der Pilzsporen die Proteine (die Kartoffel enthält immerhin 12 %); dabei entstehen ein würziger umami-Geschmack und in Kombination mit den Zuckern sogar Maillardprodukte (Röstaromen).

Das funktioniert übrigens auch ohne Vakuumierer: Einfach die zerdrückten gekochten Kartoffeln mit der Misopaste in einen Zipbeutel geben, die Luft möglichst gut herausdrücken, verschließen und warmstellen. Der zu Beginn noch vorhandene Sauerstoff wird rasch »veratmet«, bevor die gewünschte Fermentation, ähnlich wie im Vakuum, eintritt.

Was die Theorie nahelegt, zeigt sich in der Praxis ganz deutlich: Geschmack und Aroma sind zeitabhängig: Anfangs (nach ein paar Tagen) dominiert eine würzige Süße aus dem Proteinabbau (umami) und der Stärkespaltung, bei der sich freie Glukosen und Stärkebruchstücke (Oligosaccharide) bilden (süß). Dazu kommt ein Hauch Säure aus der beginnenden Milchsäuregärung, bei der auch die aus dem Sauerkraut bekannten Aromen entstehen. Je länger die Fermentation dauert, desto stärker überwiegt die Aromabildung durch die Enzymschnitte: Umami-Geschmack und Säure dominieren, während die Zucker zuletzt vollständig zu Aromen umgebildet sind. Wichtig ist dabei die genaue Zuordnung der Aroma- und Geschmacksbildung. Die Milchsäuregärung bildet neben dem säuerlichen Geschmack Aromen, die an Kimchi, Sauerkraut oder gar Joghurt erinnern. Sie bleiben aber im Hintergrund, denn die nach und nach einsetzende enzymatische Maillardreaktion bildet aus der abgespaltenen Glukose und den vielen Aminosäuren Röstaromen, die dominieren. Für den Umami-Anteil im Geschmack ist die Glutaminsäure aus den Kartoffelproteinen (und dem Miso) verantwortlich: Sie bleibt übrig, da sie nur sehr verhalten an der Reaktion zu Bräunungsstoffen beteiligt ist. Nach 3–4 Monaten ist das Kartoffelmiso fein säuerlich, umami und sehr pastös, da das meiste des »Strukturpolymers« Stärke zu kleinen Zuckern gespalten wurde.

Wer verschiedene Stadien probieren möchte, schweißt am besten mehrere Portionen des identischen Ansatzes ein und kostet alle paar Tage davon. Das ist wahre Experimentalküche – vor allem auf der Zunge. Mein Lieblingsstadium war übrigens schon nach 4 Wochen erreicht.

Aber was fängt man mit dem Ergebnis an, außer neugierig davon zu kosten? Nun, so eine Kartoffelmiso-Würze ist tatsächlich vielfältig einsetzbar. Ich habe Folgendes probiert: Das junge, eher würzig-süßliche

Kartoffelmiso passt hervorragend zu Hülsenfrüchten und dient in Gemüsesalaten als essigfreie Säure. Länger fermentierte Proben lassen sich ähnlich wie Miso als intensive, mundfüllende Umami-Würze verwenden, etwa in einer Pastasauce. (Keine Sorge, den kartoffeligen Charakter hat das Kartoffelmiso nicht mehr, einer Kombination mit Teigwaren steht nichts im Weg.)

Wer eine feine Zunge und eine noch feinere Nase hat, kann mit der Kartoffelsorte spielen. Die Unterschiede zwischen fest-, vorwiegend fest- oder mehligkochend drücken sich in mal mehr, mal weniger Protein aus. Weniger Protein bedeutet letztlich: weniger Aminosäuren im Verhältnis zur Glukose. Was sich nach molekularer Erbsenzählerei anhört, hat natürlich für die Aroma- und Geschmacksbildung relevante Auswirkungen: Mehlige Kartoffeln entwickeln weniger Umami-Geschmack, etwas mehr Säure und liefern einen Hauch mehr Karamelltöne als proteinreichere festkochende Exemplare. Zumindest in der Theorie.

GRUNDREZEPT: PFÄLZER KARTOFFELMISO

300 g Kartoffeln (es funktioniert mit jeder Sorte) – 4 g Salz
1 TL Misopaste (nicht pasteurisiert, aus dem Bioladen)

Die Kartoffeln in der Schale dämpfen, bis sie gar sind. Pellen und abkühlen lassen. Mit einem Kartoffelstampfer zerdrücken, Salz und die Misopaste zugeben, gründlich vermengen. Vakuumieren und für mindestens vier Wochen an einem warmen Ort bei 25–30 °C fermentieren lassen.

GEMÜSESALAT MIT PULPO

1 Schalotte – 1 EL durchgegartes Kartoffelmiso
(etwa 4 Wochen fermentiert)
1 EL sehr trockener Sherry – 400 g roh essbare Gemüse der Saison
(z. B. Möhren, Rote Bete, Kohlrabi oder Selleriestangen)
3 EL Sesamöl – 1 gegarter Tentakel eines Tintenfisches (Pulpo)
(vom wohlsortierten Fischhändler)

Die Schalotte schälen und fein würfeln, mit dem Kartoffelmiso und dem Sherry vermengen. Die Gemüse putzen und fein hobeln bzw. sehr dünn schneiden und unter die Miso-Schalotten-Mischung heben. Ca. 15 Minuten ziehen lassen. Das Sesamöl unterheben. Den Pulpo in dünne Scheiben schneiden und kurz vor dem Servieren unter den Salat heben. Anrichten und als Vorspeise reichen.

My personal kimchi

Kimchi kommt immer mehr in Mode – klar, es klingt auch exotischer als das heimische Sauerkraut, sein nächster Verwandter in Europa. Die koreanische Spezialität kommt in ihrer Heimat zu jeder Tageszeit auf den Tisch, sogar zum Frühstück – im Unterschied zu unserem Sauerkraut, das traditionell meist mit wenig frühstückstauglichen Schweinshaxen, Speck, Würstchen und Bier daherkommt. Doch Kimchi klingt nicht nur exotisch, beschwingt und weniger deftig, es ist tatsächlich aromatisch interessanter und – wegen der weiteren Beigaben von Gemüse, Kräutern und Gewürzen – vielseitiger einsetzbar!

Im Unterschied zum Sauerkraut, das in Deutschland und im Elsass meist lediglich aus geschnittenem und gesticheltem Weißkohl und der entsprechenden Menge Salz besteht, finden im Kimchi neben Kohl noch ganz andere Zutaten Platz. Kimchirezepte gibt es daher unzählige, wobei allen als Grundzutat der Chinakohl gemein ist, der von seiner Textur her feiner und in seinem typisch schwefeligen Kohlduft zurückhaltender ist als der Weißkohl. Ansonsten kommt alles hinein, was fermentiert werden kann und einen Hauch Schwefelaroma mitbringt: Rettich, Radieschen und/oder deren Blätter, Navets (kleine Rübchen) und/oder deren Kraut, Knoblauch und dessen Grün (auch der knollenarme Schnittknoblauch) oder Lauchzwiebeln, nicht zu vergessen Senfkohl oder Senfkraut. Schwefelarme Zutaten können ebenfalls beigemischt werden, wie etwa Gurken oder getrocknetes Obst, dessen hoher Zuckergehalt der Fermentation gewaltig auf die Sprünge hilft. In manchen Rezepten finden sich Zutaten wie Salzfische, Fisch- oder Austernsaucen, die den Umami-Geschmack betonen. Als Gewürz dient oft Chili. Kimchis weisen daher in der Regel eine gewisse Schärfe auf. Perillablätter und Ingwer sind ebenso gern gesehen. Welch ein Aromasegen! Und ganz nebenbei auch sehr praktisch, denn die große Freiheit bei der Zutatenauswahl macht Kimchi selbst in unseren Breiten zu einem saisonal unabhängigen Gericht, das man also nicht nur zu jeder Tages-, sondern auch zu jeder Jahreszeit genießen kann.

Der Clou am Ganzen ist – neben den Zutaten – das Fermentieren. Dabei wandeln sich ständig vermehrende Laktobazillen, die sich auf den Händen und auf den Gemüsen unvermeidlich befinden, Zucker in Milchsäure um: So entsteht das typische Grundaromaspektrum, das in allen Variationen zu riechen ist. In manchen Rezepten gibt man dem Gemüse noch Zucker oder etwas mit Wasser angerührtes, aufgekochtes Mehl mit. Der Zucker ist, ebenso wie die hin und wieder zugegebenen Trockenfrüchte, ein gefundenes Fressen für die Laktobazillen, sie können dann sofort loslegen und müssen nicht erst in mühsamer Arbeit als Erstes die Pflanzenzucker aus den Zutaten holen. Mehl liefert wiederum glutamatreiches Protein (Gluten), das den Aminosäurengeschmack in Richtung umami drängt. Außerdem wird ein Teil der (durch das Kochen gequollenen) Stärke wieder zu Glukose gespalten, sodass der Gärprozess am Laufen bleibt. Verantwortlich für diese Spaltung sind übrigens Enzyme aus wilden Hefen, die vor der Gärung aus der Umgebung in das Kimchi gelangen und kräftig mithelfen.

Ich fermentiere, wie meist, unter Vakuum. Den ganzen Kladderadatsch mit Salz einschweißen und an einen Ort stellen, an dem die Temperatur bei etwa 30 °C liegt: im Winter auf die Fensterbank über der Heizung, im Sommer in die Sonne oder auch mal ein paar Tage in den Backofen mit eingeschalteter Beleuchtung (das ergibt etwa 30 °C) – vorausgesetzt, im Ofen wird in der Zeit nicht gebacken, Joghurt hergestellt (siehe Seite 38) oder geschmort. Das Fermentieren im Vakuum hat den Vorteil, dass die Fermentation vollkommen anaerob (ohne Sauerstoff) startet und Stinkkeime, Fäulnis oder Schimmel daher keine Chance haben. Die Beutel blähen sich wegen der Kohlendioxidproduktion bedrohlich auf, und falls jemand Angst vor deren »Explosion« hat, sollte er sie einfach in eine Schüssel legen. Wer jedoch nicht über eine ordentliche Kammervakuumiermaschine verfügt, der sei beruhigt: Ein großes Einmachglas mit Gummiring und Verschluss tut's auch. Dann ab und zu mal den Kohlendioxiddampf bzw. Druck ablassen – und ansonsten in aller Ruhe abwarten, während fleißige Laktobazillen die Arbeit tun.

Übrigens wird dem Kimchi wegen der gestatteten Zutatenorgie allerhand zugetraut. Während Sauerkraut vor allem mit Vitamin C, Ballaststoffen und probiotischen Milchsäurebakterien glänzt, wartet Kimchi mit mehr freien Aminosäuren, Mineralstoffen, Eisen, β-Karotinen und dergleichen auf, die nach der Fermentation und der damit einhergehenden Enzymaktivität physiologisch leicht verfügbar sind. Zugleich werden weniger gut verträgliche Pflanzenabwehrstoffe abgebaut. Daher wurde Kimchi inzwischen zu Superfood erklärt. Dem schließe ich mich gern an und empfehle der stetig wachsenden Gemeinde der Superfoodgläubigen dreimal täglich 500 g Kimchi. Wenn Sie fest daran glauben, werden Sie ganz bestimmt 200 Jahre alt. Alle andern essen es einfach, weil es ihnen schmeckt und sie damit auf ihren Tellern zaubern können: morgens statt Trinkjoghurt einen Löffel Kimchisud mit einem Löffel Kimchi, mittags als »mini side dish« in Extraschälchen zu leichten Gerichten, abends zum Apéro mit ein paar gerösteten Kichererbsen und Nüssen sowie der ein oder anderen Jahrgangssardine zur Einstimmung ins Abendmenü, am besten mit einem Glas belgischen Sauerbiers (im Ernst!). Ich mag Kimchi gern zur gebeizten Lachsforelle oder gar zum saftig-fettigen Räucheraal (den ich vom Bremerhavener auf dem Mainzer Wochenmarkt bekomme) mit etwas roher Roter Bete. Das ist dann der ultimative Zusammenprall der Esskulturen auf der Zunge.

KIMCHI MIT BIRKE

1 kleiner Chinakohl (ca. 500 g) – 1 Bund Mizuna
5 Birkenblätter (der außergewöhnlichen Terpene wegen)
200 g Daikonrettich – 1/2 frische Chilischote
3 Knoblauchzehen – 3 Frühlingszwiebeln
1 Stück Ingwer (1 cm) – 2 EL Milchzucker (Laktose)
2 EL koreanische Fischsauce – Salz

Alle Zutaten zur Bestimmung des notwendigen Salzgewichts auswiegen. 2 % Salz des Zutatengewichts abwiegen.

Den Chinakohl vierteln. Knoblauch und Rettich schälen und alle Gemüse und Gewürze schneiden: Kohl, Mizuna und Birkenblätter in Streifen, Daikonrettich und Knoblauch in Stifte, Frühlingszwiebeln samt Grün und die Chilischote in Ringe. Den Ingwer schälen und hacken.

Alle Zutaten mit dem Salz in ein sauberes (mit kochendem Wasser gespültes) Einweckglas geben und dicht zusammenpressen. Nach oben etwas Luft lassen. An einem warmen Ort mindestens 3–7 Tage fermentieren, immer wieder kontrollieren und etwas »Dampf« ablassen. Aromabildung braucht Zeit, daher verändert sich selbiges mit steigender Fermentationsdauer.

Übrigens: Den säuerlichen Sud, der sich bildet, nicht wegwerfen. Er eignet sich hervorragend a) zum Trinken, b) zum Marinieren und c) für exotische Vinaigrettes.

Das Officemesser: ein altes Modell aus der Provence
von 1998, bis heute allzeit griffbereit.

Rohmilchgeschichten

Rohmilch ist ein altes Kulturgut, das praktisch in allen Teilen dieser Welt vom Aussterben bedroht ist. Problematisch sind die kuheigenen Bazillen, die nicht durch Erhitzen abgetötet werden wie bei pasteurisierter Milch. Das Bundesinstitut für Risikobewertung warnt auf seiner Internetseite: »Rohmilch ist ein empfindliches Lebensmittel, das aufgrund seiner Gewinnung unmittelbar vom Tier im Stall nach einem Filtrationsschritt ohne weitere Verarbeitung (Pasteurisierung) mit krankmachenden Bakterien wie zum Beispiel Salmonellen, Campylobacter oder Enterohämorrhagische Escherichia Coli (Ehec) kontaminiert sein kann. Diese Keime können zum Teil schwere Erkrankungen auslösen.« Das ist vollkommen richtig und jeder muss sich bewusst sein, ob er dieses Risiko eingehen will – oder nicht. Ich gehe es manchmal ein. Es schmeckt mir einfach zu gut.

So folgt an dieser Stelle aus traurigem Anlass zunächst ein Nachruf auf meine Lieblings-Rohmilchproduzenten, die ihre Arbeit aufgrund dieser Hygienevorschriften einstellen mussten: ein kleiner Bauernhof in der Nähe von Straßburg, der als Kooperative von enthusiastischen Bauern betrieben wurde, welche den Beruf Landwirt über den zweiten Bildungsweg oder autodidaktisch erlernt hatten. Die Milch war eine Offenbarung: cremige Trinksahne, direkt von der Kuh. Kein Wunder, die Erzeugerinnen gehörten zur Rasse Montbéliard, standen auf den Bergen der Vogesen und fraßen Gras, schauten ins Rheintal, hinüber in den Schwarzwald bis nach Basel und sahen, dass es gut war. Die Bauern molken die Kühe, tranken die Milch, machten daraus Käse, Joghurt, Butter und Sahne und brachten den Rest des weißen Rohgoldes samstags hinunter nach Straßburg zum Markt, wo glückliche Menschen für diese vorzügliche Milch mit leeren Flaschen Schlange standen, sie zu echt fairen Preisen abgefüllt bekamen und jahrelang genossen. 2014 war plötzlich Schluss. Eine französische Behörde meinte, so gehe das nicht. Die Rohmilch sei voller Bazillen. Hof und Molkerei müssten umgebaut werden, die Wände geplättelt sein. Die wackeren Bauern der Erzeugergemeinschaft scheuten keine Mühe und bauten in Eigenleistung den Hof um. Doch die Behörde kam, sah und siegte: Die Wandplatten in der Molkerei entsprächen nicht der Vorschrift, sie seien zu rau und taugten maximal für Joghurt und Käse.

Aufgrund dieser Anforderungen mussten viele individuelle Kleinstbetriebe schließen, bevor manch ein Bürger überhaupt die Möglichkeit hatte, sich von dem Genuss der problematischen Milch zu überzeugen. Ich selbst trinke seit Jahren Rohmilch, fertige daraus meine Joghurts (siehe Seite 39) oder experimentiere mit käseähnlichen Konstruktionen.

Neben der unbestrittenen Keimproblematik, die jeder für sich selbst beurteilen muss, ranken sich um Rohmilch und Rohmilchprodukte jedoch einige Mythen. Zum einen gibt es da das Märchen von der angeblich schädlichen, da körperfremden MicroRNA. Diese kleinen (nicht codierten) kuh- und kalbspezifischen Ribonukleinsäuren dienen den Kälbern beim Wachsen – und können beim Menschen entgegen manch anderslautendem Gerücht keineswegs Gene verändern, denn sie kommen erst gar nicht dorthin, wo sie Schaden anrichten können. Detaillierte Untersuchungen bei Mäusen haben erwiesen, dass die MicroRNAs die Magen-Darm-Passage nicht überleben. Erst greift die Magensäure mit dem niedrigen pH-Wert in die Struktur der MicroRNAs ein, den Rest besorgen danach Enzyme und die halbe Belegschaft der Darmflora. In sukzessiven Prozessen werden die winzigen RNAs in ihre Bestandteile zerlegt, die dann als Nährstoffe dem Körper zugeführt werden.

Ein anderes, eher wohlwollendes Gerücht gehört ebenfalls in das Reich der Märchen. Es besagt, Rohmilch sei gesünder als homogenisierte Milch, da die Nanopartikel bei homogenisierter Milch die Darmwände durchdrängen und Schaden anrichteten. Das ist allerdings pure Esoterik, da physikalisch unmöglich – die Partikel sind mit 2–10 µm immer noch zu groß, um Zellmembranen zu durchdringen. Der physikalische Unterschied zwischen Rohmilch und homogenisierter Milch liegt zwar tatsächlich im Aufbau der Partikel: In der Rohmilch sind die Fettpartikel zusätzlich von einer Zellmembran, um genau zu sein, einer Lipiddoppelschicht, umgeben, die beim Homogenisieren zerstört und umgebaut wird. Der Gesamtnährstoffgehalt bleibt dabei jedoch erhalten. Und die dafür zuständigen Pankreasenzyme schaffen sowohl die homogenisierten als auch rohen Fett- und Kaseinpartikel. Lediglich der zeitliche Verlauf ist geringfügig, aber nicht maßgeblich unterschiedlich und wegen der Länge des Verdauungstraktes sogar irrelevant. Das ist eben angewandte Verdauungsphysik.

Doch nun genug der wissenschaftlichen Mythendekonstruktion, hier folgt nun ein Rezept mit Rohmilch dreier Stufen.

CREMIGES ROHMILCHCAMEMBERTEIS

250 g sehr reifer Rohmilchcamembert (Brie de Meaux)
150 ml Rohmilchjoghurt (am besten aus der sehr fetthaltigen Jerseykuhmilch)
100 ml Rohmilch (ebenfalls am besten von der Jerseykuh)
50 ml Invertzucker (500 ml Wasser mit 500 g Zucker und etwas Säure wie Zitronensäure für 10 Minuten kochen) – 2 g Rauchsalz
½ TL Pimentón de la Vera (geräuchertes Paprikapulver)
2 sehr dünne Scheiben Sauerteigbrot (Roggen)

Eismaschine

Den Käse mit Rinde würfeln. Alle Zutaten, bis auf Gewürze und Brot, in einem Mixer sehr fein mixen und in einer Eismaschine gefrieren. (Protzige Alternative wie so oft: der Pacojet.) In kleinen Nocken abstechen und mit etwas Rauchsalz und Pimentón bestreut als Käsegang mit den getoasteten, noch warmen Brotscheiben servieren.

Mit einem nicht zu kalten Gläschen Rauchbier oder geräuchertem Tee genießen (es muss nicht immer Wein sein, besonders nicht beim Eis).

Sanft beschwipstes Gemüse

Im Sommer, ich gebe es zu, trinke ich schon mal gerne einen leicht gekühlten Beaujolais, Gamay oder auch vermeintlich leichte Rotweine von »meinen« Winzern um die Ecke. Als Essensbegleiter an warmen Tagen sind gerade diese »kleinen Weine« oft besser als mancher Rosé, der nur in Sichtweite des Saint-Victoire oder des Mont Ventoux schmeckt. Manchmal haben diese Qualitätsweine ganz ordentlich Alkohol, trotz der Sommer, die nicht gerade der Hit waren. Das liegt daran, dass in diesen Fällen bei uns und in manchen anderen Weinanbaugegenden Europas »chaptalisiert« werden darf (nach Jean-Antoine Chaptal, einem findigen französischen Chemiker, der Anfang des 19. Jahrhunderts dieses Prozedere entdeckte): Hat der Traubensaft zu wenig eigene Süße (in der Winzersprache: zu wenig Oechsle, in der Chemikersprache: zu wenig Glukose, Fruktose & Co.), darf der Winzer Zucker zugeben. Dieser landet zwar im Traubensaft, aber bei vollständiger Gärung nicht mehr im Wein. Die Hefe vervespert ihn und produziert daraus Alkohol samt fruchtigen Aromen, die zum Charakter des Weins beitragen – ganz so, als hätten die saftigen Trauben einen guten Sommer und einen noch besseren Herbst hinter sich. So weit, so gut.

Aber warum sollte das nur mit Wein und Trauben gehen? Auch Craft-Beer-Brauer geben hin und wieder sich dem Reinheitsgebot widersetzend Zucker, Fruchtsäfte oder gar Traubentrester mit Restglukose dazu, um dem Bier einen höheren Alkoholgehalt und mehr Körper zu verleihen und die Gärung am Laufen zu halten. Und warum nicht mal mit Gemüsesaft ähnlich verfahren, also: Gemüsewein? Das schwirrt mir schon lange im Kopf herum. Es wäre doch spannend, was dabei herauskommt.

Die Wahl der Gemüse dafür ist einfach. Sie sollten sowohl roh als auch gekocht gut schmecken, vor allem genügend Zucker haben und nicht zu viel Säure, denn ein niedriger pH-Wert würde der Hefe einen Teil ihres Mumms nehmen. Tomaten, zumindest die sauren Sorten, fallen daher aus, aber Sellerie, Pastinake, Petersilienwurzel, Rote Bete oder (mit Einschränkung wegen der Oligofruktose) Topinambur sind geeignete Kandidaten. Die Pflanzenzucker müssen nur noch von den Hefeenzymen in Alkohol und Aromen verwandelt werden – das ist das Ziel. Erreichen kann man es auf zwei Wegen: Entweder püriert man das rohe Gemüse zusammen mit zusätzlichem Zucker und Hefe sehr fein, dann erhält der Wein einen eher »rohen« Aromacharakter. Oder man dämpft das Gemüse vor dem Pürieren, dann spielen schweflige, »gekochte« Aromen eine Rolle und geben sogar ein gewisses Etwas an Rundheit und Mundfülle. Ich entscheide mich für die gekochte Präparation, das erscheint mir sicherer. Der gezielte Hefeeinsatz soll außerdem verhindern, dass eine spontane Gärung mit Milchsäurebakterien und wilden Hefen stattfindet, wie sie bei Orangewein, Sauerbieren oder der belgischen Bierspezialität Lambic üblich ist. Ich will ja in diesem Fall aus dem Zucker Alkohol gewinnen, keine Säure. Als Hefe wähle ich klassische Bierhefe aus dem Brauhandel (mit normaler Bäckerhefe aus dem Kühlregal funktioniert es aber ähnlich). Interessant wären sicher alle möglichen Sorten von Reinzuchthefen, die je nach Stamm ganz spezielle Aromen bilden können, aber so viel kann ich gar nicht trinken, bis ich alle durchprobiert hätte. Es gibt ja nach wie vor köstliche Biere und Weine. Da bleibe ich ganz Physiker: Die Methode muss funktionieren, der Rest ist Kür. Außerdem ist meine Wahl schließlich eher zufällig auf Sellerie gefallen. Es ist eines meiner liebsten Gemüse und ich hatte einen hellen Gemüsewein vor Augen. (Aus Roten Beten könnte man sicher einen schönen »Roten« zaubern … das probiere ich beim nächsten Mal.)

Als Starter- und Zusatzzucker für die Gärung wähle ich Honig, denn er hat neben anderen Sacchariden eine gute Glukose-Fruktose-Mischung und kommt damit dem Zuckerspektrum der Trauben einige Schritte näher. Außerdem bringt er ein paar Grundaromen mit, die den Gärprozess teilweise »überleben«; auch das ist erwünscht. Die Menge des Honigs bzw. des Zuckers bestimmt letztlich den Alkoholgehalt. Glückliche Besitzer eines Refraktometers (zur Bestimmung der Zuckerkonzentration) können, je nach Alkoholziel, mit mehr oder weniger Honig experimentieren. Schlimmstenfalls bricht die Gärung ab, das kann immer passieren, ähnlich wie beim Wein. Tragisch ist das nicht:

Der alkoholschwächere Gemüsewein hat etwas Restzucker, ist also nicht trocken, aber für einen ordentlichen Mainzer »Schoppe« (mit »saurem Sprudel« aufgegossen) reicht es immer noch. Und wem er nun gar nicht schmeckt, der kippt ihn in die nächste Gemüsesuppe, wie so manchen untrinkbaren Korkwein (siehe Seite 169).

Mein Selleriewein ist jedenfalls schon beim ersten Versuch sensationell geworden, viel zu schade zum Kochen. Den Alkoholgehalt hatte ich nicht bestimmt, könnten 7–9 Vol.-% gewesen sein. Aber er war deutlich spürbar, die Gärung war vollständig, eine Restsüße war nicht auszumachen. Spannend war die Aromatik. Natürlich war die gewünschte Bitterkeit des Selleries wahrnehmbar, sie blieb aber weit hinter der von leicht gehopftem Bier zurück. Einige typische Sellerienoten blieben, etwa die karamell-curryartigen Noten des gekochten Selleries, auch das Erdige war deutlich auszumachen und es gesellten sich Fruchtaromen hinzu (vermutlich aus der Hefe) ebenso wie kräuterartige Düfte, die ein wenig an Petersilie erinnern. Verallgemeinerbar ist das alles nach diesem ersten Experiment natürlich nicht und weitere Forschung ist notwendig.

Ich habe den Selleriewein zu allen möglichen Gelegenheiten verkostet, um sein Potenzial auszuloten. Natürlich nur in winzigen Schlückchen, des lächerlich geringen Ertrags wegen. Zu gedünstetem oder gedämpftem Fisch war er eine kleine Offenbarung, für herzhafte Schmorgerichte viel zu schwach. Als Begleiter zu fleischfreien Gemüsegerichten kommt er wunderbar, vor allem zu frischen Zubereitungen auf Tomatenbasis. Dort springt seine vegetale Bitterkeit genau in die Lücke, die vielen Tomatensorten fehlt.

Ich kann das Experiment daher jedem empfehlen. Man braucht allerdings einen Gärballon und – angesichts der Gärzeiten von 7–14 Tagen – viel Geduld.

SELLERIEWEIN

1 Knollensellerie – 5 EL Honig
Bierhefe (aus dem Brauereifachhandel)

Gärballon

Den Sellerie mit der Schale im Ofen bei 200 °C ca. 20 Minuten vorgaren, um die darin enthaltenen Kohlehydrate den Hefeenzymen zugänglich zu machen. Alternativ die Knolle in der Mikrowelle ca. 2 Minuten bei 1 000 W blanchieren. Den Sellerie schälen und mit 1l Wasser und Honig (Starterzucker für die Hefe) pürieren. Mit der Hefe in einen Gärballon geben. In einem dunklen, nicht zu warmen Raum, am besten im Keller bei 15 °C, vollständig durchgären lassen, bis die Gasentwicklung abgeschlossen ist. Es sollte also nicht mehr blubbern und das Gärröhrchen keine Gasblasen mehr zeigen.

Filtern und probieren (bei zu starken Fehlaromen zur Sicherheit besser nicht trinken).

Als leichtes alkoholisches Getränk der Qualitätsstufe »trocken« ersetzt dieser Wein gekühlt zu so manchen Gemüsegerichten das Glas Wein oder Bier.

Gut verkorkt lässt sich der Wein übrigens ein wenig lagern, allerdings nicht allzu lange, denn er hat ja nur seine natürlichen Konservierungsstoffe und ist eher zum unmittelbaren Verzehr gedacht.

Der Winzerknorzen: zum finalen Herausoperieren
alter Korkenrückstände im Flaschenhals.

Ein Misoscherzel

Immer wieder Miso. Es ist einer der spannendsten mikrobiologischen Küchenhelfer, die ich mir vorstellen kann. Ein Pilz namens Koji, der auf alle Arten von Getreide steht, hat es uns geschenkt. Miso ist lebendige japanische Küchenkultur im wahrsten und besten Sinne des Wortes. Logisch, dass mein »Pfälzer Kartoffelmiso«, das mich selbst überrascht hat (siehe Seite 19), nicht die einzige Erkundung in diese Richtung gewesen ist.

Doch zunächst will ich kurz erzählen, warum dieses Wundermittel überhaupt so wunderbar ist. Miso ist nämlich weit mehr als nur eine Würzpaste – sofern es nicht pasteurisiert ist, also noch »lebt«. Dann kann die Paste die Welt um sich herum verändern. Funktioneller Kern dieser Nanobiomaschine ist der Koji-Pilz *(Aspergillus flavus var. oryzae)*, der ein breites Spektrum an Enzymen in die Umgebung sendet, die sowohl Proteine, Fette (Lipide) als auch Stärke schneiden können. Beim Kartoffelmiso-Experiment wurden neben der Stärke auch Proteine zu Aromamolekülen umgearbeitet. Was wäre also, wenn man das Miso auf Fisch oder Fleisch loslässt? Es wäre doch interessant zu sehen, was ein mit diversen Enzymen vollgestopfter Misobrei etwa bei bindegewebsreichem Schmorfleisch anrichten kann. Theoretisch kann das Miso hier zweifach genutzt werden: Es durchtrennt Verbindungen der Proteine auch in den härtesten Bindegewebsteilen, sodass das Fleisch zarter und geschmackvoller wird. Gleichzeitig fügt die Würzpaste einen erheblichen Anteil an Umami-Geschmack bei. Dieser entsteht zwar beim Schmoren ohnehin, aber die Sauce wird mit Misopaste deutlich runder und hat mehr »Mundfülle« (siehe Seite 242). Da gute Theorie fast immer in gute Praxis mündet, kann ich bereits verraten: Es wird eine kleine Sensation!

Für dieses Experiment habe ich Schulterscherzel (Neugastrodeutsch: flat iron) verwendet. Es wird in Österreich vorwiegend für Suppenfleisch verwendet, kommt aber genau in dieser Form in Sternehäusern auf den Tisch, oft mit Brühe, in der Brühe separat gegartem Wurzelgemüse und eventuell Kartoffeln. Schulterscherzel hat in der Mitte eine sehr harte

Kollagennaht, die erst in schlotzige Gelatine umgewandelt werden muss, was beim langen Schmoren geschieht. Gleichzeitig ist der Anteil des längerfaserigen Muskelfleisches hoch. Eigentlich eine gute Kombination, denn wir bekommen sowohl trockenes Muskelfleisch als auch saftige Gelatineeinlagen – aber nur, wenn man es schafft, diese beiden so gegensätzlichen Komponenten irgendwie zu vermählen. Hier kommt nun das Miso ins Spiel, und zwar nicht nur bei der harten Kollagennaht, sondern auch im Muskelfleisch: Die durch das lange Schmoren eher trockenen längerfaserigen Muskelanteile sind immer etwas schwieriger zu essen. Werden die Muskelproteine jedoch durch die Proteasen der Misopaste während der Marinierzeit angeschnitten, wirken sie zarter und fügen sich enger an die schmelzende Gelatine der Bindegewebsnaht an. Noch perfekter, sprich intensiver, wird das Ergebnis, wenn man das Ganze nach dem Schmoren mindestens 3 Tage im Kühlschrank zur Aromabildung »reifen« lässt.

Natürlich könnte man auch die Kollagennaht aus dem Scherzel schneiden und die beiden Muskelteile kurz braten oder grillen. Das ist ebenfalls schmackhaft, jedoch nicht besonders raffiniert. Und mit der brachialen Gewalt des Messers könnte ja jeder arbeiten. Ich bevorzuge das feinere Besteck der Mikroorganismen und lasse andere für mich arbeiten. Also, lieber Koji-Pilz, ans Werk – oder »iku«, wie die Japaner sagen!

SCHULTERSCHERZEL, LÖFFELZART

500 g Schulterscherzel
1–2 EL Misopaste (nicht pasteurisiert, aus dem Bioladen)
80 g grüner Speck – 1 Bund Suppengrün – 1 Knolle Knoblauch
1 Zwiebel – 3 EL Shiitakepulver – 1 TL gemahlener Kreuzkümmel
3 Gewürznelken – 1 Stück Ceylonzimt (5 cm) – 1 kleine Chilischote (wer's schärfer mag, gehackt)
1 Flasche Rotwein – Salz

Das Schulterscherzel mit der Misopaste einreiben und mit Frischhaltefolie ummanteln. Ca. 4 Stunden bei Zimmertemperatur marinieren lassen.

Den Speck in Würfel schneiden. Das Suppengrün putzen und in Stücke schneiden. Die Zehen der Knoblauchknolle schälen und halbieren. Die Zwiebel halbieren und die Schnittflächen anbraten, bis sie sehr dunkel (schwarz) sind.

Das Schulterscherzel in einen Schmortopf geben, Speck, Suppengrün, Knoblauch, Zwiebel und alle Gewürze zufügen und den Rotwein angießen. In den kalten Backofen geben und die Temperatur auf 130 °C einstellen. Sobald es im Topf zu blubbern beginnt, die Temperatur auf 95 °C reduzieren und das Ganze 4 Stunden schmoren. Danach im Ofen auskühlen lassen. Den Topf samt Inhalt mindestens 3 Tage lang im Kühlschrank reifen lassen.

Zum Servieren erwärmen, bis der gelierte Schmorfond flüssig ist, das Fleisch vorsichtig aus dem Topf heben und im Ofen bei 80 °C erwärmen. Den Fond passieren und unter schwacher Hitze stark reduzieren, bis die Sauce dicklich wirkt. Notfalls mit etwas Butter und Stärke abbinden. Das Fleisch in Scheiben (quer zur Schulternaht) auf Tellern anrichten, die Sauce angießen.

Perfekte Beilagen sind gebratenes Wurzelgemüse, Kartoffeln und butterige Pürees.

Trinkjoghurt (»probiotisch«), Marke Eigenbau

Weiter vorn habe ich bereits ein Loblied auf die Rohmilch und die Klage über ihr Verschwinden angestimmt. Verschärfte Hygienemaßnahmen erlauben den Verkauf bald nicht mehr (siehe Seite 26). Dabei ist Rohmilch ein hervorragendes Grundprodukt für die eigene Küche, wenn man bereit ist, gewisse Risiken einzugehen! Schon oft habe ich Joghurt und Käse daraus hergestellt, und seit vielen Jahren (ungefähr zeitgleich mit dem Aufkommen der leider pappsüßen, angeblich wundergesunden, Abwehrkräfte stärkenden probiotischen Trinkjoghurts) produziere ich meinen eigenen Trinkjoghurt mit Rohmilch. Vergangenes Jahr ist er noch besser geworden, denn seitdem gibt es eine kleine Milchzapfstelle in der Nähe von Mainz, wo man Rohmilch von Jerseykühen bekommt ... ein Traum! Die Milch punktet mit hohem Protein- und Fettgehalt, cremiger Textur und ihrem besonders sahnig-kokosähnlichem Aroma.

Apropos, das Rohmilcharoma. Als mein Bioland-Milchbauer noch Milch mit dem Qualitätsmerkmal »roh« produzierte, sagte er mir einmal, seiner Ansicht nach sollte Rohmilch vor der Joghurtproduktion auf jeden Fall aufgekocht werden, damit sich der reine Joghurtgeschmack durchsetzen könne. Das stimmt natürlich. Jede Joghurtkultur produziert schließlich ihr eigenes Aromaspektrum, wie man leicht feststellt, wenn man an verschiedenen Naturjoghurtprodukten riecht. Der Grund dafür liegt in dem Enzymspektrum des jeweiligen Lactobacillus. Diese Enzyme senken den pH-Wert (Milchsäure), produzieren aber eben auch sehr spezifische Aromen. Wird nun Rohmilch verwendet, kommen die Kuhkeime hinzu, die sich bei den angenehmen Temperaturen der Joghurtherstellung so lange wohlfühlen, bis der pH-Wert durch die Milchsäure zu niedrig wird (etwa 4,5) und sie langsam, aber sicher absterben. Letztlich gewinnen immer die Milchsäurebakterien und Joghurtbazillen, da sie deutlich säuretoleranter sind. Die anfänglich mögliche Vermehrung der Rohmilchkuhbazillen ist in aller Regel kein gesundheitliches Problem.

Die im Joghurt umherschwimmenden »Leichen« der Rohmilchkeime aus dem Kuheuter trinkt man einfach mit. Auch das ist weder schlimm noch unappetitlich, denn abgestorbene Keime bestehen aus DNA, Proteinen, Phospholipiden und Glykoproteinen, mit anderen Worten: aus wertvollen Makronährstoffen.

Doch zurück zu den Anfängen der Joghurtfermentation: Solange die Kuhkeime leben, vermehren sie sich und senden ihre eigenen Enzyme aus. Diese produzieren ebenfalls Aromen, die eher in Richtung Sauermilch und Dickmilch weisen. Es ist also Geschmackssache, oder nein: Riechsache, natürlich. Möchte ich das reine Joghurtbacillusparfüm, dann heißt es aufkochen (oder die pasteurisierte Milch verwenden), habe ich es lieber etwas kerniger, gestatte ich den Kuhkeimen ihre Aromaproduktion, solange die Milchsäurebakterien den pH-Wert von etwa 4 noch nicht geschafft haben.

Tatsächlich hat man die Aromabildung und den finalen Duft des Trinkjoghurts buchstäblich in der Hand. Wer dem Joghurt seine ganz persönliche Handschrift geben möchte, badet seine Hände und Arme kräftig in der Milch, bevor diese in den Ofen kommt, denn die körpereigenen Milchsäurebakterien auf der Haut reichen im Prinzip aus. Was sich dabei ergibt, ist jedenfalls noch spannender und individuell.

All den Unsinn mit Joghurtbereitern kann man übrigens getrost vergessen. Backofen, ein Topf, das reicht.

GRUNDREZEPT: ROHMILCHJOGHURT

1 l Rohmilch (bzw. Vorzugsmilch) mit natürlichem Fettgehalt
100 g Starterjoghurt (vorzugsweise mit ausgewiesenen Starterkulturen L. casei, L. acidophilus, L. bifidus, die es mittlerweile in Bioläden gibt)

Den Backofen auf 40 °C vorheizen (meist reicht das Einschalten der Lampe). Die Rohmilch in einem Topf auf 35 °C erwärmen und den Joghurt unterrühren. Ca. 8 Stunden zugedeckt fermentieren lassen. Danach mit dem Schneebesen cremig rühren und in eine saubere Milchflasche füllen. Der Rohmilchjoghurt ist gekühlt (2–4 °C) über 1 Woche haltbar. Der Joghurt ist aber auch die beste Grundlage für ein Eis oder Parfait, ganz ohne zugesetzte Stabilisatoren wie Eigelb oder Verdickungsmittel, denn viele Laktobakterien produzieren diese selbst.

BANANEN-MANGO-EIS

200 ml Rohmilchjoghurt
1 sehr reife Banane (mit deutlich schwarzen Flecken auf der Schale, je mehr, desto süßer) – 1 EL sehr aromatisches Kokosöl
1 EL feiner Bio-Zitronenabrieb
200 ml sehr guter Saft aus exotischen Früchten
1 reife Mango – 1–2 EL Olivenöl – 2–3 EL Kokosflocken

Eismaschine

Joghurt, Banane und Kokosöl sehr fein pürieren. Den Zitronenabrieb zufügen und in einer Eismaschine gefrieren. Den Fruchtsaft bei schwacher Hitze auf die Hälfte reduzieren, damit eine cremige Konsistenz entsteht. Mango schälen, das Fruchtfleisch in kleine Würfel (Brunoise) schneiden und leicht mit fruchtigem Olivenöl überziehen. Die Kokosflocken in einer Pfanne trocken anrösten. Die Mangowürfel in Schälchen anrichten. Eine Kugel des Joghurt-Bananen-Eises daraufsetzen, etwas reduzierten Fruchtsaft angießen und mit den gerösteten Kokosflocken bestreuen.

Übrigens: Zucker wird für das Eis nicht benötigt, da die reifen Bananen genug davon haben. Wer auf süß steht, kann der Eismasse etwas Invertzucker (1 Teil Wasser und 1 Teil Zucker mit etwas Zitronensäure aufkochen, 10 Minuten leicht sieden, abkühlen lassen) zufügen.

Der Zestenreißer: Der Siebeck hat's empfohlen.
Ein Kultobjekt aus der Zeit vor der superscharfen Küchenreibe.

Salzzitronen, Salzorangen, Salzgrapefruit? Alles geht!

Essen aufzupeppen ist wirklich kein Problem, sofern ein paar Zutaten herumstehen, auf die man spontan zurückgreifen kann. Dazu gehören zum Beispiel Salzzitronen, Salzgrapefruit oder Salzorangen. Ja, richtig, Salzorangen. Was mit Zitronen funktioniert, klappt auch mit anderen Zitrusfrüchten, denn so unterschiedlich sind diese in ihren Grundzusammensetzungen nicht, außer dass Orangen (oder Mandarinen) etwas mehr Zucker haben. Dann haben ausgesuchte Milchsäurebakterien wenigstens ordentlich zu futtern, was der Aromabildung zugutekommt.

Ausgesuchte Milchsäurebakterien deshalb, weil Fermentation von Zitrusfrüchten nicht ganz so banal abläuft wie bei Sauerkraut und Kimchi. Über die genauen mikrobiologischen Prozesse ist im Vergleich zu Kimchi & Co. zwar recht wenig bekannt, da bedarf es noch einiger Forschungsarbeit. Fest steht jedoch, dass Zitrusfrüchte unter Umständen schlicht sehr sauer sein können: Bei manchen Zitronensäften liegt der pH-Wert bereits vor der Gärung zwischen 3 und 2. Somit können nur sehr säuretolerante Laktobakterien ihre Arbeit verrichten. Da die Salzzugabe außerdem bei 5–10 % des Gesamtgewichts liegt, spielt die Salztoleranz der Bazillen eine weitere Rolle. Und nicht zuletzt unterscheidet sich die aromatische Ausgangslage natürlich deutlich von den schwefeligen Gemüsen in Sauerkraut und Kimchi. Bei Zitrusfrüchten überwiegen wachsig-fettige Aromen (aus der Schale) und typische Zitrusterpene. Zusammengenommen ist es also kein Wunder, wenn auch die fermentierten Früchte ganz anders duften, nämlich würzig und sogar harzig, während man die klassischen Milchsäurearomen, wie sie typisch für Sauerkraut oder für fermentierte Gemüse generell sind, nur am Rande wahrnehmen kann.

Mag der Prozess der Fermentation auch komplizierter sein – wen stört es, wenn die Zubereitung so schön simpel ist und das Ergebnis grandios?! Salzzitrusfrüchte sind nämlich ganz einfach herzustellen. Normalerweise macht man sie mit ganzen Früchten, so findet man sie auch auf mediterranen Märkten oder in türkischen und arabischen Gemüseläden. Ich hingegen schneide sie in Scheiben, dann sind sie bereits portioniert und ich kann sie peu à peu verwenden. Ich schichte die Scheiben in ein großes Glas, darüber kommt jeweils Salz und zuletzt etwas Wasser. 2 Tage lang sollte das Glas bei Zimmertemperatur stehen. In dieser Zeit findet wie immer eine heftige Osmose statt: Die Zellen platzen wegen des Salzgehaltes, Aromen und Zellinhalte werden freigegeben. Danach stelle ich das Glas in den Kühlschrank, wo Gärung und Enzymaktivitäten einsetzen – übrigens im Unterschied zur klassischen Gemüsegärung mit unsichtbarem Blubbern. Aber nach ein paar Wochen kann man es riechen: Der frische Zitrusduft ist verdrängt und die wachsig-fettigen Schalenaromen sind nur noch im Hintergrund wahrnehmbar.

Ab jetzt sind die Früchte im wahrsten Sinne des Wortes ewig haltbar. Bei mir steht noch ein angebrochenes Schraubglas mit Zitronen und Orangen ganz hinten im Kühlschrank. Seit 2009! Der Inhalt dieses bewusst durchgeführten Langzeitexperiments schmeckt nach wie vor hervorragend.

In der täglichen Praxis überleben die Salzfrüchte jedoch meist nicht so lange – sie schmecken einfach zu gut, und die Anwendungsmöglichkeiten der salzig-sauren, aromatischen Zitruselemente sind schier unbegrenzt. Sie passen zu mediterranen Fischgerichten ebenso wie zu Geflügel und eignen sich hervorragend etwa zum Finalisieren von dunklen Schmorsaucen, lassen sich aber auch in Risottos und Currys einsetzen. Dabei eröffnen die aromatischen Unterschiede zwischen den verschiedenen Zitrusfrüchten jeweils ganz neue Einsatzmöglichkeiten. Pfiffig sind sie etwa in kleinen Würfeln in Joghurt oder Obstsalaten: fermentierte Orangenaromen mit einem Hauch Salz – schlicht genial. Aus den Salzzitronen lassen sich weiterhin herrliche Pürees herstellen. Dazu mixt man sie sehr fein und verwendet Püreetupfen zum Würzen, zum Beispiel auf Frischkäse, zu Stockfisch, zu würzigen Merguez …

Oft hacke ich die Scheiben auch ein, zwei Mal mit dem Blitzhacker oder dem Zauberstab durch (ohne die Lake), schon habe ich ein paar Krümel zur Hand, die ich als Gewürz auf dem Teller platzieren kann. Alle Varianten funktionieren übrigens in kleinen Mengen ebenso in Desserts, ja selbst auf der Käsesahnetorte, auf Schokokuchen oder in Millefeuilles machen sie sich sehr gut!

Noch ein Tipp: Die Salzlake sollte man keinesfalls wegwerfen. Sie eignet sich zum raffinierten Flüssigsalzen und in Vinaigrettes, und allein ein paar Tropfen davon geben Pastagerichten oder einer schlichten Tomatensauce einen frischen Akzent.

GRUNDREZEPT: SALZZITRUSFRÜCHTE

2 Bio-Zitronen – 2 Bio-Orangen – 4 Bio-Mandarinen
1 große Bio-Grapefruit – 80–120 g Salz

Vier große, sterilisierte Schraubgläser

Die Früchte sehr gut unter heißem Wasser abwaschen und abtrocknen. Mit einem scharfen Messer in 5 mm dicke Scheiben (oder, wenn gewünscht, in Schnitze) schneiden.

Die Fruchtscheiben je in ein Glas schichten und die einzelnen Lagen mit etwas Salz bestreuen. (Am Ende sollten es keinesfalls mehr als 10 % Salz bezogen auf das Gewicht der Früchte sein.) Mit etwas Wasser bedecken, die Gläser verschließen und 2 Tage bei Zimmertemperatur stehen lassen. Dabei immer wieder öffnen. Danach im Kühlschrank mindestens 4 Wochen stehen lassen.

Je nach Bedarf eine Scheibe entnehmen.

SEMISÜSSE JOHANNISBEERTARTELETTE

Für den Mürbeteig:
50 g Mehl + etwas zum Bearbeiten – 50 g kalte Butter
10 g Zucker – 1 TL gemörserter Koriander

Für den Belag:
Etwas feines Johannisbeergelee – ca. 200 g rote Johannisbeeren
Kleine Salzgrapefruitstückchen (mit dem Messer fein geschnitten oder mit dem Blitzhacker ein, zwei Mal gehackt)

Für den Mürbeteig Mehl, Butter, Zucker und Koriander zu einem homogenen Teig verkneten und 1 Stunde ruhen lassen. Danach auf einer mit Mehl bestäubten Arbeitsfläche dünn ausrollen, in Tartelettetförmchen drücken und ca. 15 Minuten bei 180 °C blindbacken. Anschließend die Böden mit dem Johannisbeergelee ausstreichen, die Johannisbeeren daraufsetzen und in 5–10 Minuten fertigbacken. Etwas abkühlen lassen und mit einem kleinen Löffel die Salzgrapefruitstückchen in einige der Beerenzwischenräume füllen.

Noch halbwarm als Dessert genießen.

Als begleitendes Getränk macht sich ein guter Winzersekt oder ein Limoncello wunderbar. Die Krönung aber ist (der Terpene und Bitterstoffe wegen) ein sehr guter, ungesüßter und auf 28 °C temperierter japanischer Jasmintee.

Übrigens: Sobald es Stachelbeeren gibt, verwende ich sie. Seit Jahrzehnten sind diese manchmal haarigen Beeren meine großen Favoriten.

Der »Chemielöffel«: Beidseitig verwendbar.
Wenn's beim finalen Abschmecken mal schneller gehen muss.

Reise durch die fünf Geschmackskontinente nebst reizenden Abstechern

Auf Salz gegart

Ohne Salz (NaCl) bzw. dessen Natrium- und Chloridionen geht in der Biologie gar nichts. Kein zelluläres Leben wäre ohne diese flinken elektrischen positiven und negativen Ladungen möglich, auch kein menschliches. Zugleich ist Salz aber ein geniales Geschmacksmittel: Ohne Salz wäre vieles fade, es bedient perfekt unseren Grundgeschmack »salzig«. Und nicht zuletzt ist Salz – das wird häufig vergessen – ein tolles Material. Für mich als »Weichkörperphysiker« ist Salz in erster Linie ein harter Festkörper. Auf der Mohs'schen Härteskala liegt Diamant bei 10, Graphit (das wir vom »Blei«-Stift kennen) nur bei 0,5, während unser Kochsalz immerhin auf den stolzen Wert von 2 kommt und damit zwar weit unterhalb des Diamanten liegt, aber hart genug ist, dass man sich an einem Stück Salz die Zähne ausbeißen kann. Dieser starke ionische Zusammenhalt zeigt sich vor allem im Schmelzpunkt von Salz: Er liegt bei sage und schreibe 801 °C, also weit höher als die üblichen Küchentemperaturen, von Lifestyle-Grillgeräten wie Beefer & Co. einmal abgesehen. Daraus folgt aber: In und auf heißem Salz lässt sich garen – und dabei, je nach Lebensmittel beziehungsweise nach dessen Fähigkeit, Wasser abzugeben, gleichzeitig leicht und dezent salzen. Die Salzplanke ist damit so etwas wie eine nach oben offene Salzkruste, wobei das Lebensmittel hier nicht unter einem zementartigen Salzmantel gedämpft wird, sondern eher wie auf einer heißen Platte (Plancha) gegart, nur dass diese aus Salz besteht.

Bei empfindlichem Gargut wie Jakobsmuscheln (siehe Rezept S. 53) oder anderem Wassergetier kann das ohne weitere Wärmequelle geschehen: Man heizt die gekaufte Salzplanke im Backofen auf 250 °C vor, holt sie heraus und stellt sie (natürlich mit einer Unterlage) gleich auf den Tisch. Dann legt man das leicht eingeölte Grillgut darauf. Zugegeben, ein wenig Show ist schon dabei. Der Vorteil der Salzplanke ist eine sanftere Garung als in der Pfanne, denn die Planke speichert die Hitze in den Kristallgitterschwingungen und gibt sie langsam an das Gargut ab. Das hat allerdings nur Sinn, wenn Lebensmittel lediglich leicht erwärmt werden sollen und keine langen Garzeiten benötigen: also vor allem Fisch und Meeresfrüchte, aber auch Zucchinischeiben, Kirschtomaten, Radicchioschnipsel und dünne Fleischscheiben.

Für Fleisch oder Gemüse, die eine längere Garzeit haben, lassen sich die Salzplanken im Backofen direkt zum gleichmäßigen, wenn gewünscht, auch zum einseitigen »Grillen« verwenden. Allerdings sollte man wissen: Damit die Salzplanke das Gargut nicht nur erwärmt, sondern auch »salzt«, muss sich das Natriumchlorid lösen. Das passiert, wenn es mit Wasser in Berührung kommt, das den Ölfilm des Garguts durchdringt. (Salz löst sich schließlich nicht in Öl.) Je mehr Wasser aus dem Lebensmittel austritt, desto mehr Salz löst sich. Daraus folgt aber auch: Alles, was zu lange dauert, löst die Planke schneller auf. Das bestimmt letztlich ihre Lebensdauer. Einölen ist immer notwendig, entweder die Planke oder das Gargut selbst. Sonst bilden Gargut und Salzplanke eine Gesellschaft mit unbeschränkter Haftung, und damit wäre der ganze Effekt beim Teufel. Apropos Teufel: So mancher möchte einem gern eine Himalayasalzplanke aufschwatzen, von wegen Ursalz und gespeicherten Photonen oder ähnlich esoterischen Erklärungen. Kostet mehr, hat aber natürlich keinen Effekt. Solche Geschichten sind, um es derb mit dem bayrischen Komiker Günter Grünwald zu sagen, dümmer als ein Pfund Salz.

In diesem Rezept sind es, wie schon angekündigt, Jakobsmuscheln, die auf der Planke gegart werden. Diese haben, sofern sie frisch in der Schale erworben werden, ihren leuchtenden Corail, zu Deutsch: Rogensack, um sich gebunden, wie (Achtung, Zitat Siebeck:) »Touristen das Bauchtäschchen«. Allzu häufig und völlig zu Unrecht wird diese orangefarbene Köstlichkeit verschmäht. Hier wandert sie fein püriert in eine Buttersauce. Zusammen mit den Äpfeln und den Muscheln ist dies eine der besten Nebenrollen für den Corail.

JAKOBSMUSCHELN AN SAUCE CORAIL

4 frische Jakobsmuscheln (in der Schale) – 100 ml Krustentierfond
50 ml trockener Weißwein – 1 TL Sojasauce
Ca. 50 g kalte gesalzene Butter – 1 Boskopapfel – helles Sesamöl
Feine Meersalzflocken – 1 EL Norialgenflocken
8 pyramidenförmige Meersalzflocken (aus dem Gourmethandel)

Salzplanke zum Garen

Die Salzplanke im Backofen auf 250 °C vorheizen.

Die Schale der Jakobsmuscheln aufbrechen, den Muskel herauslösen, den Corail von den Muscheln abtrennen und beiseitestellen. Die Muschelschalen waschen und zum Servieren aufbewahren. Den Fond mit dem Wein auf etwa zwei Drittel reduzieren, die Sojasauce zufügen, auf unter 50 °C abkühlen lassen und mit dem Corail sehr fein pürieren. Die Sauce anschließend mit der gesalzenen Butter montieren, also die Butter in Flocken und unter ständigem Rühren in die Sauce einarbeiten, dabei nicht zu heiß werden lassen, damit die Sauce nicht gerinnt. In der Zwischenzeit den Boskopapfel in der Mikrowelle bei 1 000 W 30–40 Sekunden erhitzen. (Dies inaktiviert Enzyme, das Fruchtfleisch wird beim Schneiden nicht braun und bleibt dennoch fest.) Den Apfel schälen und in kleine Würfel von 5 mm Kantenlänge schneiden.

Die Salzplanke aus dem Ofen nehmen und die mit Sesamöl bepinselten Jakobsmuscheln darauf auf beiden Seiten leicht grillen. Der Kern muss roh bleiben.

Kleine Teller mit ausreichend feinem Meersalz füllen, die Muschelschalen waagerecht daraufsetzen und die gegrillten Muscheln hineingeben. Die Muscheln mit Norialgenflocken und 1–2 pyramidenförmigen Salzflocken belegen. Die Apfelwürfel neben und um die Muscheln setzen und seitlich mit etwas Sauce nappieren.

Brot ohne Salz? »Pane sciapo«

Vor 20 Jahren landete ich in Pisa, wo ein wissenschaftlicher Kongress stattfand. Das war für mich als Frankophilen mein erster Besuch in der Toskana. Ein Kulturschock. Nein, es war nicht der Schiefe Turm, der toskanische Wein erst recht nicht, sondern das Brot, das beim Abendessen mit Oliven, Olivenöl und anderen Kleinigkeiten auf dem Tisch stand. Es war ungesalzen, für mich ein absolutes Novum.

Meine damalige Überraschung kommt mir oft in den Sinn, wenn ich die gegenwärtige Diskussion um Salzreduktion in Wurst, Käse und Brot verfolge. Aus gesundheitspolitischen Gründen wird seit einiger Zeit gefordert, den Salzgehalt in diesen Lebensmitteln zu verringern. Damit, so heißt es, könne man gegen Bluthochdruck als Volkskrankheit vorgehen. Es mag sein, dass diese Maßnahmen bei einem kleinen Teil der Bevölkerung tatsächlich helfen würden. Aber Brot sollte doch allen schmecken, und dazu trägt eine übermäßige Salzreduktion eher nicht bei.

Problematisch bei all diesen Diskussionen ist, dass sie meist ohne Kenntnis der wichtigen physikalischen Eigenschaften des Salzes und ihren Auswirkungen im Brotteig geführt werden. Dabei geht es um solche Banalitäten wie Polyampholytphysik, Coulomb-Abschirmung, Ionenradien und Hydrathüllen. Klingt kompliziert, ist aber leicht erklärt: Salz, Natriumchlorid schmecken wir nicht. Wir schmecken salzig, wenn dieser Kristall sich im Mundspeichel, das heißt in wässriger Umgebung, in positiv geladene Natrium- und negativ geladene Chloridionen auflöst. Diese Ionen sind also elektrisch geladen! Daraus folgt bereits die erste Konsequenz: Wasser ist »polar«, das bedeutet, sein Sauerstoffpopo ist leicht negativ, seine Wasserstofföhrchen sind leicht positiv geladen. Plus und Minus ziehen sich an, daher scharen die Salzionen Wassermoleküle gemäß ihrer »Ionenradien« und der Ladung um sich herum. Die so um die Ionen schwach gebundenen Wassermoleküle bilden die Hydrathüllen. Der Brotteig wiederum wird von Proteinen, darunter Glutenin, zusammengehalten. Dieses besteht, wie jedes Protein, aus einer Kette von verschiedenen Aminosäuren, von denen ein Teil ebenfalls elektrisch positiv oder negativ geladen ist. (Glutenin ist damit ein »Polyampholyt«.) Kommen sich zwei dieser Ketten nahe, ziehen sich die unterschiedlichen Ladungen an und klumpen zusammen. Schon ist es vorbei mit den guten Teigeigenschaften und der Teig lässt sich weniger gut ziehen und verarbeiten. Salz verhindert dieses Zusammenklumpen bis zu einem gewissen Grad, denn die positiv geladenen Natriumionen scharen sich um die negativ geladenen Aminosäuren, die negativ geladenen Chloridionen um die positiv geladenen Aminosäuren und schirmen jeweils deren Ladung ab (das ist die Coulomb-Abschirmung). Der Teigtrieb ist leichter, die Teigausbeute höher. Doch damit nicht genug, die Hydrathüllen um die Salzionen können noch mehr. Das Wasser wird nur zögerlich wieder freigegeben, sprich: Das fertige Brot bleibt länger feucht und wird nicht so schnell altbacken – alles Dinge, die wir in unserer Backtradition lieben und schätzen und die mit weniger Salz verloren gehen. Und bisher war noch nicht mal vom Geschmack die Rede!

Welchen tatsächlichen volksgesundheitlichen Nutzen die Salzreduktion im Brot hätte, ist unklar. Fest steht hingegen, dass eine Verschlechterung der Broteigenschaften andere Probleme aufwerfen würde, denn garantiert würde mehr davon in der Tonne landen, weil's lascher schmeckt und schneller altbacken wird – aus rein physikalischen Gründen.

Andererseits gibt es natürlich auch andere Brotback- und -essgewohnheiten als die unseren und hier komme ich zurück zur Toskana. Der historische Ursprung des salzfreien Brots, heute eine toskanische und umbrische Spezialität, liegt im 16. Jahrhundert, als Papst Paulus III. mit der Erhebung der Salzsteuer das wertvolle und zum Konservieren von Lebensmitteln existenzielle weiße Gold für die Einwohner dieser Gegenden unbezahlbar machte. Aus dieser Not wurde eine Tugend, man entdeckte, dass salzfreies Brot hervorragend zu Antipasti, Schinken und Wurst passte, und entwickelte rund um das Brot weitere Rezepte. Heute ist das »Pane sciapo« fest in der Esskultur verankert.

Möchte man es mal selbst ausprobieren, sollte man wissen: Die Knet- und Backeigenschaften des Brotes sind bei der Salzreduktion ganz anders und vor allem für Hobbybäcker, die von Hand (ohne Küchenmaschine) kneten, deutlich spürbar. Ich habe es selbst ausprobiert. Ein physikalischer Trick ist, kleberstarkes Weizenmehl zu nehmen oder 1 Esslöffel Klebereiweiß (Gluten) zuzugeben, ein anderer Trick ist, etwas Bäckermalz zu verwenden. Es enthält eine hohe Anzahl von Amylasen, stärkespaltenden Enzymen, die während des Knetens und des Gehens und der ersten Backphase Stärke zu kürzerkettigen Zuckern und Glukose spalten. Diese Oligosaccharide schirmen zwar die Ladungen auch nicht ab, scharen aber aufgrund ihrer hohen Polarität viel Wasser um sich und wirken somit als Schmiermittel (Weichmacher) im Teig. Mehr noch: Sie sorgen für eine gute Bräunung und Aromen während des Backens, da von Beginn an mehr Zucker für die Karamellisierung und die Maillardreaktion zur Verfügung stehen – ein wichtiges Plus, wenn der Salzgeschmack fehlt. Zum Nachbacken gibt es hier darum gleich zwei Experimente: ein Brot mit extra Gluten, eines mit Bäckermalz. So kann jeder selbst entscheiden, was ihm besser oder – wegen des fehlenden Salzes – weniger schlecht schmeckt.

Das Brot passt ideal zu Antipasti wie eingelegtem Gemüse, Salzgurken, Sardellen, Würsten, Rohwürsten und Schinken sowie zu Dips und Saucen, die eine hohe Geschmacksdichte (und hohen Salzgehalt) aufweisen. Wie zuvor erklärt, wird es rasch trocken, ist aber zum Wegwerfen – wie jedes Brot – zu kostbar. Also trockne ich es am Tag danach im Ofen zu Croûtons oder bade es in Olivenöl, röste es in der Pfanne an und bestreue es mit grobem Salz. So begleitet es den Apéro, die Vorspeise oder die toskanische »Salumificio«, die »Paté di Cinghiale« (Wildschweinpastete) oder einen passenden Käse nach dem Hauptgang.

Folgt man übrigens den Menüs in der Toskana, ist das beim Brot eingesparte Salz rasch wieder auf dem Teller. Aber in Pisa und Umgebung isst man ja auch nicht, um sich gesund zu ernähren, sondern aus Hunger und vor allem mit Genuss.

SALZFREIES BROT MIT MALZ- ODER GLUTENZUSATZ

Brot mit Malz:
500 g Mehl (Type 550) – 1 Würfel Frischhefe
1 EL Bäckermalz – ca. 500 ml handwarmes Wasser

Brot mit extra Gluten:
500 g Mehl (Type 550) – 1 Würfel Frischhefe
1 EL Gluten – ca. 500 ml handwarmes Wasser

Zum Servieren:
1 Dose Jahrgangssardinen
erwärmte Kirschtomaten
Knoblauchzehen in der Haut in Olivenöl gebraten

Aus 3–4 EL Mehl, der Hefe, etwas Wasser und Bäckermalz oder Gluten einen Vorteig mit sichtbarer Hefeaktivität, also ausreichender Blasenbildung, herstellen. Das restliche Mehl und nach und nach das Wasser unter den Vorteig mengen, bis ein glatter Teig entsteht. Weiter gehen lassen. Nach erkennbarer Volumenzunahme (Teiglockerung) in den auf 250 °C vorgeheizten Ofen geben, nach 5 Minuten die Hitze auf 190 °C reduzieren und 45–60 Minuten backen.

Noch warm anschneiden und zu Antipasti oder herzhaften, saucenreichen Gerichten genießen.

Dazu passt eine Flasche Roero Arneis oder Rueda, alternativ ein paar Flaschen Gose (traditionelles gesalzenes Leipziger Bier, das ursprünglich aus Goslar stammt), das sich ebenfalls wunderbar zum Apéro eignet und in diesem Fall mit seinem prominenten Salzgehalt punktet.

Fest, knackig und sauer

Im April oder Mai habe ich – nach Monaten köstlicher Winterkohlgerichte – jedes Mal irgendwann vom Kohlgeruch die Nase voll. Es muss endlich etwas Frisches auf den Tisch, möglichst aus dem eigenen Garten. Auch wenn der Garten nur Handtuchgröße hat. Vor Jahren habe ich dort Rhabarber gepflanzt, dem es heute seltsamerweise noch bestens geht. Seine jungen Stängel recken sich als Erstes nach oben. Jahr für Jahr, so sicher wie das Amen in der Kirche. Damit beginnt für mich die Zeit der Frühlingsgefühle in der Küche.

Rhabarber ist ein kleines Wundergewächs. Er ist im Garten anspruchslos, in der Küche duftet er nach Blumen und Zitrusfrüchten, hat eine feine Säure und ist, roh genossen, wunderbar knackig. Entgegen der üblichen Auffassung kann Rhabarber – zumindest in Maßen – roh gegessen werden. Und das ist auch gut so, denn unter Hitzeeinwirkung verliert er rasch seine frische, knackige Textur, die ich sehr schätze. Natürlich hockt sich nicht einmal der größte und unerbittlichste Rohkostfan an den Tisch und knabbert einen Rhabarberstängel nach dem andern (ich erst recht nicht), dafür ist die Säure des Gemüses einfach zu heftig.

Denn an der Oxalsäure (die sich auch in Spinat und Mangold findet) scheiden sich die Geister. Die einen misstrauen ihr als Mineralienräuber, weil sie die Zähne leicht entmineralisiert und stumpf macht. Hier gilt jedoch wie immer: Sobald man nicht dreimal täglich kiloweise Rhabarber, Spinat und Mangold isst, sind diese Geschichten für die meisten zu vernachlässigen. Andere mögen die adstringierende Wirkung der Säure nicht, die ein pelziges Gefühl auf den Zähnen und eine seltsame Trockenheit im Mund hinterlässt. Die einfachere, sehr leicht zu befolgende Regel lautet daher: Wer's mag, macht's. Wer's nicht mag, macht's eben nicht. Tatsächlich ist die Oxalsäure eine der stärksten Säuren, die wir in der Küche zur Verfügung haben, und sie fordert hin und wieder Bändigung. Das funktioniert am besten – wer hätte das gedacht – mit einer anderen Säure! Hier bekämpft man tatsächlich Gleiches mit Gleichem, nämlich Oxal- mit Zitronensäure. In der Praxis kann das Zitronensaft

sein, den man hinzufügt, aber in Fischgerichten ist das fast ein wenig zu banal, deswegen greife ich heute mal zur Yuzu. Diese japanische Zitrusfrucht ist deutlich harziger und duftet mehr nach Bergamotte als die Bergamotte selbst. Neben diesen perfekten Aromen hat sie außerdem Säure-Munition genug, um die Oxalsäure ein Stück weit im Zaum zu halten.

Solchermaßen gebändigt, dezent eingesetzt und entsprechend portioniert, kann roher Rhabarber mit seiner frischen Säure die Doppelaufgabe eines Geschmacksmittels und einer knackigen, sehr aromatischen Beilage übernehmen – und übertrifft damit die übliche Säure der Zitrone bei Weitem. Wer skeptisch ist, der möge es selbst ausprobieren!

LACHSFORELLE MIT ROHEM RHABARBER

200 g roter Rhabarber – 50 ml Yuzusaft – 1 TL Zucker
4 frische (Lachs-)Forellenfilets – 1 EL Rhabarbersaft
1 EL Rosa Beeren (Gewürz) – 4 EL sehr feste Crème fraîche – Salz

Den Rhabarber würfeln und im Yuzusaft mit dem Zucker ca. 20 Minuten marinieren. Den Fisch ebenso würfeln und 30–60 Minuten im Rhabarbersaft marinieren. Die Rosa Beeren leicht zerdrücken und zu dem Rhabarber geben. Die Crème fraîche leicht salzen.

Rhabarber- und Lachszubereitungen vermengen, auf Tellern anrichten und mit einer Nocke Crème fraîche servieren.

Die Rhabarberschwemme

Der ersten Frühlingsfreude über den jungen Rhabarber (siehe Seite 59) folgt wenige Wochen und etliche Rhabarbergerichte und -kuchen danach die Frage: Wohin mit all der Pracht? Die Frage stellt sich vor allem im Juni, wenn die Stängel kurz vor dem Johannisfest geschnitten werden sollten, bevor sie noch saurer werden. Dann liegen plötzlich 1–2 kg ungeputzter Rhabarber in der Küche. Was tun? Klar, Konfitüre ist eine Lösung, aber das ist viel zu viel. Es sollen ja im Laufe des Jahres noch ein paar andere Früchtchen hinzukommen, die frisch in den Kupferkessel springen und als Konfitüre wieder herauslaufen.

Vor ein paar Jahren habe ich mir deshalb etwas ausgedacht: Rhabarberrohsaft. Klingt extrem nach Reformhaus und Bioecke, ist aber weniger schlimm, als es sich anhört, und hat sich nach und nach als aromatische Universalflüssigwürze mit ordentlich eingepegelter Säure herausgestellt. Zucker zieht Wasser, heißt es im Alltag, oder auf gut Deutsch: Zucker übt auf Pflanzenzellen einen osmotischen Druck aus, die Zellen platzen und der Zellsaft, sprich: Rhabarbersaft, läuft heraus. Das ist das Grundprinzip beim Konfitürekochen. Dazu reicht aber schon wenig Zucker, denn dieser verflüchtigt sich nicht, reagiert chemisch nicht, sondern bleibt konzentriert bei der Arbeit. Also gebe ich 600 g Rhabarber, jetzt geputzt und in Stücke geschnitten, in eine große Schüssel, streue maximal 100 g Zucker darüber, mische alles gut durch, bedecke die Schüssel mit Frischhaltefolie und stelle sie kalt. Nach und nach bildet sich immer mehr Saft, man kann das Ganze ruhig ein bis drei Nächte stehen lassen. Danach hänge ich den Rhabarber in ein Sieb, lasse ihn abtropfen und fange jeden Tropfen Saft auf. Der Rhabarberrohsaft duftet nach Rosenblüten und Zitrusfrüchten, ist gerade richtig sauer und nur leicht süß. Damit ist er in der Küchenpraxis unglaublich vielseitig einsetzbar. Ich nutze ihn als Essenz zum Angießen sowohl bei salzigen als auch süßen Gerichten, als Essigersatz in Salaten, oder ich mische ihn mit Sojasauce zu einer »Rhabarber-Ponzu-Sauce«. Und das Beste daran ist: Während die Stangen nur frisch erfreuen, ist dieser Rhabarberrohsaft lange haltbar, ohne Einkochen, ohne Konservierungsstoffe. Er ist selbstkonservierend dank der Säure, des bisschen Zuckers und des bereits natürlich vorkommenden Konservierungsstoffs Vitamin C in den Stangen.

Und was passiert mit dem halb ausgelutschten Rhabarberrest? Er hat jetzt genau die richtige Wassermenge. Der Trester wird, so wie er ist, püriert. Das Püree hat eine dezente Säure, die – ähnlich wie beim Saft – von der zurückhaltenden Süße des Zuckers in Schach gehalten wird. Das Bestechende daran ist aber die füllig-cremige Textur. Das ist pure Physik: Der meiste Saft wurde zwar herausgeholt, aber ein Rest bleibt noch von dem Zellmaterial gebunden. Den Rest besorgt das Pürieren. Eine perfekte Rhabarbercreme für Hähnchen, Schweinefleisch, Gemüseteller oder Desserts.

Übrigens: Wenn man die Schüssel mit dem Rhabarber und Zucker kühl stellt, kann es sein, dass eine wilde Hefe dahergeflogen kommt und den Rhabarber alkoholisiert. Das ist mir einmal passiert; es bilden sich Aromen, die an Orangeweine oder an die belgische Bierspezialität Lambic erinnern. Das ist nicht weiter schlimm, es müssen nur die Einsatzmöglichkeiten des spontanen Zufallsprodukts neu definiert werden. Daraus lässt sich wahrscheinlich sogar eine systematische Methode entwickeln.

GRUNDREZEPT: RHABARBERSAFT UND -PÜREE

600 g Rhabarber
100 g Zucker

Den Rhabarber putzen und in 1 cm lange Stücke schneiden. In einer Schüssel gut mit dem Zucker vermischen, mit Frischhaltefolie bedecken und mindestens 8 Stunden (besser: 1–3 Tage) kalt stellen. Danach den Rhabarber in einem Sieb abtropfen lassen, den Saft auffangen und kalt in kleine sterilisierte Flaschen oder Gläser füllen. Der Saft ist im Kühlschrank mehrere Wochen haltbar.

Die abgetropften Rhabarberreste fein pürieren. Das Püree hält sich ohne Probleme bis zu 2 Wochen im Kühlschrank in luft- und aromadichten Frischhalteboxen.

ESSIGFREIER KNACKSALAT

1 Zwiebel – 1 kleiner Kohlrabi – 4 Radieschen
½ Gurke – 1 kleiner Apfel – Salz – 3 EL Rhabarbersaft
4 EL Mohnöl – 2 EL Haselnüsse – ½ Langer Pfeffer

Das Gemüse und den Apfel schälen und getrennt voneinander fein würfeln. Zwiebel- und Apfelwürfel salzen und mit 1 EL Rhabarbersaft 15 Minuten ziehen lassen. Danach mit dem restlichen Gemüse vermengen.

Das Mohnöl und den restlichen Rhabarbersaft mischen und über den Salat geben, alles vermengen und weitere 5 Minuten ziehen lassen. Die Haselnüsse halbieren und rösten, den Langen Pfeffer grob mörsern. Beides zum Salat geben, mischen und servieren.

RHABARBERPÜREE AN SCHWEIN SÜSSSAUER

2 Scheiben Schweinenacken – Salz – 2 TL Honig
4 TL Sojasauce – 1 TL Yuzusaft – 3 EL Sesamöl
6 EL Rhabarberpüree

Das Fleisch mit Salz einreiben, 45 Minuten ziehen lassen, danach abwaschen und trocken tupfen.

Aus Honig, Sojasauce, Yuzusaft und Sesamöl eine Marinade herstellen und das Fleisch 20 Minuten darin marinieren. Danach das Fleisch in einer Pfanne vorsichtig anbraten und anschließend in einer Grillpfanne noch brandmarken. Das Rhabarberpüree salzen und leicht erwärmen. Das Püree auf Tellern ausstreichen, das Fleisch in Streifen schneiden und neben das Püree legen.

Zu später Teestunde

Normalerweise wird Tee am Nachmittag, oft zusammen mit Kuchen oder Cookie genossen. Warum aber nicht mal zum Abendessen, wie in vielen Teilen Asiens, wo sich exzellente Tees als Essensbegleiter geradezu aufdrängen? Bei genauerer Betrachtung liegt das gar nicht so fern, denn Tee füllt exakt jene Lücken, die Bier und Wein jeweils hinterlassen: Im Unterschied zu diesen ist er bitter *und* adstringierend. Nüchtern betrachtet liegt das daran, dass sich Phenole, Polyphenole und Gerbsäuren im Wein mit Wasser und Alkohol, sprich: Ethanol, arrangieren müssen – das hat im Wechselspiel der Moleküle zur Folge, dass hochprozentige Weine (mit 14 Vol. %) bitterer und weniger adstringierend sind, Weine mit weniger Alkoholgehalt hingegen weniger bitter und stärker adstringierend. Dieser Ethanolregulator für Bitterkeit und Adstringenz fehlt beim Tee. Hier gibt es jedoch einen anderen Trick, denn die Sensorik lässt sich durch die Extraktions- und Serviertemperaturen steuern. Als Faustregel gilt: Niedrige Extraktionstemperaturen führen zu weniger Bitterkeit, denn die verhältnismäßig großen Moleküle der Bitterstoffe können sich erst bei höheren Temperaturen in hohen Konzentrationen im Wasser lösen. Bei Grüntee stehen daher die floralen Aromen mehr im Vordergrund. Brüht man hochqualitative Tees kalt, d.h. bei Extraktionstemperaturen zwischen 0 °C und 40 °C, lassen sich diesen ganz ungewohnte Nuancen entlocken. Bei der Serviertemperatur hingegen verhält es sich genau umgekehrt: Je kälter das Getränk serviert wird, desto bitterer ist es.

Wird Tee zum Essen serviert, gibt es daher zwei Grundregeln, aus denen sich vieles andere ergibt. Möchte man Tees heiß trinken, eignen sich Schwarztees. Die hohe Trinktemperatur hält den Bittergeschmack in Grenzen, der sich bei unter 27 °C deutlicher zeigt. Möchte man den Tee hingegen lauwarm genießen, sollte man lieber zu grünen Tees greifen, deren Brühtemperaturen ohnehin kaum über 75 °C liegen und die daher von sich aus weniger bitter sind.

Die Tajine: Universalgargerät mit gutem Ton.

Sortenreine Tees, etwa Jahrgangs-Pu-Erhs, sind übrigens wunderbare Begleiter zu vielen Edelschimmelkäsen, sofern diese keine Blauschimmelnoten tragen. Falls doch, sind eher kräftige Genmaichas aus geröstetem Reis angesagt, deren leichte Süße diesen Käsen entgegenkommt. Feine junge Käse, die noch fruchtige und florale Aromen zeigen, lassen sich mit blumig aromatisierten Tees (Jasmin, Rose) hervorragend begleiten, wobei diese nur lauwarm serviert werden sollten. Auch Gerichte, die auf Wurzelgemüse basieren, laden gern zum Tee: Möhren lassen sich mit Jasmin kombinieren, Pastinake oder Sellerie mit nepalesischen Schwarztees (zum Beispiel Kuwapani Makalu Tippy).

Wichtig ist – bei jedem Tee – die Verwendung des richtigen Wassers! In manchen Gegenden ist das Wasser hart, es enthält Kalk in Form von hohen Konzentrationen des zweiwertigen Kalziumions. Diese hohen Ladungen lassen gute Tees bitterer erscheinen als sie sind. Außerdem »salzen« sie Polyphenole aus, da deren Löslichkeit stark abnimmt. Die Bildung von Haut an der Oberfläche und die unschönen Flecken nach dem Austrinken sind die Folge. Allein deswegen hat sich die Anschaffung einer Umkehrosmoseanlage für mich gelohnt. Aus diesem Hahn zapfe ich praktisch ionenfreies Wasser, das sich für Tees (und edle Whiskys mit untrinkbarer Fassstärke) bestens eignet.

Doch Tee ist nicht nur ein perfekter Essensbegleiter. Wie mit Wein und Bier lässt sich mit Tee auch kochen und wunderbar würzen. So kann man zum einen seine Bitterkeit gezielt einsetzen, etwa wenn man Fisch oder Geflügel in Tee pochiert oder den Pochiersud mit Tee anreichert. 1 Esslöffel Tee – beispielsweise Sencha, der zudem einen Hauch umami mitbringt (zum Beispiel Ryogôchi Saemidori Shincha) – in einen Teefilter gepackt und in werdende Saucen gehängt, bewirkt kleine Wunder mit leichten, wohltuenden Bitternoten. Und mariniert man gewürfelten Tofu in einem sehr stark gebrühten Tee, werden aus den geschmacksarmen Sojawürfeln kleine Bittersensationen. Zum anderen ist das Aroma guter Tees nicht zu unterschätzen. Sie duften von grün bis floral, wie etwa die blumigen Oolongs aus Taiwan (Bao Zhong), pilzig bis erdig, wie beispielsweise Jahrgangs-Pu-Erhs (deren Preise pro 100 g durchaus an die einer Flasche exzellenten Rotwein heranreichen), oder fermentiert,

von pilzig bis würzig. Sie passen daher ganz hervorragend zu Pilzgerichten wie Champignons, Steinpilzen oder Herbsttrompeten. Auch zu Edelschimmelkäse wie Camembert und Brie eignen sich diese Sorten. Selbst aromatische sowie Röst- und Rauchdüfte sind möglich, etwa bei geräucherten Tees wie Lapsang Souchong, bei geröstetem Sencha oder dem exzellenten Genmaicha mit geröstetem Reis. Gerade die geräucherten und gerösteten Tees fügen sich bestens zu Fleischgerichten, sogar zu Wildgeflügel.

Gute Tees leisten eine Menge, wie es sich in dem folgenden Rezept offenbart. Und das ist nur die Spitze des Eisbergs!

Es lohnt sich übrigens, über die klassischen asiatischen Teeanbaugebiete hinauszublicken. Aus dem eher für Kaffee bekannten Kolumbien stammen unglaublich würzige Tees, die sich in eine alkoholfreie Getränkebegleitung bestens integrieren.

GANS IN TEE

1 kleine Gänse- oder Entenkeule – 800 ml Gänsefond
(aus eigener Herstellung) – Salz – frisch gemahlener schwarzer Pfeffer
1 Gänsebrust – 4 Möhren – 1 kleiner Knollensellerie
20 g echter Lapsang Souchong (geräucherter Grüntee)
1 kleiner Weißkohl – Fleur de Sel

Am Vortag die Keule von der Haut befreien (daraus lassen sich feine Knusperelemente zubereiten), in kaltem Wasser und Gänsefond mit etwas Salz und Pfeffer aufsetzen und 1–1½ Stunden im Backofen bei 100 °C nur leicht simmern lassen, damit der neue Fond klar bleibt. Die Keule herausnehmen, das Fleisch vom Knochen lösen und entlang der Fasern zupfen. Mit etwas Brühe befeuchtet kalt stellen. Die Brühe separat filtern und ebenfalls kalt stellen.

Am nächsten Tag die Brühe abfetten (das Fett aufbewahren und für andere Zwecke verwenden). Die Haut von der Gänsebrust ziehen und das Fleisch in mundgerechte Stücke schneiden. In einem Teil der Brühe rosa pochieren. Möhren und Sellerie in Brunoise (sehr kleine Würfel) schneiden und mit etwas Gänsefett und Fond aus der Brühe bissfest dünsten. Den Rest der klaren Brühe auf 70 °C erwärmen und den Lapsang Souchong darin 10–15 Minuten ziehen lassen. Den Weißkohl in sehr feine Streifen schneiden, kurz in Salzwasser blanchieren, mit einem Tuch abtrocknen und in tiefen Tellern mittig anrichten. Die Gemüsewürfel und Keulenfleischfasern darauflegen und darüber die pochierten Bruststücke anrichten. Den »Gänsefondtee« abseihen und in eine Teekanne gießen – in einer gläsernen sieht es am schönsten aus. Die angerichteten Teller damit angießen und sofort servieren. Lediglich mit etwas Fleur de Sel bestreuen.

Dazu 30 °C warmen Genmaicha (japanischen Grüntee mit geröstetem Reis) reichen – natürlich in Weingläsern.

Die Walnuss: knackig und bitter

Manche Entdeckungen mache ich nicht im Labor und in der Küche, sondern auch auf sehr kurzen Reisen, etwa zur Frankfurter Buchmesse. Da kann man zwar meist nicht sehr gut essen, aber hervorragend über Essen reden. Einen Geistesblitz verdanke ich der Begegnung mit dem großartigen Koch Ingo Holland, den ich vor vielen Jahren dort zum ersten Mal traf. Seitdem bereite ich nicht nur Rotkohl immer wieder mal mit Walnüssen zu, sondern setze diese vollkommen unterschätzten heimischen Nüsse auch gerne in anderen Gerichten gezielt ein.

Walnüsse haben ein feines, nussig-buttriges Aroma, das zum Beispiel in herzhaften vorwinterlichen Salaten gut zur Geltung kommt. Ihr eigentliches Potenzial liegt aber – auch im Unterschied zu anderen Nüssen – in ihrem Geschmack. Dieser ist leicht bitter, und manche Walnüsse wirken sogar, ähnlich wie Rotwein, adstringierend. Tatsächlich enthalten Walnusskerne viel Phenole (adstringierend) und Polyphenole (bitter), die zahlreichen Gerichten eine besondere Note verleihen, vom Kohlgemüse bis hin zu Desserts (siehe Hokkaidocreme, Seite 88). Außerdem wird der Knabberspaß oft völlig unterschätzt. Mit gehackten bzw. nicht zu klein gemahlenen Walnüssen lassen sich beispielsweise tolle Krautwickelfüllungen herstellen. Im Rotkohl à la Ingo Holland punkten sie mit beiden Charaktereigenschaften: Zum einen bieten sie einen willkommenen bitter-adstringierenden Gegenpart zum süßsäuerlich gekochten Rotkohl, zum anderen sorgen sie für den gewissen Knack.

Dieser Knack lässt sich übrigens noch verbessern, wenn man ein paar rohe Rotkohlstreifen erst kurz vor dem Servieren unterhebt. Dann ist im Mund ordentlich etwas los, denn ganz abgesehen von den verschiedenen Aromen und Geschmäckern hat man es nun mit zwei verschieden knackigen Texturen zu tun. Die Walnüsse werden beim Kauen in immer kleinere Bruchstücke zerbissen, der Biss wird bei jedem Kauen geringer – ähnlich wie beim rohen Rotkohl, allerdings auf einer anderen Zeitskala und mit geringeren Bisskräften. Der oft unterschätzte, unterbewusst wahrgenommene Bisseffekt ist sensorisch dem Geschmack und der retronasalen Wahrnehmung durchaus ebenbürtig (siehe auch das Beispiel mit den Fischschuppen, Seite 97). Daher erzeugen diese beiden Textursensationen, verbunden mit der gleichzeitigen Freigabe der Bitter- und Adstringenzstoffe und der rohen Kohlaromen, die sich über den eher gleichförmigen Geschmacks- und Aromaeindruck des gekochten Rotkohls legen, eine kleine orale Sensation. Dies lässt sich beliebig erweitern: Möchte man auf die Adstringenz der Walnüsse verzichten, aber nicht auf den nussigen Knack, hat man Alternativen: weniger aromatische Macadamianüsse oder ein intensiveres Aroma mit Haselnüssen. Soll der rohe Knack mehr betont werden, spricht nichts gegen eine Handvoll gewürfelte Äpfel, die gleichzeitig mit Säure unterstützen.

Das Öl der Walnuss ist relativ teuer, weil es in einem aufwendigen Verfahren meist kalt gepresst wird (10 kg Kerne ergeben nur 4–5 l), birgt aber den ganzen nussig-buttrigen, leicht bitteren Geschmack der Nüsse. Da es viele ungesättigte Fettsäuren enthält, darunter die hitzeempfindliche Linolensäure, eignet es sich zwar nicht zum Braten, aber als »flüssiges Walnussgewürz« zum Aromatisieren und verleiht nicht nur Salaten, sondern ebenso Saucen, Suppen, Fisch oder Fleisch eine leicht bittere Note. Auch in den Walnuss-Rotkohl gebe ich vor dem Servieren zusätzlich noch 2–3 Esslöffel von dem Öl. Es verleiht ihm »nussigen Glanz« – als zusätzlichen Kick zum Knack. Und mit einer Walnussöl-Dessert-Mayo (auf leicht gezuckerter Eiklar- oder Milchbasis statt Eigelb) bringt man punktuell eine bestechende »Walnussigkeit« in Desserts.

ROTKOHL MIT DOPPELKNACK

1 kleiner Rotkohl – 1 EL nicht zu salzige helle Sojasauce
1 EL Honig – 100 ml Portwein – 1 mittelgroße Zwiebel
2 Knoblauchzehen – 1 TL Zucker – 1 EL Butter – 1 Langer Pfeffer
100 ml junger Rotwein (z. B. Beaujolais) – Salz

Zum Garnieren:
1 Handvoll trocken geröstete Walnusshälften
3 EL Walnussöl
Etwas roher Rotkohl (nicht mariniert)

Den Rotkohl sehr fein hobeln und über Nacht mit Sojasauce, Honig und Portwein marinieren.

Zwiebel und Knoblauch schälen und in feine Scheiben schneiden. Den Zucker mit etwas Wasser in einem schweren Topf karamellisieren. Die Zwiebelringe zugeben, dann die Butter und den Knoblauch darin anschwitzen. Den Rotkohl samt Marinade und gemörsertem Langen Pfeffer zugeben. Leicht unter dem Siedepunkt schmoren, bis der Rotkohl weich ist, dabei immer wieder mit dem Rotwein die Flüssigkeitsmenge im Topf regulieren. Zum Schluss sollte nur so viel Feuchtigkeit vorhanden sein, dass der Rotkohl glasiert ist. Kurz vor dem Servieren die trocken gerösteten Walnüsse zugeben. Das Walnussöl unterrühren und die rohen, unmarinierten Rotkohlstreifen unterheben. Mit Salz abschmecken.

Da braucht's dann kein Fleisch mehr. Und wenn, dann eine rosa, auf der Haut gebratene Gänsebrust, oder einen ebenso rosa gebratenen Rot- oder Haarwildrücken.

Die Umami-Spezialbeize

Das Beizen von Fischen (zum Beispiel bei Graved Lachs) ist eine leichte Übung. Zucker und Salz vermengen, nach Belieben Kräuter (klassisch wäre Dill) oder Gewürze (meist Pfeffer) zufügen, den Fisch damit einreiben und über Nacht im Kühlschrank lagern. Nichts Spannendes. Alltagsküche – aber mit Mehrwert: Bei dieser Prozedur wird dem Fisch Wasser entzogen, dadurch wird die Muskelstruktur kompakter und gleichzeitig etwas elastischer und der Fisch wird außerdem angenehm gewürzt. Und nicht zu vergessen: Er ist tagelang haltbar und lange roh verzehrbar (wobei die Textur immer besser wird). Dem Sternekoch Thomas Bühner zufolge kann man ihn im gebeizten Zustand sogar einfrieren, da das meiste Wasser aus den Zellen entfernt, also keine Zellschädigung und damit Textureinbuße zu erwarten sei. Das stimmt, und zusätzlich ist das Restwasser so stark an Zucker und Salz gebunden, dass sich gar keine großen Kristalle mehr bilden können und die Gefriertemperatur stark gesenkt wird. Gut vorstellbar also, dass es funktioniert. Ich habe es noch nie selbst ausprobiert, bei mir landet der Fisch erst im Nullgradfach des Kühlschranks und meistens nach 2–3 Tagen vollständig im Magen.

Was bei Fisch gut funktioniert, sollte auch für empfindsames Fleisch taugen, dachte ich mir. Etwa für Lammnieren. Diese zarten, 5–6 cm großen Fleischstücke haben den Nachteil, dass sie kleine Unachtsamkeiten wie falsches Braten mehr als ernst nehmen: Sie verlieren sehr schnell ihren Fleischsaft und werden dann radiergummiartig zäh. Dem könnte man durch Beizen in einer Lake vorbeugen. Und in der Tat: Gebeizt zeigen die feinen Nierchen texturelle Eigenschaften, die man den zerbrechlichen Geschöpfen kaum zutraut. Sie werden leicht fester, verlieren beim Garen kaum Wasser und bleiben kompakter. Darüber hinaus lässt sich dabei ganz wunderbar mit dem ionischen, grundgeschmacklichen Teil der Nierenlake ein wenig experimentieren. Klassischerweise besteht sie aus Salz und Zucker. Ich mische noch Glutamat bei.

Manch einer mag an dieser Stelle aufschrecken:

– Glutawas?
– -mat. Ja, richtig gelesen. Glutamat. Monosodiumglutamat. MSG.
– Wie bitte?
– Kein Grund zur Panik. Glutamat ist auch nur ein Salz. Das Natriumsalz der Glutaminsäure, um genau zu sein. Letztere ist eine protogene Aminosäure, das heißt, sie kommt in allen Proteinen vor, steckt also in Fleisch, Fisch …
– Aber MSG? Das ist doch künstlich!
– Sehen Sie das dem Molekül an?
– Molekül? Wieso Molekül?
– Weil es nichts als ein Molekül ist. Und ob künstlich oder natürlich, wo ist der Unterschied? Beim Vitamin C aus der Apotheke fragt ja auch niemand, ob es aus dem Bioreaktor im Labor oder aus der Zitrone kommt. Geschluckt wird es tonnenweise, es könnte ja dem Schnupfen vorbeugen …

Zurück zur Lake: Glutamat, also MSG, gibt pro Molekül ein Monosodium ab, genau wie Kochsalz (NaCl). Man kann daher etwas Salz weglassen und durch MSG ersetzen. Das MSG-Natrium übernimmt nicht nur dieselbe osmotische Funktion beim Beizen wie das Kochsalz-Natrium, sondern auch dessen Anteil am Salzgeschmack. Also 1:1 im Ionenduell zwischen NaCl und MSG. Das Chloridion des Kochsalzes unterstützt hingegen nur den Salzgeschmack und bringt nichts Neues – anders die Glutaminsäure des MSG! Sie hilft dem Umami-Geschmack erheblich auf die Sprünge. Und schon steht's 2:1 für MSG. Diese simple Überlegung war die Grundlage für das Beizerezept.

– Und warum nehmen Sie kein Stück Kombualge?
– Klar, das ginge auch, aber es ist schade um die Aromen, die an den Nierchen vorbeigehen. Mir geht es bei dieser Beize lediglich um die reinste Form des Umami-Geschmacks und darum, ihn den Nierchen zuzuführen. Ohne aromatisches und anderes geschmackliches Beiprogramm. Die Kombualge punktet dafür im nächsten Dashi.

Ausprobiert habe ich die Nierchenbeize zum ersten Mal in der Provence. Es waren keine Lammnieren, sondern Nieren vom Zicklein. Ich bekam sie originalverpackt in ihrem eigenen Fett, ohne klaffende Wunde. Also wirkte die Beize gleichmäßig von allen Seiten an der Oberfläche, anders als bei Nieren mit Stichverletzungen. Die gebeizten Nieren schmecken wunderbar, voll, rund, leicht salzig und durch und durch umami. Das Nierenfett – das Fett überhaupt – gibt es dabei frei Haus. Die gebeizten Nierchen werden darin angebraten, und wenn man die Sauce damit montiert, steht sie wie eine Eins. Dazu passt dann etwa ein gut gereifter, im Eichenfass ausgebauter Réserve des Château Calavon. Das sind unvergessliche Momente am eigenen Herd und am Tisch.

LAMMNIEREN MIT OLIVENKARTOFFELGRATIN

Für die Sauce (am Vortag zubereiten):
1 kg Lammknochen, -häute, -fleischabschnitte, -füße
Lammnierenfett (von den Nierchen) – 100 ml Noilly Prat
5 Knoblauchzehen – 2 Zweige Sarriette (provenzalisches Bohnenkraut)
2 Zweige Thymian – 400 ml trockener junger Rotwein (Typ Syrah)
1 Zweig Rosmarin

Lammteile im Nierenfett scharf anbraten. Mehrmals mit Noilly Prat ablöschen und diesen immer wieder verdampfen lassen. Die ganzen geschälten Knoblauchzehen sowie 1 Zweig Sarriette und etwas Thymian zugeben, den Rotwein angießen und 2 Stunden simmern lassen. Die Flüssigkeit kontrollieren, notfalls etwas Wasser (besser: Noilly Prat) nachgießen. Vom Herd nehmen, Rosmarin zugeben und über Nacht ziehen lassen.

Am nächsten Tag die Sauce durch ein Sieb gießen und bei geringer Hitze reduzieren. Vor dem Servieren mit Nierenfett montieren und mit den kleinen Blättern eines Zweigs Sarriette final abkräutern.

Für das Olivenkartoffelgratin:
200 g festkochende Kartoffeln
100 g schwarze Oliven, selbst entsteint und in Scheiben geschnitten
Grobes Salz – 100 ml Olivenöl

Die Kartoffeln schälen und in dünne Scheiben schneiden und zusammen mit den Oliven in kleine Gratinförmchen (Tian) schichten. Immer wieder etwas Salz zugeben und kräftig mit Olivenöl übergießen. Im Ofen bei 180 °C backen, bis die Kartoffeln gar sind und die Oberfläche leicht gebräunt ist.

Apropos Oliven: Hände weg von bereits entsteinten Oliven, diese matt aussehende, matschige Massenware schwimmt meist in geschmackloser Lake. Ich kaufe grundsätzlich nur Oliven mit Stein, die sind meist »fleischiger« und intensiv im Geschmack. Zum Entsteinen dient mir exklusiv eine alte Knoblauchpresse, die dafür einen Zusatz hat, sprich: einen Dorn und eine Auflage. Ratzfatz drückt der Dorn den Stein durch die Oliven, die danach immer noch von ellipsoider Gestalt sind.

Für die Nierchen:
3 TL Salz – 1 TL Glutamat
2 TL Zucker – 8 Lammnieren mit Nierenfett
(am besten bei einem Erzeuger oder Direktvermarkter
vorbestellen oder in einer arabischen Metzgerei kaufen)
2–3 getrocknete Lavendelblüten

Salze und Zucker in 500 ml Wasser auflösen und die gesäuberten und vom Fett befreiten ganzen Lammnieren darin nicht länger als 20–30 Minuten beizen, damit der roh-zarte Charakter im Zentrum erhalten bleibt. Die Nieren aus der Beize nehmen, abtupfen, vierteln und sehr kurz in sehr heißem Nierenfett anbraten. Sie müssen rosa bleiben.

Die gebratenen Nierchen in Tellern mit Mulde anrichten, die Sauce angießen und das Gratin separat in den Ofenförmchen servieren.

Als florale Garnitur 2–3 getrocknete Lavendelblüten über die gebratenen Nierchen streuen.

Dessert umami-süß

Fünf Geschmackskontinente kennen wir: salzig, süß, sauer, bitter und – seit seiner Entdeckung und Benennung im Jahr 1909 – auch umami, das sich mit »herzhaft, wohlschmeckend, fleischig« umschreiben lässt. Doch warum schmecken wir überhaupt und welche der fünf Geschmacksrichtungen passen zueinander?

In den frühen Zeiten der Menschheit übernahm der Geschmackssinn die Lebensmittelprüfung. Die Erfahrung war sehr einfach: Bitter war meist giftig, leicht sauer deutete auf relative Lebensmittelsicherheit hin, salzig auf Mineralien. Süß war definitiv ungiftig, und umami? Dieser unterschwellig wahrgenommene Geschmackssinn für Aminosäuren, maßgeblich die Glutaminsäure, zeigte den Hominiden: Proteine! Es lohnt sich, viel davon zu essen, wenn es zur Verfügung steht! Auch heute noch spielt die Kombination von umami und süß in der Evolution eine Rolle, nämlich in unserer persönlichen: Menschliche Muttermilch enthält von allen Säugetieren den höchsten Anteil an freier Glutaminsäure (Glutamat) und Laktose, das heißt an Umami-Geschmack und Milchzucker. Offenbar waren und sind umami und süß genau die von uns Menschen bevorzugten Geschmacksrichtungen. Sie müssen nicht erlernt werden, sondern sind angeboren – und werden mit der Muttermilch aufgesogen. Daher verwundert es auch nicht, dass ältere Menschen mit Demenz manchmal exakt diese Kombination von süß und umami präferieren. Die mühsam erlernten anderen Geschmacksrichtungen sauer, salzig und bitter können offenbar auch wieder verlernt werden – eine Erkenntnis, die mich erschreckt.

Unklar ist, warum wir diese »Ur«-Geschmackskombination nicht viel öfter in der Küche nutzen. Vermutlich wurde sie uns durch die sich ständige wandelnde Esskultur ausgetrieben. Manche Lebensmittel bauen dominante Süß-umami-Komponenten von Natur aus ein: Sehr reife, säurearme Tomatensorten sind ein Paradebeispiel dafür, denn sie weisen eine ungewöhnlich hohe Konzentration an freier Glutaminsäure auf, die sich vor allem in der Haut zeigt. Ihre Süß- und Umami-Komponenten

lassen sich durch Trocknen noch verstärken. Zwiebeln haben ebenfalls neben dem schmerzhaften trigeminalen Reiz deutliche Umami-Aspekte dank freier Glutaminsäure und zugleich einen hohen Zuckergehalt. Aus Japan kennt man würzig-süße Saucen, Teriyaki, auf der Basis von Sojasaucen, Honig und Mirin (einem süßen Weinsirup aus poliertem Reis, dessen Stärke mit dem Koji-Pilz zu Glukose und Dextrinen fermentiert ist, und Sochu/Reisbranntwein), die etwa gegrilltes oder geschmortes Geflügel würzen.

Doch ebenso spannend wie süß-herzhafte Hauptspeisen, die es vor allem in der asiatischen Küche gibt, sind umgekehrt Versuche mit herzhaften Desserts. Mit dem Süß-umami-Prinzip lässt sich bekannten Nachspeisen eine ungewohnte und ungewöhnliche Note verleihen. Man kann dies zu vielen Gelegenheiten üben: Einfach mal zuckersüße Orangenfilets durch Sojasauce ziehen oder – ebenso einfach – ein, zwei Punkte stark reduzierten Fond im Dessert »verstecken«. Oder man »umamisiert« einen eigentlich süßen, wohlbekannten italienischen Klassiker, um die Auswirkungen der Süß-umami-Kombination zu erfahren.

UMAMI-PANNACOTTA

200 ml Vollmilch – 300 ml Sahne
0,5 g Agar-Agar – 3–4 EL würziger Honig (Waldhonig, Eukalyptushonig …) – 10 weiche Trockenpflaumen (Typ Pruneaux d'Agen) – 1 getrocknete Tomate
100 ml Mirin – 2–3 EL süße Sojasauce (Ketjap Manis oder Teriyaki)
Piment – 1 Langer Pfeffer

Milch und Sahne mischen, das Agar-Agar kalt einrühren und erst dann aufkochen. Vom Herd ziehen, leicht abkühlen lassen und den Honig unter Rühren darin auflösen. In vier kleine Formen gießen und gelieren lassen.

Trockenpflaumen und Trockentomate in kleine Würfel schneiden. Den Mirin aufkochen und auf ca. zwei Drittel der Menge (60–70 ml) reduzieren. Die Trockenpflaumen- und Tomatenwürfel darin schwenken und dabei weiterreduzieren.

Die Sojasauce zugeben und die Früchte unter Abkühlen ca. 45 Minuten marinieren lassen, bis sie Raumtemperatur erreicht haben.

Die Pannacotta auf Dessertteller stürzen und mit den würzig-süßen Pflaumen umgeben. Piment und Langen Pfeffer im Mörser grob zerstoßen und darüberstreuen.

Für ganz Experimentierfreudige noch ein Getränketipp dazu: »Wenn Italien auf Japan trifft« oder:

KALTER KAFFEE MIT SCHUSS
(3 Stunden vorher vorbereiten)

400 ml Wasser – 1 kleines Blatt Kombualge (etwa 5 cm x 2 cm)
4 TL frisches, nicht zu feines Kaffeepulver (säurearme Sorte)
80 ml Sake – 100 g gecrushtes Eis

Das Wasser auf max. 60 °C vorwärmen, die Kombualge hineingeben und ca. 1 Stunde ziehen lassen, bis das Wasser abgekühlt ist. Abseihen und damit das frisch gemahlene Kaffeepulver kalt brühen, 1–2 Stunden extrahieren lassen, gut filtern und in einen Shaker geben. Den Sake zufügen und mit dem Eis sehr kurz shaken. Sofort in Gläser »strainen« und als kaltes Getränk zur Pannacotta genießen.

Unverhofft süß – Kürbis zum Nachtisch

In den Wintermonaten ist Obst rar, so ist jede neue Dessertidee willkommen, besonders wenn alle heimischen Äpfel und Birnen gegessen sind. Dauernd auf Bananen, Orangen oder Mandarinen zurückzugreifen, ist langweilig und auch wenig nachhaltig, werden diese wohlfeilen Vitaminspender doch oft quer durch die Welt gekarrt. Da ist es gut zu wissen, dass so manches in heimischen Gärten wachsende Gemüse durchaus Dessertqualitäten hat. Viele (Winter-)Gemüse strotzen vor versteckten Zuckern. Diese sind oft gebunden, man schmeckt sie also nicht auf Anhieb heraus. Im Kohl steckt Zucker beispielsweise in den Glucosinolaten, in Möhren und anderen Wurzelgemüsen tief in den Pflanzenzellstoffen. Wir müssen ihn erst herauskitzeln: etwa durch langes Kochen bei Möhren, durch Schneiden und anschließendes Stehenlassen bei Zimmertemperatur bei Zwiebeln oder durch Pürieren wie bei Pastinake, Petersilienwurzel oder Kürbis.

Theoretisch lassen sich aus all diesen Gemüsen süße Dessertteller kreieren – vorausgesetzt, sie werden vernünftig behandelt und kombiniert. Bekannt ist das schon lange, wer kennt nicht den Karottenkuchen nach Familientradition? Pastinaken und Petersilienwurzeln enthalten Zucker ohne Ende, die sich bereits beim Rohgenuss in den Vordergrund schieben. Auch Rotkohl erschließt sich sofort, findet man ihn doch selbst in der salzigen Küche mit Honig, Trockenfrüchten, Portwein, karamellisiertem Zucker usw. zubereitet, etwa als Beilage zu Wild. Also warum nicht gleich als Dessert oder zumindest als süßsaure Dessertkomponente? Selbst Zwiebeln sind nicht verkehrt. Nimmt man weiße Zwiebeln oder Gemüsezwiebeln, gibt es kaum schweflige Störfeuer. Ein einfaches Experiment zeigt es: Man höhle eine Zwiebel aus, fülle sie mit Honig und lasse sie 1–2 Tage stehen. Der sich bildende »Zwiebelhonig« schmeckt wahnsinnig gut (das war übrigens der »Hustensaft«, den mir, als ich Kind war, mein Vater zur Hustenlinderung zubereitete). Püriert man die so marinierte Zwiebel samt Saft, erhält man eine Creme, die perfekt zu schokoladenbasierten Desserts passt.

Meine Wahl fällt diesmal auf den Kürbis, ein typisches Herbst- und Wintergemüse. Auch dieser enthält vergleichsweise viele Zucker: Glukose, Fruktose, Saccharose (versteckter Haushaltszucker), Rhamnose, außerdem sogenannte Zuckeralkohole wie Sorbitol, Mannitol, Xylitol usw., die auch in industriell gefertigten Produkten als Zuckerersatz dienen. Entlockt man zum Beispiel dem Kürbis diese eigenen Zucker, indem man ihn püriert, kann er ohne weiteren Zuckerzusatz als Dessert verwendet werden. Das ist eine seiner unbekannten Stärken, und es reizt mich, diese offenzulegen. Dabei hat der gelbe Hokkaido noch einen weiteren Vorteil: Er hat ausreichend Aromastoffe, die in die süßliche Richtung weisen. Wie bei allen orangefarbenen Gemüsen zeigen sich außerdem florale Düfte, die aus dem Carotin stammen (das ist übrigens eine Aromabildungsgrundregel). Und darüber hinaus duftet er auch nach Zitrus oder gar nach Wald und Kräutern. Diese Düfte sind in Nachspeisen nie fehl am Platz: Etwas Thymian, Fichtennadeln oder Baumharze frischen jedes Dessert auf. Ein paar Zitrusschalen ohnehin. Und schon hat der Kürbis, was er als Dessert braucht: Zucker, Aromaten, Blüten- und Zitrusnoten. In dem folgenden Rezept verstärke ich diese Aromen, indem ich noch etwas würzig-süßlichen Zimt, floralen Lavendel, ein paar würzig-aromatische Trockenfrüchte und süßlich-bittere glasierte Walnüsse hinzufüge. Natürlich lege ich die Trockenfrüchte in den jeweils passenden Alkohol ein: Rum und Rosinen gehören zusammen wie Pech und Schwefel, die Feigen kommen in (korsischen) Marc de Figue (der Unterschied zum beliebten Feigenteufel ist eklatant) und die Trockenpflaumen in holzfassgereiften Zwetschgenbrand. So ist der Digestif sozusagen gleich mit eingebaut. Aromapairing par excellence!

HOKKAIDOCREME MIT EINGELEGTEN TROCKENFRÜCHTEN UND GLASIERTEN WALNÜSSEN

Für die Trockenfrüchte:
2 getrocknete Feigen – 2 getrocknete Aprikosen
2 getrocknete Pflaumen – 50 g Rosinen
Etwas Feigenschnaps (aus Korsika, kein »Feigling« oder dergleichen)
Etwas Aprikosenbrand – etwas Zwetschgenwasser
Etwas holzfassgereifter Rum
(aus den französischen Dom-Tom-Départements)

Für die Hokkaidocreme:
300 g Hokkaido – 100 g Butter – 1 TL Zimt – 2–3 Lavendelblüten

Für die Walnüsse:
1 EL Zucker – 2 EL Mandellikör – 100 g Walnussstückchen

Zunächst die Trockenfrüchte fein würfeln und 1–2 Stunden in den entsprechenden Schnäpsen einlegen.

Den Hokkaido würfeln und die Kürbisstückchen in Butter bei geschlossenem Deckel und geringer Hitze sehr weich dünsten, zerdrücken und unter Rühren weitergaren, bis die Kürbismasse sehr weich ist und beginnt, leicht nach Karamell zu duften. Vom Herd ziehen. Zimt und die leicht zerriebenen Lavendelblüten unterheben.

Für die Walnüsse den Zucker hell karamellisieren und mit dem Mandellikör vorsichtig ablöschen, sofort die Nüsse zugeben und unter Rühren glasieren. Auf einer Backmatte abkühlen lassen. Das Kürbispüree als Nocken in Schälchen setzen und die gut abgetupften Trockenfrüchte und Nüsse anrichten.

Pfeffer: eine scharfe Geschichte

In 99 von 100 Rezepten fällt irgendwann gegen Ende der Satz: »Mit Salz und Pfeffer abschmecken«, so als wären die beiden Alleskönner für jede beliebige Zubereitung. Das kann man so sehen, muss man aber nicht. Aus Sicht der Sensorik ist die Aussage ohnehin Käse. Abschmecken mit Salz, d'accord, aber abschmecken mit Pfeffer? Zunächst einmal ist »scharf« kein Geschmack. Die Schärfe gehört zu den Trigeminalreizen und spricht dieselben Sensoren an wie Temperatur. Sie ist damit nichts anderes als ein verkappter Temperaturreiz, ausgelöst durch Moleküle statt durch echte Temperatur oberhalb von 37 °C. (Am anderen Ende der Skala gibt es ebenso Moleküle, die die Empfindung von Kühle auslösen können, wie etwa Menthol, oder die gar heftige Kälteschmerzreize verursachen, wie die Schwefelverbindungen in Zwiebel & Co.) Dass Trigeminalreize nichts mit Geschmack zu tun haben, lässt sich leicht feststellen: Geschmack gibt es nur auf der Zunge, Trigeminus überall. Chili brennt auf den Fingern, im Auge und anderntags im Allerwertesten. Auch dort sitzen Temperaturrezeptoren, die den schmerzhaften Verbrennungsreiz detektieren. Beim Chili ist es das Capsaicin, das verantwortliche Molekül beim Pfeffer stammt aus der Familie der Piperine. Mit seiner Hilfe lässt sich ein Gericht also nicht abschmecken, sondern wunderbar »trigeminalisieren«. Denn Schärfe ist, zusammen mit allen anderen Trigeminalreizen (und entgegen anderen Verlautbarungen aus molekülfreien Gedankenwelten) natürlich Teil der Sensorik, Teil des Flavours, Teil der Wahrnehmung. Daher ist der finale Hinweis in den Rezepten in der Sache nicht verkehrt. Nur – auf welchen Pfeffer zielt er ab? Meistens offenbar auf die bereits gemahlene Version aus dem Supermarkt. Pfeffer ist jedoch viel mehr!

Da ist zum einen die variierende Schärfe von schwarzem, weißem, rotem oder grünem Pfeffer, mit der sich in den unterschiedlichen Gerichten spielen lässt. Außerdem bringen einige Pfeffer noch weitere trigeminale Reize mit: Kubebenpfeffer macht nicht nur »heiß«, sondern auch »wohlfühlwarm« bei gleichzeitig leicht kühlenden Noten. Und der Szechuanpfeffer (der botanisch keiner ist) sorgt für Gebitzel und eine leichte pelzige Taubheit auf der Zunge. Dazu kommt – häufig unterschätzt – das brillante und vielschichtige Aroma des Pfeffers, das sich je nach Sorte, Reifegrad, Ernte und Herkunft unterscheidet: Pfeffer duften zitronig, harzig, waldig oder süßlich, sogar stark florale Noten klingen bisweilen mit. Fermentierte Pfeffer werden mit Salz milchsäurevergoren und steuern fermentierte Düfte und leichte Salznoten bei. Es lohnt sich daher unbedingt, mit verschiedenen Pfeffersorten aus den unterschiedlichen Anbaugebieten von Indien (zum Beispiel Pondicherry) über Borneo bis Indonesien zu experimentieren. Dabei muss man nicht einmal vor Desserts haltmachen. Bestechend für Süßspeisen und Obst sind Langer Pfeffer und Timutpfeffer wie auch die wilden Sorten Voatsiperifery und Andaliman. Sie reizen den Trigeminus auf subtile Weise, bringen aber fruchtige Zitrusaromen mit, die eine Dessertkombination mit Zitrusfrüchten förmlich heraufbeschwören.

Wichtig ist dabei, die Pfeffer nicht zu fein zu zerstoßen, sodass man nur ab und zu auf die verschiedenen Stücke beißt und sich Schärfe und Aroma bei jedem Löffel und Bissen neu zusammensetzen. Glückliche Besitzer eines Gewürzschneiders »schneiden« Pfeffer. Die Schnittflächen sind glatter, die Aromafreigabe ist weniger ungestüm als bei rauen, zertrümmerten Bruchflächen, wie sie beim Mörsern entstehen. Viele Pfeffermühlen mahlen übrigens zu fein. Der daraus entstehende »Pfefferstaub« ist aromatisch nicht besonders attraktiv, die trigeminale Schärfe wird zu stark betont. Daher mein Tipp: wenn schon Mühle, dann das Mahlwerk nur auf »große Trümmer« einstellen.

WINTEROBSTSALAT MIT FÜNF PFEFFERN

1 kleiner säuerlicher Apfel – etwas Zitronensaft (Antioxidationsmittel)
1 kleine Ananas (Babyananas) – 4 Datteln – 2–3 Bio-Mandarinen
4 EL feiner, cremiger Naturquark – 1 Banane
8 Körner Timutpfeffer – 2–3 EL fruchtiges Olivenöl
4 cl Grand Marnier – 1 Langer Pfeffer
3–6 Körner Voatsiperifery-Pfeffer – Andalimanpfeffer
Fermentierter Pfeffer

Den Apfel sehr klein würfeln und sofort mit Zitronensaft beträufeln. Die Ananas schälen und das Fruchtfleisch in ca. 1 cm große Würfel schneiden. Die Datteln sehr klein würfeln. Die Schale der Bio-Mandarinen abreiben und mit dem Quark vermischen. Die Mandarinen in Filets parieren (Membranhaut entfernen). Die Banane in feine Scheiben schneiden. Die Fruchtstücke vorsichtig miteinander vermischen.

Den Timutpfeffer in nicht zu kleine Stücke zerstoßen (oder schneiden), mit Olivenöl und Grand Marnier vermischen und unter den Obstsalat heben. Den Langen und den Voatsiperifery-Pfeffer grob zerstoßen und über den Obstsalat geben.

Je eine Nocke des Mandarinenquarks in Schälchen geben, den Obstsalat anrichten und jede Portion mit drei ganzen Körnern von Andaliman- und fermentiertem Pfeffer garnieren.

Some like it hot

Nach alter Sitte und Tradition reicht man vielerorts in der klassischen Küche zwischen Hauptgang und Käse bzw. Dessert ein Sorbet. Mit dieser leichten kalten Erfrischung, meist auf Basis eines Wassereises mit Früchten oder Gemüse wie etwa Zitrus, Melone oder Gurke, möchten Köche die letzten Reste der geschmacksintensiven umamireichen Saucen von der Zunge wischen und gleichzeitig Mundraum und Geist für das Kommende vorbereiten. Diese Idee ist bei mir schon immer auf offene Ohren und bereitwillige Papillen gestoßen. Und den neuen Erkenntnissen über sensorische Zusammenhänge und den Trigeminusnerv gemäß lässt sich damit ein wenig herumspielen.

Wie wäre es, wenn man die ambivalente Position dieses Zwischengangs ernst nimmt? Es könnte ja durchaus noch etwas »umami« anklingen, insbesondere wenn der nächste Gang vom Käsewagen kommt. Und wie wäre es, wenn das kalte Sorbet zugleich auch heiß wäre? Warm war der Hauptgang, etwas Kaltes wird folgen. Das Sorbet könnte beides verbinden.

Kalt ist es natürlich per definitionem, denn es kommt aus der Eismaschine, der Sorbetière oder einfach aus dem Kühlschrank (dann muss man immer wieder mit einer Gabel die Eiskristalle brechen), es reizt also die trigeminalen Kälterezeptoren. Die Hitzerezeptoren trickse ich mit »falscher« Temperatur aus, das heißt, mit einem Molekül, das sie ebenso reizt wie Wärme (siehe Seite 89): in diesem Fall das Capsaicin aus dem Chili. Damit sich das alles zusammenfügt, fällt meine Wahl auf die Tomate: Sie ist süß, sauer, umami und kaum bitter. Und damit sich die Hitze des Chilis schön langsam auf der Zunge verteilen kann, kommt noch etwas Olivenöl dazu. Es löst das Capsaicin, kristallisiert beim Gefrieren und schmilzt im Mund schneller als die Wasserkristalle: Thermische Kühle und molekulare Hitze treffen daher leicht zeitversetzt, aber mit hohem Überlapp auf die Zunge. Das Gehirn ist ausgetrickst. Heiß? Kalt? Irgendwie dazwischen oder beides. Diese unklare Situation sorgt für Spannung – den physikochemischen Eigenschaften sei Dank!

»HEISSES« TOMATENEIS

200 g reife Tomaten (falls möglich San Marzano)
100 g feine Tomatencoulis (am besten selbst gemacht, siehe Seite 195)
1 kleine scharfe Chilischote – 30 g Zucker
1 TL Vadouvan (indische Gewürzmischung aus partiell fermentierten Gewürzen) – 5 g Salz
2 Blatt Gelatine (wahlweise zwei Messerspitzen Xanthan)
80 ml Olivenöl – Thaibasilikum oder Curryblätter – Nussbutter oder Ghee

Eismaschine

Die frischen Tomaten mixen und durch ein Sieb streichen (oder auf die eingemachte Tomatencoulis von Seite 195 zurückgreifen und nur im äußersten Notfall Dosentomaten nehmen). Erwärmen und ein Drittel der Flüssigkeit verdampfen lassen. Die Chilischote klein schneiden und mit Zucker, Vadouvan und Salz zu den Tomaten geben. Die Gelatine in Eiswasser einweichen. Einen Teil der Tomatencoulis leicht erwärmen, vom Herd ziehen und die eingeweichte Gelatine darin auflösen. Die Gelatine-Tomatencoulis-Mischung sowie die restliche Tomatencoulis zu den frisch passierten Tomaten geben. Sofort das Olivenöl einschlagen und noch einmal mit dem Stabmixer durchmixen. In einer Eismaschine gefrieren.

Je nach Wunsch mit frischem, kurz in Nussbutter oder Ghee geschwenktem Thaibasilikum oder Curryblättern anrichten.

Dazu passt ein kleines Glas Champagner oder Winzersekt. Das Prickeln unterstreicht den Kontrast von warm (Chili) und kalt (Temperatur).

Es knackt, kracht, schäumt und prickelt – überraschende Texturexperimente

Schuppen auf die Fische!

Wenn wir schon Tiere töten und essen, dann von der Nase bis zum Schwanz, vom Kopf bis zum Fuß, vom Schnabel bis zum Bürzel, von der Kieme bis zur Flosse. Was seit Millionen Jahren und sogar bis noch vor wenigen Jahrzehnten notwendig und ohne große Worte gang und gäbe war, gebieten in Zeiten des Überflusses Anstand, Trend – und meinetwegen die political correctness. Vieles wurde uns leider in der Vergangenheit mit Vehemenz ausgetrieben: Lebern oder Nieren seien Entgiftungsorgane voller Unrat und Schwermetalle, im Rinderkopf stecke Cholesterin und BSE, im Schafskopf Scrapie, und Knochenmark sei tierisches Fett. Alles per definitionem ungesund. Kein Wunder also, wenn solche »unedlen« Teile nur noch in der Wurst in Därmen (»wo die Tiere durchfurzten«*) versteckt auf die Teller kommen. Noch schlimmer ist es bei Fischen. Die köstliche Seeteufelleber (darauf komme ich noch zurück, siehe Seite 282) – das reinste Gift! Schwimmblasen und Fischdärme gehören nur in Japan zur Esskultur. Seit ein paar Jahren sind hierzulande wenigstens Fischschuppen gastrotauglich. Aus gutem Grund, denn wie so oft lässt sich aus vermeintlichem Abfall Köstliches zaubern – in diesem Fall eine unvergleichliche Textur!

Bei Joachim Wissler im »Vendôme« war es für mich das erste Mal. An den genauen Aufbau und die Komponenten des Tellers erinnere ich mich kaum, das ist Jahre her, aber an die kleinen Rotbarbenfilets mit frittierten Fischschuppen umso genauer: knusper, knusper, Fischchen. Ja, Fischschuppen sind essbar, sie bestehen zum Großteil aus Bindegewebe und lassen sich durch Frittieren oder scharfes Anbraten zu knusprigen Elementen verfeinern. Die frittierten Schuppen haben zwar keinen ausgeprägten Eigengeschmack, aber eine exzellente Textur. Im Gegensatz zu stärkehaltigen und damit nach Wasser gierenden Kartoffel- oder Maischips lassen sich die Schuppen während des Essens, vom Kauen bis zum Schlucken, nicht durch den Speichel erweichen – und genau darauf kommt es an. Deswegen und wegen ihrer Kleinteiligkeit bekommt jede

* Sinngemäß zitiert nach Walter Moers: »Das kleine Arschloch«.

Gabel des Gerichts eine im Mund lang anhaltende Knusprigkeit, die sich in mehreren Bissfolgen während des Kauens fortsetzt und sensorisch über die Geschmacks- und Aromafreigabe legt. Das unvergleichliche Ergebnis zeigt wieder einmal: Nicht nur Geschmack und Aroma machen die Musik, die Wahrnehmung lässt sich auch mit gezielten Texturkontrasten deutlich steigern.

Für mich war diese Erfahrung sehr lehrreich. Beim Abschmecken bedienen wir die Grundgeschmacksrichtungen, süß, sauer, salzig, umami und bitter. Unter Würzen verstehen wir das Aromatisieren mit Kräutern und Gewürzen. Und mit Pfeffer und Chili wird »trigeminalisiert« (siehe Seite 89 und Seite 92). Und die Fischschuppen? Sie schmecken nicht, riechen kaum, ihr Effekt ist das Knuspern, die Textur. Folglich haben wir texturiert. Wer diese neue Art, zu verfeinern und zu veredeln, auf ganz einfache Weise ausprobieren möchte, der filetiere ungeschuppte Rotbarben und brate sie in einer heißen Pfanne kurz und heftig nur auf der Hautschuppenseite. Schlicht, genial, texturvoll. Für Experimentierfreudige gibt es hier ein anspruchsvolleres Rezept.

ROTE KNUSPERBARBEN MIT OLIVENPÜREE

8 mittelgroße Rotbarben (ganz, nicht geschuppt, nicht ausgenommen)
10 große Knoblauchzehen – 100 g schwarze Oliven
100 g Faisselle (frischer Ziegenquark), abgetropft (andernfalls Ziegen- oder Schafsquark aus gut sortierten Bioläden oder Käsefachgeschäften)
100 ml feinstes Olivenöl – 4 kleine Artischocken – 5 EL Olivenöl zum Dünsten der Artischocken – Olivenöl (gefiltert) zum Frittieren der Schuppen und zum Anbraten der Filets – etwas Salzzitrone, grob püriert

Die Rotbarben waschen, schuppen und die Schuppen auffangen und aufbewahren. Anschließend die Fische filetieren. Die Knoblauchzehen in der Schale weich kochen, schälen und beiseitelegen. Die Oliven entsteinen und mit den Knoblauchzehen und dem Ziegenquark mit einem Stabmixer sehr fein pürieren. Dabei immer wieder Olivenöl zugeben, sodass eine feine Mayonnaise entsteht.

Von den Artischocken die spitzen Blätter abschneiden, die Stiele schälen, die Artischocken vierteln und sofort in heißem Olivenöl in einer Pfanne auf einer Schnittfläche anbräunen, die Hitze reduzieren und bei geschlossenem Deckel gar ziehen lassen.

Die Schuppen im Topf in heißem gefilterten Öl 1–2 Minuten frittieren, bis sie knusprig sind. Die Rotbarbenfilets auf der Hautseite kurz in einer anderen Pfanne anbraten, abtupfen und auf warmen, aber nicht heißen Tellern anrichten.

Die Artischockenviertel und die Olivenmayonnaise anrichten, die Schuppen über die Fische streuen und die Teller mit etwas Salzzitronenpüree verzieren, vorzugsweise in der Nähe der Artischocken.

Ölschäume – leichte Fluffies zu vielen Gelegenheiten

Manchmal sind es Kleinigkeiten, die das Herz erfreuen. Seit der Avantgardeküche, besser bekannt als Molekularküche, sind Schäume der Renner. Ihr Nachteil ist allerdings oft, dass Schäume oder Airs in der Regel wasserbasiert sind, das bedeutet aber auch: geschmacks- und aromaarm. Vielen Köchen geht es allein um den fluffigen Effekt. Daher trifft der Vorwurf der Schaumschlägerei, der der Molekularküche bisweilen gemacht wurde, in diesem Punkt sogar bedingt zu.

Dennoch sind Schäume eine feine Sache – insbesondere Ölschäume! Alle wissen, fruchtiges Olivenöl, über warme oder halbwarme Speisen gegossen, ist eine unschlagbare Köstlichkeit. Ein ganz eigenständiges Gewürz. Ebenso der ein oder andere Tropfen Kernöl auf gesottenem Fleisch oder Nussöle im Gemüse oder Salat. Das alles ist wunderbar, nur hat Öl einen Nachteil: Es ist flüssig und läuft auf kalten wie auf heißen Tellern herum. Ließe sich das Öl als luftiges Sahnehäubchen reichen, wäre das durchaus ein sensorischer Gewinn, denn das Zusammenspiel zwischen Schaumtexturen und Aromafreigaben lässt sich kaum besser demonstrieren. Vor allem bei Ölschäumen, da im Gegensatz zu Schäumen auf Wasserbasis der Geschmack und die Aromen nicht verdünnt werden.

Doch wie wird aus dem Öl ein Schaum? Grundsätzlich gibt es zwei Möglichkeiten, Öl aufzuschäumen, wobei das Grundprinzip bei beiden dasselbe ist: Wasserschäume (darunter fallen übrigens auch Badeschäume) benötigen Emulgatoren, die sich in Wasser lösen, wie das viel zitierte Lecithin oder die Proteine des Eiklars (siehe Seite 105) (bei Badeschaum sind es Tenside). Ölschäume benötigen logischerweise Emulgatoren, die sich in Öl lösen. Die erste Möglichkeit sind deshalb die küchentauglichen und leicht verfügbaren Mono- und Diglyceride, die sich mit etwas Temperaturnachhilfe gut in Öl lösen. Das liegt natürlich an ihrer Herkunft, wie auf vielen Packungen von Convenience-Fond zu lesen ist: Sie entstammen Speisefetten. Speisefettmoleküle, also die Moleküle aller Öle und Fette, die wir verspeisen, bestehen aus drei Fettsäuren, die an einem Glycerinmolekül hängen (daran verestert sind, wie es korrekt heißt). Klaut man diesen Fettmolekülen eine Fettsäure, zum Beispiel mithilfe eines Enzyms, bleiben zwei Fettsäuren übrig (= Diglycerid) und das Glycerin hat eine freie, leicht polare Wasserstoff-Sauerstoff-(OH)-Gruppe. Diese ist, da polar, schwach wasserlöslich (Wasser ist auch stark polar), die beiden Fettsäuren bleiben stark fettlöslich. Selbst wenn zwei Fettsäuren abgespalten werden und ein Monoglycerid entsteht, ist die allein verbleibende Fettsäure immer noch stark fettlöslich. Werden die Mono- und Diglyceride unter leichter Erwärmung (max. 60 °C) in Öl gelöst, stecken sie ihre schwach wasserlöslichen Kopfgruppen zusammen, die sich vor dem Öl schützen wollen, und lassen ihre Fettsäureschwänze tief ins umgebende Öl ragen, getreu dem Motto: gleich und gleich gesellt sich gern. Sie bilden große Micellen. Das sieht man, wenn das Öl abkühlt: Es wird deutlich dickflüssiger (und manchmal sogar weniger transparent). Füllt man dieses Micellenöl in einen Sahnebläser und belädt ihn mit einer Stickstoffkapsel (das Gas ist geschmacksneutral), wird beim Sprühen daraus ein feinporiger luftiger Ölschaum mit hervorragendem Stand. Der Grund ist klar: An den Grenzflächen, die beim Sprühen entstehen, verbleiben die stark fettlöslichen Schwänze im Öl, die sehr schwach polaren Gruppen des Glycerins ragen lieber in die Luft, mangels Wasser, das sie eigentlich bevorzugen würden. Einmal zisch, und der reine (!) Ölschaum ist stabil.

Wem das zu chemisch ist, der kann – das ist die zweite Möglichkeit – zum Superemulgator Sojamilch greifen. In der Sojamilch ist zwar der Wasseranteil erheblich, aber die Speicherproteine (zum Beispiel 2S-Albumin) der Sojabohne sind ebenfalls stark grenzflächenaktiv (ähnlich wie Eiklar). Gleichzeitig befindet sich in der Sojamilch jede Menge Sojalecithin, das sich zwar eher in Wasser löst, aber in Verbindung mit den Speicherproteinen zu einer ganz eigenen Schaumtextur führt, die eine Mischung aus Emulsion und Schaum ist. Das Öl wird in der Sojamilch beim Aufmixen mit dem Stabmixer fein emulgiert, das Lecithin sorgt für die schaumige Struktur. Diese Mischform aus Emulsion und Schaum ist extrem stabil und kann auf warmen Tellern oder gedämpften Fischen serviert werden. Die Aromen des Öls überdecken dabei die leichten grasigen Gerüche der Sojamilch; nimmt man allerdings Olivenöl mit seinen ebenfalls vegetalen, grasigen Aromen, fügen sich die Düfte mit denen der Sojamilch wunderbar zusammen.

In beiden Schaumvarianten sind die Öle weitgehend austauschbar. Die Schäume lassen sich also aromatisch und geschmacklich variieren. Olivenölschäume passen zu mediterranen Gerichten, Kernölschaum zum Tafelspitz, Mandelölschaum macht sich gut in der orientalischen Küche ...

Und warum nun diese Schaumschlägerei? Gegenfrage: Warum serviert man Sahne statt süßen Schmand zum Kuchen? Und warum trinkt man in Italien Cappuccino und nicht »Kaffee mit 'nem Schluck Milch«? Eben. Weil es ein tolles Texturerlebnis ist.

An dieser Stelle noch ein Wort zu den Unterschieden von Stickstoff-(N_2O) und Soda-(CO_2)Kapseln als Aufschäumer, da dies hin und wieder Verwirrung stiftet. CO_2 (Kohlensäure) macht immer sauer (wie im Sprudelwasser), ich nutze es, wenn ich genau diesen Geschmackseffekt haben will (wie bei den sauren Sektgurken, Seite 119). N_2O schäumt nur auf und ist dabei geschmacksneutral.

REZEPT 1:
REINER HASELNUSSÖLSCHAUM

100 ml Haselnussöl – 1 EL Mono- und Diglyceride

Das Öl auf ca. 60 °C erwärmen und die Flocken des Emulgators darin unter Rühren auflösen. Danach in einen Sahnespender (Siphon) füllen, diesen mit einer Stickstoffpatrone begasen und bei ca. 40 °C warm halten (in einem Topf mit warmem Wasser).

Den Schaum mit einer kleinen Düse als Sahnehäubchen auf passende Teller sprühen. Hervorragend zu Gemüsevorspeisen, Wildgerichten und Schokodesserts!

REZEPT 2:
SOJAMILCHBASIERTER OLIVENÖLSCHAUM

1 Prise Salz – 1 TL Limettensaft – 100 ml Sojamilch (natur, ohne Zusätze wie Kalzium, Vitamine usw.) – 50 ml fruchtiges Olivenöl

Salz und Limettensaft mit der Sojamilch vermengen und aufschlagen. Das Olivenöl zugeben und mit einem Stabmixer zu einem luftigen Schaum aufschlagen. Den Schaum abschöpfen und Fisch oder Gemüsegerichte damit garnieren. Zu vielen mediterranen Gerichten eine luftige Sache!

Falls jemand Nachschlag möchte, die verbleibende Sojamilchemulsion erneut aufmixen. Wenn nicht, in den nächsten Fischsaucenansatz kippen.

Fettig, cremig, schmelzend – die perfekte Remoulade

Ich komme von der Schwäbischen Alb. Weit weg vom Meer. Es ist verrückt, aber panierter Fisch mit Remoulade (und Kartoffelsalat) gehört bis heute zu meinen liebsten Gerichten aus Kindertagen.

Freitags gab es gerne Quadratfisch bei uns: gefrorenen, exakt in packungsgerechte Quader geschnittenen Fisch. Ich sagte ja schon: weit weg vom Meer, aber mir schmeckte das als Kind. Immerhin panierte meine Mutter die Fische selber. Dazu gab es schon mal Remoulade aus der Tube. Die Prägung war offenbar heftig, denn sie hält bis heute.

Klar, es ist nicht nur der Geschmack, es ist ebenso die Textur der Remoulade, dieses fettige, cremige, schmelzende Gefühl auf der Zunge, das praktisch jede Mayo prägt. Damals konnte ich es nicht beschreiben, heute schon. In der Food-Physics-Vorlesung nenne ich es Neuhochdeutsch »shear thinning« und die meisten nicken wissend. Übersetzt und substantiviert wird daraus Scherverdünnung und besser lässt sich das Gefühl nicht beschreiben, denn hinter diesem kryptischen Fachbegriff verbirgt sich eine handfeste und hochgeliebte Textursensation: Landet der Happs Remoulade im Mund, beginnen wir unweigerlich die Zunge zu bewegen. Die standfeste Remoulade zwischen Zunge und Gaumen wird dabei deformiert und schon ist es vorbei mit der Standfestigkeit, die Creme wird dünnflüssiger. Dieser feine und unter schwachen Kräften vonstattengehende Übergang von halbfest zu halbflüssig lässt unsere taktilen Sensoren auf der Zunge geradezu jauchzen. (Denselben Effekt gibt es übrigens beim Ketchup, siehe Seite 122.) Zu Hause mache ich die Remoulade natürlich selbst. Nach klassischer Lehre besteht Mayo (und das ist der Hauptbestandteil einer Remoulade) aus Öl und Eigelb. Die Proteine und das Lecithin im Eigelb verbinden Wasser und Öl zu einer geschmeidigen Masse. Lecithin und Eigelbproteine sind grenzflächenaktiv, sagt man deshalb. Und was macht man jetzt mit dem ganzen Eiweiß? Am besten ebenfalls Mayonnaise! (Man kann auch die Eigelbe gleich für etwas ganz anderes benutzen.) Was viele nicht wissen: Die Proteine im Eiklar binden Wasser und Öl noch viel effektiver aneinander als die Eigelbbestandteile. Auf dieser Grundlage wird die Emulsion geschmacklich schlanker und die Aromazutaten kommen intensiver zur Geltung. Als ich eine Mayonnaise zum ersten Mal mit Eiklar zubereitete, guckte man mich leicht schräg von der Seite an. Hält die denn?, sollte der Blick wohl bedeuten. Das brachte mich nicht aus der Ruhe, schließlich bilden Eiklarproteine einen sehr stabilen Schaum, was wir ja üblicherweise beim Steifschlagen des Eiweißes nutzen. Meine Überlegung war folgende: Wenn wir aus den Bläschen die Luft herauslassen und dafür mit Öl befüllen, passiert ja nichts Dramatisches mit der Grenzflächenaktivität. Und so ist es. Die Creme ist von der Struktur her elastischer und standfester als manch klassische Mayonnaise mit Eigelb. Der Geschmack des Öls (zum Beispiel eines feinen Olivenöls) wird nicht gestört, da Eiklar im Unterschied zu Eigelb geschmacksneutraler ist – und sogar cholesterinfrei.

Der Rest ist Kosmetik: Geht es eher in Richtung Remoulade, werden (zu Beginn) Senf, danach winzige Cornichonwürfelchen oder Kapern zugegeben, vielleicht etwas Dill oder Estragon. Oder gar Liebstöckel? Alles wunderbar. Zeigt der Küchenkompass in Richtung Aioli, kommt gleich zu Beginn ordentlich gepresster Knoblauch dazu. Hier lässt sich die Kreativität beliebig ausleben. Gern mache ich übrigens herzhafte Umami-Mayos mit Soja- und Fischsaucen, Tomaten- oder Steinpilzkonzentraten. Wer sich traut, kann auch mal mit süßen Eiklarmayos experimentieren: etwas Zuckersirup und Früchtepüree dazu, ein paar geröstete und gehackte Nüsse (Erd-, Hasel-, Macadamia- oder Pekannüsse). Geht alles – jedenfalls solange die von der Physik geschriebenen Gesetzesblätter nicht missachtet werden – und ich mag's.

Wer Eier generell verabscheut, dem kann ebenso geholfen werden. Sojaproteine in der Sojamilch haben ganz ähnliche grenzflächenaktive Eigenschaften (siehe Ölschäume, Seite 100). Auch damit lassen sich wunderbar cremige Mayos, Remouladen oder sonstige Emulsionen herstellen, sofern mit ein wenig Verdickungsmitteln nachgeholfen wird.

REMOULADE NACH PHYSIKERART

1 Essiggurke (Cornichon) – 1 Eiweiß – Salz
1 EL Senf – 100–200 ml Olivenöl – etwas frischer Dill
1 EL (oder je nach Vorliebe mehr) Kapern

Die Essiggurke sehr fein würfeln. Das Eiweiß leicht salzen (das Eigelb wird übrigens im Rezept auf der rechten Seite benötigt), mit dem Stabmixer mit ein, zwei kurzen Stößen leicht anschlagen, den Senf und das Olivenöl zufügen. Mit dem Stabmixer eine Mayonnaise hochziehen. Ist die Mayonnaise steif, Dill, klein gehackte Kapern und die Gurkenstückchen vorsichtig unterheben.

Nachdem ich so geschwärmt habe, muss ich natürlich auch noch eine zeitgemäße Interpretation des Quadratfisches liefern. Dabei ist der Fisch nicht quadrat-, sondern approximativ zylinderförmig. Wir panieren gerollte Seezungenfilets.

PANIERTE FISCHZYLINDER

4 gleich große Seezungenfilets – Salz – 4 große Blätter Bärlauch
Einige Blätter Frisée – 1 Handvoll Babyspinat
1 Eigelb – 2 EL trockener Weißwein
1 EL Weizenmehl – 4–5 EL Panko (japanisches Paniermehl)
Helles Sesamöl zum Braten

Die Seezungenfilets auf der Innenseite leicht salzen und mit den Bärlauchblättern, dem Frisée und dem Spinat flach belegen. Zu Rouladen rollen und mit einem Zahnstocher fixieren.

Das Eigelb mit dem Wein aufschlagen. Die Seezungenrouladen zuerst in Mehl, dann in der Eigelb-Wein-Mischung, dann im Panko wälzen und im heißen Öl rundum vorsichtig anbraten. Die Panade darf sehr knusprig sein, Bärlauch, Spinat und Frisée müssen roh bleiben.

Die Fischrouladen mit einem Löffel der (siehe Seite 106) Eiweißremoulade servieren.

Tipp: Der Extrakick wäre bei diesem Gericht noch ein Löffel Kartoffelmiso (siehe Seite 19).

62 Mini IR THERMOMETER

Vom Mohrenkopfwecken zum Schokokussbrötchen

Kindheitserinnerungen sind prägend und bleiben lange erhalten. Als ich noch zur Schule ging, gab es bei uns »Mohrenköpfe«, in andere Gegenden hießen »Mohrenköpfe« allerdings »Negerküsse«. Das war schlimmer, denn »Kuss« klang in den Köpfen von pubertierenden Jugendlichen anrüchiger als »Kopf«. Mittlerweile gelten diese Begriffe aus leicht nachvollziehbaren Gründen als politisch unkorrekt. Damals ahnten wir davon wenig. Es gab auch keine Beanstandungen von Kindergeschichten, in denen Begriffe wie »Mohr« oder »Neger« vorkamen, auf Süßigkeiten prangte der Sarotti-Mohr, und in der katholischen Kirche meines Heimatortes Oberkochen stand damals zwischen Seitenaltar und Beichtstuhl eine 20–30 cm große dunkle Figur, die einen an Armut leidenden Bewohner des Schwarzen Kontinents darstellen sollte. Wir Kinder durften das Geld, das wir nicht für Bärendreck (so hieß Lakritze im Schwäbischen) und Gummibärchen ausgegeben hatten, in das Kästchen werfen, worauf die Figur mit ihrem Kopf dankbar nickte. Heute undenkbar, in den Sechzigerjahren, zwei Jahrzehnte nach dem nationalsozialistischen Rassenwahn allerdings gelebter Alltag (in Österreich heißen die Mohrenköpfe übrigens schon immer Schwedenbomben).

Wie auch immer, der Schokokuss war das eine. Der Schokokusswecken das andere. Er war das einfachste Pausenbrötchen der Welt. Das frische Brötchen wurde halbiert, der Schokokuss auf die untere Hälfte gestellt und mit dem Oberteil des Brötchens zusammengequetscht, bis der Eiweißschaum an den Seiten herausquoll. Über den Nährwert der Kussbrötchen sagen wir heute besser nichts. Die gesundheitlichen Aspekte von Zucker und hellem Mehl juckten uns damals ohnehin nicht, waren im »BRD-Mief« der Sechzigerjahre doch noch nicht einmal Vollkornbrötchen erfunden. Lieber sprechen wir über das unvergleichliche Gefühl im Mund: Ohne Brötchen hatte man den Mund voll von süßem, fluffigem Schaum (es gehörte dazu, dass wir versuchten, den Schokokuss

Das Infrarotthermometer zum Messen der Ofen- und Pfannentemperatur, damit sich (theoretische) Physiker nicht die Finger verbrennen.

als Ganzes in den Mund zu bekommen, sodass niemand mehr »Papp« sagen konnte), davor ein fast unhörbarer Knack von der Schokoglasur und eine mattknackige Waffel zum finalen Daraufherumkauen. Befand sich der Kuss im Wecken, gab es vor dem Schaum ein knuspriges Krachen der hauchdünnen Brötchenkruste (Waffel und Glasur waren in dem Fall egal). Es ist klar, dass das Texturerlebnis Geschmack und Aroma (süß und röstig mit einem Hauch Bitterkeit) noch toppte.

Dieses Erlebnis gehört erfreulicherweise nicht der Vergangenheit an: Erst kürzlich feierte eine Biosupermarktkette ihr Firmenjubiläum in Mainz mit Schokokussbrötchen. Diese Anekdote der Esskultur bleibt also erhalten und ist generationsübergreifend modern – ganz unabhängig vom Namen. Daher machen wir Kussbomben einmal selbst. Eine leichte Übung zwischen Eiweißstabilität, Kindheitserinnerung und politischer Korrektheit.

SCHOKOKUSSWECKEN

200 g Zucker – 2 Blatt Gelatine, in kaltem Wasser eingeweicht
100 g Eiweiß (von 3–4 Eiern) – 10 runde Eiswaffeln
150 g dunkle Schokolade – 50 g Kokosfett – 10 Milchbrötchen

40 ml Wasser und Zucker zu einem dicken Sirup kochen, dabei sollte die Temperatur 120 °C erreichen (statt den Finger, besser das Infrarotthermometer hineinhalten). Die eingeweichte Gelatine in ein wenig warmem Wasser auflösen. Das Eiweiß in einer Küchenmaschine (oder mit dem Handrührer) sehr steif schlagen, den auf ca. 70 °C abgekühlten Sirup und die ausgedrückte Gelatine einlaufen lassen und weiterrühren, dabei darauf achten, dass viel Luft unter Abkühlen eingeschlagen wird. Die Eischneemasse im Kühlschrank abkühlen und 4–6 Stunden gelieren lassen. Danach in einen Spritzbeutel mit großer Öffnung geben und auf die Eiswaffeln spritzen. Wieder 1 Stunde kalt stellen, damit sich der Schaum setzt. Dunkle Schokolade schmelzen, dabei das Kokosfett zuge-

ben und beides gut miteinander verbinden. Kurz vor dem Kristallisieren gleichmäßig auf die kalten »Rohlinge« geben. Kalt stellen.

Die Brötchen halbieren und auf der Schnittfläche in einer Pfanne leicht anrösten. Sobald die Brötchenhälften abgekühlt sind, je einen Schokokuss zwischen zwei Hälften zerquetschen.

FOLGEREZEPT: EIERLIKÖRBOMBEN

4 Schokoküsse – 100 ml Sahne – 80 ml Eierlikör

Übrig gebliebene Schokoküsse in die Mikrowelle geben und vorsichtig (sonst gibt es Explosionen!) blähen lassen, bis sich Risse zeigen. Die Sahne schlagen (ohne Zucker) oder in einen Siphon füllen.

Die aufgeblähten Küsse auf Teller geben, mit einem Sahnehäubchen toppen und etwas Eierlikör darüberlaufen lassen.

Das wäre dann eine sehr naive Variante eines »Mohr im Hemd« – ein Dessert, das bis heute sogar in Sternehäusern angeboten wird. Aber auch der »Mohr im Hemd« ist ein entspannter Österreicher und ein naher Verwandter der »Schwedenbomben«.

Spinat, knackig und gar

Spinat kennt man meist in zwei Zuständen: Da gibt es die jungen, rohen Blättchen, die erdig duften, leicht säuerlich schmecken, knackig sind und die man wunderbar in Salaten einsetzen kann – und das gekochte, besser: zerkochte Gemüse als Rahmspinat. Immer wieder habe ich das Gefühl, diese Pampe wurde nur erfunden, weil man des Wasserverlusts beim Garen von Spinat nicht Herr wurde. Also Sahne dazu und einmal mit dem Mixstab durch, dann sieht es gut aus und die »wertvollen Inhaltsstoffe« landen in der grünen Sahnebrühe statt im Ausguss. Aber so richtig der Bringer sind diese Kantinenklassiker nicht, auch wenn sie als klassische Fischbeilagen die immerwährende Runde in den gutbürgerlichen Wirtschaften machen. Apropos wertvolle Inhaltsstoffe: Das Grün im Spinat entstammt dem Chlorophyll, schmeckt nach nichts und ist auch nicht gesund, wie immer gern behauptet wird. (Krank macht es aber auch nicht.) Und das Eisenmärchen des Spinats soll ja auf einem Fehler beruhen. Die angegebenen 35 mg Eisen pro 100 g entstammten offenbar getrocknetem Spinat. So bleiben dem frischen Spinat mit über 90% Wasser nur noch 4,1 mg. Und Popeyes Stahlmuskelkräfte sind dahin. Aber das ist nicht die einzige schlechte Nachricht, denn Spinat verliert beim Garen nicht nur Wasser, sondern verändert auch rasch seinen Geschmack und sein Aroma – von der Textur gar nicht zu reden.

Die gute Nachricht folgt auf dem Fuß: Es gibt die Möglichkeit, Spinat zu garen und dennoch seine rohen Qualitäten beizubehalten – mit vollem Aroma, Geschmack und Knack! Die einfachste Version ist das Kurzgaren in der Mikrowelle. Die Mikrowellen erwärmen das »spinateigene« Wasser in den Pflanzenzellen auf rein physikalische Weise über elektromagnetische Wechselfelder, die die Wassermoleküle zur raschen Bewegung anregen. Wird der Garprozess dann schnell gestoppt, platzen die Zellwände kaum auf, ein Großteil der Pflanzenzellen bleibt intakt und der Spinat knackig und frisch – und dennoch mehr gar als roh. Im Backofen geht das ebenfalls, bei kurzem Einschub bei 220°C, und mit etwas Übung sogar im Wok, dann unter zackigem Rühren. Das Ergebnis ist großartig und lohnt das Experiment. Neben Mikrowelle, Backofen und Wok sind die Hauptzutaten dabei Aufmerksamkeit und blitzschnelles Handeln. Heute gibt es Spinat pur – nur mit ein bisschen Butter und Salz. Gut für die Linie.

Und noch eine gute Nachricht: Garantiert hohen Eisengehalt hat Spinatpulver, das man im Bioladen findet. Als erdiges Gewürz und als grünes Färbemittel peppt es nicht nur Saucen auf. Damit lässt sich auch das Spinatwasser, das sich beim klassischen Spinatkochen kaum vermeiden lässt, vollkommen neu aufwerten: Spinatwasser auffangen, etwas von dem Spinatpulver zur Verstärkung einrühren, aufkochen und mit Butter zu einer sämigen Spinatsauce verarbeiten. Bestens zu Fisch, gekochten Kartoffeln oder gebratenen Artischocken.

SPINAT, SPINAT, SPINAT

400 g frischer Spinat – 50 g weiche Butter
Grobes Meersalz

Den Spinat waschen, in mundgerechte Stücke schneiden und in einer Salatschleuder sehr gut trocken schleudern. Die Blätter in eine große Schüssel geben und die Butter unterrühren. Die Spinatfetzen bzw. -streifen sollten alle etwas Butter abbekommen haben. Diese ist nicht nur fettige Brathilfe, sondern das Hauptgewürz. Wenn es daher mehr als 50 g Butter sind, schadet es nicht. Anschließend den Spinat nach einer der folgenden Varianten zubereiten.

Zubereitungsvariante 1
In der Mikrowelle bei 1000 Watt 20–30 Sekunden leicht zusammenfallen lassen, sodass kein Wasser aus dem Spinat tritt. Der Spinat ist im Idealfall heiß, es befindet sich kein Wasser auf dem Boden des Gefäßes, folglich ist er noch knackig, duftet erdig, butterig und schmeckt fein oxalsäuerlich. Erst ganz zum Schluss leicht salzen.

Zubereitungsvariante 2
Den Wok auf den Herd stellen, dabei mit einem Infrarotthermometer die Temperatur prüfen, es sollten 150–160 °C sein. Den Spinat möglichst auf einmal hineingeben und sofort rühren, rühren, rühren. Vom Herd ziehen, weiterrühren und servieren. Erst auf dem Teller leicht salzen.

Zubereitungsvariante 3
Den Ofen auf 220 °C vorheizen. Den Spinat in einen feuerfesten Topf geben und 10–14 Minuten garen. Herausnehmen, umrühren, servieren und leicht salzen.

Prickelnde Gurken: Tricks aus dem Sahnebläser

Jedes Jahr experimentiere ich aufs Neue mit verschiedenen Geschmacks- und Aromarichtungen bei sauren Gurken, also Delikatessgurken oder den noch kleineren Cornichons. Denn eingelegte Gurken sind nicht nur lange haltbar und liefern ganzjährig selbst gemachtes »Convenience-Food« (siehe Seite 225), sondern sie sind schlicht eine kulinarische Offenbarung: Öffne ich das Glas, steigt mir sofort der Duft der Gewürze und Kräuter in die Nase – bei meinen eigenen Kreationen vorzugsweise ein fetter Schwall Dill, gepaart mit Senfnoten. Eins, zwei die Gürkchen herausgezogen, ein kurzer Knack zwischen den Zähnen, und im Mundraum verbreiten sich Geschmack und Aromen: die leichte Bitterkeit der kleinen Gurken, nicht zu wenig Säure (meist von aromatisierten Essigen, mein derzeitiger Favorit ist der nach Zitrus duftende Calamansiessig) und je nach Belieben Salz, mehr oder weniger Süße (durch Zucker) oder sogar eine herzhafte Umami-Nuance (dank ein paar Spritzern Fisch-, Austern- oder heller Sojasauce). Dazu kommt das typische Gurkenaroma. Ein unvergleichlich frischer Genuss, ganz gleich, ob zum Naschen, beim Aperitif, als Würzelement neben gebratenem Kachelfleisch oder Forellenfilets. Klein gewürfelt mit etwas Zitrone simulieren sie sogar eine Art Sauce Grenobloise (Kapern mit Zitronen in einer buttrigen Sauce, ein perfekter Begleiter zu Fischgerichten). Diese Gürkchen sind also weit mehr als nur die Essiggurke zum Wurstbrot.

Aber im Sommer, wenn sich die Marktstände unter den grünen Früchten biegen, möchte ich nicht nur einlegen, sondern am liebsten auch gleich das frische Gemüse probieren. Daher habe ich mit frischen Gurken experimentiert, mit dem Ziel: am Morgen noch im Garten, am Abend fix und fertig auf dem Teller. Fehlt die Zeit, hilft oft Druck (das ist beim Schreiben nicht anders als beim Kochen). Der klassische Dampfdrucktopf entfällt hier, denn die Gurken sollen ja roh bleiben. Also greife ich zu einem anderen nützlichen Küchenhelfer, dem Sahnebläser, der zu weit mehr taugt als nur für Sahnehäubchen oder Schaumwolken. Damit mache ich mich ans Instantpickeln, besser gesagt: Instantprickeln. Der Buchstabe »r« macht den feinen Unterschied.

Im Inneren des Sahnebläsers wird mithilfe von CO_2 (aus den dazu gehörenden Sodakapseln) ein hoher Druck erzeugt. Fülle ich nun Gurkenstückchen – in diesem Fall aus geschälten Früchten –, Gewürze und Kräuter sowie Wein (statt banalem Weinessig, damit ein Hauch Sekt anklingt) in den Behälter, setze eine CO_2-Patrone ein und stelle alles kühl, passiert Folgendes: Unter dem Druck platzen zunächst einige der Zellen des Dills auf und setzen die Aromen frei, die die Gurkenstücke benetzen. Gleichzeitig löst sich unter dem Druck und bei niedrigen Temperaturen mehr und mehr CO_2 im Wein und dringt durch die harten Pflanzenzellwände in das Zellwasser der Gurken ein. Mit zunehmender Verweilzeit im Kühlschrank löst sich weiteres Soda im Wasser der Pflanzenzellen, daher sollte die Zeit nicht zu knapp bemessen werden. Verwendet man kleine ungeschälte Cornichons, sollte man die Schale mit einer Stecknadel etwas sticheln, damit Aromen und CO_2 leichter in die Gurken eindringen können.

Wird das Gas anschließend vorsichtig abgelassen, verbleibt der gelöste Teil im Zellwasser und wird erst beim Zerbeißen frei: Wie Sekt oder Blubberwasser prickelt und trommelt die Gurke auf den trigeminalen Nerven und den Mechanorezeptoren herum. Der Wein gibt einen Hauch Schampusaromatik dazu – fertig ist ein prickelnder Snack zum Apéro. Der Prickeleffekt ist unmittelbar nach dem Öffnen des Siphons natürlich am höchsten, nach ca. 20 Minuten lässt er etwas nach. Kein Wunder: Die Gurken erwärmen sich und das CO_2 diffundiert wieder ab. Aufbewahren lohnt sich also nicht, denn die Aromatik ist zwar immer noch hervorragend, aber ohne das Prickeln fehlt etwas. Daher sollte man am besten nur kleine Portionen zubereiten – oder anderntags die Gurkenwürfel auf das Leberwurstbrot oder Frischkäsekanapee legen.

Ach so: Jetzt könnte man auf die Idee kommen, die Gurkenstücke einfach in Schampus oder Sekt in einem Schraubglas einzulegen, dieses fest zu verschließen und darauf zu warten, dass das CO_2 vom Schaumwein in die Gurken wandert. Das funktioniert aber nicht, denn vorher verabschiedet sich das CO_2 in die Umgebung im Glas, der Druck ist viel zu niedrig. In die Gurken und deren harte Pflanzenzellen gelangt es nur unter genügend hohem Druck, bei niedriger Temperatur und in einem komplett abgeschlossenen System, wie es am einfachsten durch den Sahnebläser in der Küche realisiert werden kann. Ein schönes Beispiel für angewandte Thermodynamik.

SAURE SEKTGURKE

80 g sehr kleine Essiggurken (Cornichons)
½ TL Zucker – ½ TL Salz – 100 ml trockener Weißwein, z. B. Sauvignon Blanc oder Weißburgunder – etwas Dill

1 Sahnespender (500 ml Fassungsvermögen) – 2 Sodakapseln (CO_2)

Die Gurken schälen und je nach Größe in Scheiben oder Würfel schneiden, dabei das Kerngehäuse nicht entfernen.

Zucker und Salz im Wein auflösen. Die Gurkenwürfel mit dem Wein und grob geschnittenem Dill in einen Sahnebläser geben, diesen verschließen und mit den Kapseln begasen.

In den Kühlschrank stellen und mindestens 2 Stunden (oder über Nacht) ruhen lassen.

Kurz vor dem Servieren das Gas vorsichtig ablassen (Sahnespender senkrecht halten), die Gurken herausnehmen und in Schälchen anrichten.

Übrigens, den aromatisierten Gurkenwein gießt man natürlich nicht weg: Er dient als Grundlage einer Vinaigrette (mit wunderbaren Gurken-Dill-Aromen) oder man genießt ihn mit einem Spritzer Wodka und gecrushtem Eis als Longdrink zum Gurken-»Prickel«.

Reicht man dazu Nüsse, Käsewürfel, Schinken und Salami, wird daraus ein respektabler Sommeraperitif.

Ketchup aus Physikersicht

Ketchup habe ich erst im fortgeschrittenen Alter von 17 oder 18 Jahren das erste Mal gekostet. Unglaublich, aber es stimmt. Zu Hause gab es nie Ketchup. Erst als ich in den Siebzigerjahren am Technischen Gymnasium des Städtchens Aalen meine Berufsfachschule absolvierte – quasi die ersten Schritte in Richtung »Gastronaut« –, kam ich in der Aalener Kneipe »Spion« damit in Berührung. Dort gab es selbst gemachte Hamburger – natürlich mit Ketchup. Ich erinnere mich daran, dass mir der Geschmack zu süßlich war, dass sich die Sauce aber im Mund wunderbar cremig anfühlte.

Um dieses cremige Gefühl mit weniger Süße selbst produzieren zu können, habe ich im Laufe meiner Küchenforschung Ketchup genauer unter die Lupe genommen. Dabei zeigt sich: Kommerzielle Ketchups sind verdammt süß. Sie enthalten pro 0,75-l-Flasche bis zu 61 Stück Würfelzucker. Auch der sogenannte Bio-Kinderketchup bringt es bei 0,4 l auf stolze 21 Stück. Unter gesundheitlichen Aspekten ist das bei regelmäßiger Überdosierung mehr als problematisch – und dabei muss es gar nicht sein: Reife Tomaten bieten ein vollkommen ausbalanciertes Spiel mit Süße, Säure und Umami-Geschmack, das je nach Sorte und Anbaugebiet unterschiedliche Schwerpunkte hat. Daneben entfaltet das Gemüse einen komplexen Duft: grün, fruchtig-kräuterig und karamellig. Eine Prise Zucker macht Tomatengerichte etwas besser, das weiß jeder Küchenchef. Aber eine Ladung Zucker? Vor allem, wenn ich an die untergeordneten Bitterstoffe der Tomate im Vergleich zu anderem Gemüse denke, erscheint mir das mehr als überflüssig. Macht man Ketchup selber, kann man ihn – bis auf besagte Prise – weglassen.

Kommen wir zur besonderen Konsistenz, die sich (im Unterschied zur Textur nicht im Mund, sondern) in dem eigentümlichen Fließverhalten zeigt. Ein englischer Kinderspruch bringt es auf den Punkt:

»Shake and shake the ketchup bottle
non comes out, and then a lottle.«

Wird die Flasche nur schwach geschüttelt, fließt Ketchup nicht, bei starkem Schütteln landet alles auf Hemd und Hose. Unangenehm auf der Hose, angenehm im Mund. Denn genau das macht den Reiz der Textur des Ketchups aus: Je mehr er im Mund zwischen Zunge und Gaumen bewegt wird, desto flüssiger wird er. Diesen Effekt, den ich bereits in der Eiklarmayonnaise- und Remouladengeschichte erklärt habe (siehe Seite 104), bezeichnet man als »shear thinning« oder »Scherverdünnung«. Wie Mayonnaise wird auch Ketchup flüssiger, wenn er externen Kräften ausgesetzt ist, sei es das Schütteln der Flasche, sei es die Bewegung zwischen Zunge und Gaumen beim oralen Prozessieren.

Wie kommt man von der Gartentomate jetzt zu dieser perfekten Konsistenz und Textur? Tomaten haben Schalen und Kerne, die voller Verdickungsmittel stecken: Pektine, Hemicellulosen, grenzflächenaktive Glykoproteine, Unmengen des Emulgators Lecithin. Püriert man das Gemüse im Ganzen sehr fein, stehen diese bereit – und selbst die Kerne stören nicht im Mund. Und das ganze Tomatenwasser? Lässt man verdampfen. Wer gerade keinen Rotationsverdampfer herumstehen hat, stellt sich einfach an den Herd. Tomaten sind das beste Beispiel dafür, dass lang Gekochtes nicht immer ungesund sein muss, wie von Rohkostfans gern behauptet wird, denn während des Kochens wandelt sich das antioxidativ wirkende Lycopin (ein Carotinoid, das die rote Farbe erzeugt) aus einer linearen (all-trans-) Form in eine geknickte (cis-)Form um. Dieser Knick an verschiedenen Stellen des Moleküls hat zur Folge, dass das Molekül dem Körper leichter zur Verfügung steht als die trans-Version bei rohen Tomaten. Lang gekochte Tomaten sind damit noch viel gesünder – wie lange vor den Wissenschaftlern sicher jede italienische Köchin wusste, seit auf dem Stiefel dieses Gemüse zum Nationalkulturgut erhoben wurde. Vielleicht aber wusste sie auch nur, dass sich der Umami-Geschmack beim langen Kochen intensiviert und stundenlang gekochte Tomatensaucen schlicht besser schmecken. Doch zurück zur Konsistenz: Das Wasser verdampft, die Verdickungsmittel tun ihr Werk, fehlt noch die perfekte Cremigkeit. Die besorgen fein verteilte Öltröpfchen, denn wir schlagen die eingekochten Tomaten mit Öl auf, am besten mit einer Mischung aus sehr fruchtigem bitterem Olivenöl und aromatisch neutralem Traubenkernöl. Beim Schlagen zerteilt sich das Öl in winzige Tropfen, die über die Feststoffe (zum Beispiel

Zelltrümmer) der Tomate, die hohe Viskosität der Tomatenreduktion, durchs Kochen gelöste Proteine und deren Peptide stabilisiert werden. Und schon hat der Ketchup einen märchenhaft mayonnaisigen Stand.

Aber dann ist doch statt Zucker Öl in dem Ketchup?! Stimmt. Aber das ist ja viel gesünder als Zucker, bestätigt sogar die Ernährungsberaterfraktion seit diesem Jahr.

TOMATENKETCHUP ROH, GEKOCHT, FLORAL

600 g Tomaten – 1 Prise Zucker – 2 Knoblauchzehen
Saft von 1 Bio-Zitrone – Abrieb von 1 Zitrone – 3 Zweige frischer Thymian – 3 Blätter Minze – 20 ml Rosenwasser – Salz
200–400 ml Olivenöl, je nach gewünschter Konsistenz

Die Hälfte der Tomaten schneiden und mit Kernen, Schalen und der Prise Zucker kochen, bis die Früchte vollkommen zerfallen sind. Dabei stark, bis (fast) zur sirupartigen Konsistenz reduzieren. Danach vollkommen abkühlen lassen. Dieses Tomatenkonzentrat in einen Hochleistungsmixer geben und zusammen mit den rohen Tomaten (wieder inklusive Haut und Kernen), den geschälten Knoblauchzehen, dem Zitronensaft, dem Schalenabrieb, den Kräutern und dem Rosenwasser auf höchster Stufe sehr fein pürieren. Lediglich mit Salz abschmecken. Dann nach und nach das Olivenöl zugeben und weiter mixen, bis die gewünschte Konsistenz erreicht ist. Im Idealfall ist der »florale Ketchup« sehr standfest und ein paar Tage im Kühlschrank haltbar.

Dieser Ketchup schmeckt – nicht nur Kindern – wunderbar zu Pommes frites, Hamburgern, Grillsteaks oder schlicht als Dip für den sommerlichen Teller aus rohem Gemüse.

Die Dosierfläschchen: zur punktgenauen Saucenplatzierung.

Die Kunst inverser Emulsionen

Für einen Physiker in der Küche sind Emulsionen, also fein verteilte Öltröpfchen in einer kontinuierlichen Wasserphase, ein weites Experimentierfeld, wobei standfeste Emulsionen wie Mayo & Co. (siehe Seite 104) eher Standard sind. Umgekehrte Emulsionen, fein verteilte Wassertröpfchen in einer Ölphase, sind hingegen nicht ganz einfach herzustellen. Diese inversen Emulsionen stabil zu halten, ist noch schwieriger. Butter ist so ein Beispiel, denn in dem Fett befinden sich Molketröpfchen (auch fast nur Wasser). Diese feste inverse Emulsion ist allein deshalb lange stabil, weil das Fett zu einem großen Teil kristallin ist. Die Wassertröpfchen sind im festen Milchfett gefangen. Wird die Butter auf 30–33 °C erwärmt, schmilzt das Fett: Flüssiges Fett und Molke trennen sich sofort. Butter ist zugleich das beste Beispiel, um den Reiz einer inversen Emulsion zu erfassen: Das Fett schmilzt im Mund etwas rascher als Schokolade und gibt erst dann seinen Geschmack frei (sauer bei Sauerrahmbutter, süß bei Süßrahmbutter). Obgleich kulinarisch reizvoll, kommen inverse Emulsionen in der Küche bisher kaum vor. Höchste Zeit, eine Methode zu entwickeln, um sie populärer zu machen. Dabei hilft die Idee der Ölschäume (siehe Seite 100). Dort haben wir mithilfe von Emulgatoren feine Luftbläschen in einer öligen Umgebung halten können. Hier geht es darum, ebendiese Luftbläschen außerdem mit schmackhaftem Wasser zu füllen. Was bei kristallinen Fetten noch relativ leicht wäre (siehe Butter), ist bei flüssigen Fetten recht schwierig. Als Erstes brauchen wir einen fettlöslichen Emulgator. Da es – wie wir von den Ölschäumen wissen – leider nicht so viele davon gibt, greifen wir noch einmal zu den Mono- und Diglyceriden.

An dieser Stelle meldet sich meist die Besorgnis: »Chemie im Essen? Das kann doch nicht gut sein!« Dazu sei an dieser Stelle gesagt: Der größte Mono- und Diglyceridproduzent ist nicht die chemische oder Lebensmittelindustrie, sondern jeder von uns – sofern unsere Bauchspeicheldrüse einwandfrei funktioniert. Diese schickt nämlich fettspaltende Enzyme namens Lipasen in den Darm, deren Aufgabe es ist, aus Fetten

(Triglyceriden) Fettsäuren abzuspalten. Lipasen können nur subtrahieren: aus Tri- wird Di- und dann Mono-. Das ist unbedingt erforderlich, denn mit Triglyceriden kann unser Körper nichts anfangen (außer sie in Hüften und Bäuchen abspeichern), mit den Fettsäuren schon – sie wandern, in neue Phospholipide eingebaut, zum Beispiel rege in alle unsere Zellmembranen, die regelmäßig und sukzessive erneuert werden.

Doch zurück zur Emulsion: Mono- und Diglyceride nutze ich öfter für ein paar aromatische Saucentupfer, wie sie unter Ölschäumen bereits zu finden sind. Bei der inversen Emulsion gehe ich ganz ähnlich vor. Die Mono- und Diglyceride werden unter leichter Erwärmung in einem aromatischen Öl gelöst. Dieses wird dann allerdings nicht pur zum Schaum aufgeschlagen, sondern ich mixe nach dem Abkühlen eine wässrige Phase ein, die Geschmack mitbringt. Dabei macht sich die Geschmackskombination, Japan lässt grüßen, süß-umami-salzig-sauer ganz gut.

Insbesondere aber kann man auf diese Weise unsere angeborene Grundgeschmackskombination süß und umami (siehe Seite 81) ins Spiel bringen, ohne dass man gleich an Dessert (süß) oder Hauptgericht (umami) denkt. Da Geschmack ausschließlich wasserlöslich ist, lässt er sich mit einer inversen Emulsion besonders gut steuern: Umami und süß werden subtil und dezent in kleine Wassertröpfchen verpackt, die wiederum in einer aromatischen Ölphase verpackt sind. Gut wäre jetzt noch, wenn die Wasserphase nicht zu flüssig ist, sonst könnten sich im Öl die Wassertröpfchen beim Aufeinandertreffen verbinden und immer weiter wachsen. Fließt das Wasser langsamer, ist dies eher unwahrscheinlich.

Und schon ist die Idee gereift: Die Süße und die Zähflüssigkeit kommen mit Honig, umami mit der Sojasauce und als Öl soll es ein aromatisch kräftiges Sesamöl aus geröstetem Sesam sein. Zusammen mit dessen Röstnoten, die auch in der Sojasauce über die enzymatische Bräunung vorhanden sind, schnürt sich alles zum gewünschten Geschmacks- und Aromapaket zusammen.

SCHWEIN AUF ZWIEBELRADIESCHEN MIT HONIG-ÖL-EMULSION

4 Radieschen – 4 Frühlingszwiebeln – 1–2 TL heller Reisessig
12 EL geröstetes Sesamöl – 1 EL Mono- und Diglyceride
(in Flocken, Gourmetversand) – 5 EL japanischer Honig
(traditionell wäre Schnurbaumhonig aus dem Fachhandel)
1 EL fassgereifte Sojasauce – 200 ml Dashi (Brühengrundlage)
400 g Schweinelende – grobes Salz
Etwas Pollen – Bonitoflocken

Radieschen und Frühlingszwiebeln in feine Scheiben schneiden, mit dem Reisessig überziehen und marinieren lassen (kein Salz zugeben!). Das Sesamöl leicht erwärmen (max. 60 °C) und die Mono- und Diglyceride darin auflösen, vom Herd ziehen und abkühlen lassen, dabei immer wieder kräftig umrühren. Honig und Sojasauce zu einer homogenen zähen Flüssigkeit vermengen. Den Sojahonig langsam in das Öl einlaufen lassen und kräftig rühren, bis sich Öl und Honig verbunden haben. In Spritzen oder Spritzbeutel geben.

Die Dashibrühe auf 70 °C erwärmen. Das Schweinefleisch in sehr dünne Scheiben schneiden.

Die Radieschen-Frühlingszwiebel-Mischung in tiefe Teller legen.

Die Fleischscheiben kurz in der Dashi pochieren, abtupfen und auf das Gemüse legen. Die Scheiben mit der inversen Emulsion dekorativ betupfen und mit ein wenig Salz und Pollen bestreuen.

Das Gemüse mit Bonitoflocken dekorieren, mit 1–2 TL Dashi beträufeln und den Rest der warmen Dashi in Schälchen separat servieren.

Burger(ge)schichten

Mein Kontakt mit Burgern von der Fast-Food-Kette mit dem großen M beschränkt sich auf zwei Notfälle: Das erste Mal war 1986 in Oxford. Nachts, lange nach dem damaligen legendären Ruf »Gentlemen, last orders please!« in der Stadt angekommen, hatte ich noch Kohldampf bis zum Anschlag, aber alle Pubs waren zu. Also noch einen Burger zwischen die Zähne, dann ins College und schnell ins Bett. Nie wieder, dachte ich beim Einschlafen. Dieser Vorsatz hielt bis November 2017. Ein Abendvortrag in Wetzlar stand an. Der Saal lag irgendwo am Stadtrand und ich wollte noch etwas essen, um nicht während des Referats vom Fleisch zu fallen (was übrigens Thema des Vortrags war). Die Zeit war knapp und außer einer Tankstelle mit angeschlossenem Laden jener Kette schien es keine weitere Möglichkeit zu geben. Also Chicken Classic. Ich will das Erlebnis gar nicht beschreiben, aber für dieses Leben bin ich geheilt. Endgültig. Dann lieber intensives Intervallfasten. Trotz Abendvortrag. Oder gleich ein Vesperbrot von zu Hause mitbringen.

Können Burger wirklich köstlich sein? Mehr als nichtssagendes Fast-Food? Nun, der Reiz von Burgern liegt auf der Hand: Burger bestehen aus vielen geschichteten Texturen, sie sind elastisch, cremig, knackig und knusprig und geben dabei Geschmack und Aroma zeitversetzt frei. Einerseits wirkt das sehr komplex, andererseits ist jeder Bissen praktisch identisch, die Sensorik wiederholt sich und der Burgerfan erhält damit Zeit genug, um sich der Zutaten anzunehmen – wenn er daran interessiert ist und den oversized Mehrfach-Whopper nicht einfach hineinschlingt.

In der Tat ist ein Burger sensorisch ein kleines Wunderwerk, sofern er durchdacht aufgebaut ist. Stellen wir uns einfach vor, was beim Essen passiert. Oben Bun, unten Bun, beide werden zuerst mit den Zähnen beim Biss erfasst. Die Buns sind weich und elastisch, ihre Krume ist von feinporiger Struktur, im Idealfall sind die Schnittflächen angeröstet. Letzteres darf man sich gern zu Herzen nehmen, denn schon dieser kleine Trick sorgt für winzige texturelle Unterschiede beim Biss durch den Burger. Dann trifft die untere Brötchenhälfte zuerst auf die Zunge. Wir schmecken sofort die leichte Süße und den Hauch Salzigkeit des Buns. Beim weiteren Durchbeißen treffen wir auf unterschiedliche Texturen: Da gibt es knackigen Salat, knackige Zwiebelringe, wasserreiche Tomatenscheiben, cremige Saucen. Alle benötigen unterschiedliche Bisskräfte, die wir unbewusst wahrnehmen. Werden sie nach und nach bzw. teilweise gleichzeitig durchgebissen, schleudern diese Zutaten im Mund ihren Geschmack und ihre Aromen von sich: der Salat seine grünen Noten, die Tomaten ebenfalls grüne und dazu florale Düfte, die Zwiebel ihren Schwefel und die Sauce je nachdem, was in sie reingepackt wurde. Erste Trümmer fallen auf die Zunge, zur leichten Süße des Buns gesellen sich Bitternoten aus dem Salat, die Süße und Säure der Tomate und deren Hauch umami, die sich zusammen mit dem süß-umami-bitteren Eindruck der Zwiebel auf den Papillen breitmachen. Allein bleiben sie nicht, denn jetzt haben die Zähne den elastisch-cremigen Käse erfasst und graben sich schon ins gebratene Fleisch-Patty, das aromatisch-geschmackliche Zentrum des Burgers. (Sensationell ist der Übergang zwischen dem viskos-elastischen Eindruck des Käses und der Bröckeligkeit des Pattys.) Jetzt folgt umami pur, begleitet von retronasalen Aromen: gebraten, gereift! Röstige, fettige, nussige, reife aus dem Fleisch, pilzige, fettige, fermentierte aus dem Käse, erst separiert, anschließend beim Beißen und Kauen mehr und mehr zusammengefügt. Natürlich ist die Sauce, sei es eine Ketchup-, sei es eine Mayokonstruktion, immer »scherverdünnend« (siehe Seite 120 und Seite 104) – ein textureller Effekt, der sich beim oralen Prozessieren zwischen Zunge und Gaumen hintergründig zeigt. Nun kann man sich leicht ausmalen, wie jede weitere Schicht, zum Beispiel eine Scheibe knuspriger Speck, mit einer Vielzahl von sensorischen Eindrücken noch mal einen draufsetzt: knusprig, umami, salzig, röstig.

Alles, was ich gerade beschrieben habe, läuft natürlich innerhalb von Sekunden ab und wird in einem wahnsinnigen Tempo von unseren Rezeptoren ans Gehirn gemeldet und umgesetzt. Dabei werden so ziemlich alle Sensoren bedient. Auf die Riechrezeptoren prasselt ein Feuerwerk verschiedenster Aromen ein: Je nach Gewürz, nach Kraut, nach Sauce lässt sich eine ganze Partitur aus Geruchsstoffen bereitstellen. Daneben sind alle fünf Geschmacksrichtungen vertreten – süß, sauer, salzig, bitter und umami –, und die Textur bietet ein großes Spektrum ganz verschiedener Eindrücke, von elastisch, cremig, brüchig, knackig bis hin zu knusprig. Kein Wunder also, wenn es so viele Burgerfans gibt. Jeder Bissen belohnt den Burgeresser mit etwas, was kaum ein anderes Gericht zustande bringt.

Trotz seiner Komplexität ist der Burger jedoch zugleich einfach, was an der Wiederholbarkeit der Bissen liegt. Fast jeder Biss zeigt in etwa eine ähnliche Sensorik. Hin und wieder verschiebt sie sich leicht, etwa wenn die Tomate auf einmal gegessen wird oder ein Teil der Sauce herausquillt und damit deren aromatischer, geschmacklicher und textureller Einfluss abnimmt. Dennoch ist der Burger mit 20–30 Bissen praktisch komplett erfassbar. Ganz anders als ähnlich komplexe Gerichte in der Sternegastronomie, deren Zutaten auf dem Teller verteilt sind, sodass sich die Genießer bei jedem Bissen neu überlegen müssen, welche Teile zusammen auf dem Löffel und im Mund landen sollen. Dann sind alle 20 Löffel komplett verschieden und unser Hirn hat wesentlich mehr zu tun. Der Burger macht es den Essern, trotz der Vielzahl der Eindrücke, sensorisch also einfach. Und das ist ein großer Teil seines Erfolgs.

Theoretisch wäre es übrigens vermutlich besser, Burger mit Messer und Gabel essen, das lässt mehr Freiraum bei der Kombination der einzelnen Beigaben und ihrer Ergründung. Aber das ist ja unter den Fans verpönt – und kommt zugegebenermaßen der Absicht der Schichtarbeit der Konstrukteure wenig entgegen. Außerdem gehört eine gewisse Sauerei, die im Buch »Burger Unser« zum Qualitätsmaßstab erkoren wurde, zum Gesamterlebnis einfach dazu.

Während ich mich an den Burger Marke inspirierter Eigenbau mache, kommen mir so einige Gedanken, die einfache Mindestgrundregeln für dieses Wunderwerk sein könnten – und ein wenig über das 08/15-Fast-Food hinausweisen. Ein wichtiger Bestandteil ist natürlich das Fleisch. Hier gilt: Es sollte nicht frikadellenartig sein, sondern eher bröckelig, das heißt man sollte es nur mit großen Scheiben wolfen oder gleich von Hand mit einem scharfen Küchenmesser schneiden und erst nach dem Braten salzen. Wichtig ist, immer die Gartemperaturen zu beachten. Ein übergarter Burger-Patty ist genauso schlimm wie ein zäh gebratenes Stück Fleisch; vor allem bei Fisch und Hähnchen wird dieser Fehler oft gemacht. Durchgebraten werden Pattys nur von Angsthasen. Alle, die selbst wolfen oder schneiden und die Qualität ihres Fleisches kennen, lassen die Pattys rosa. Der Fleischstar ist natürlich Rind. Manche gehen sogar so weit, dass sie verschiedene Schnitte mischen, etwa Steak mit Schulter oder Hüfte, um mit dem Fett und dem Bindegewebe zu spielen. Der Burger wird saftig, er kann mehr Wasser binden. »The king of meat« ist übrigens »dry aged beef«. Dort stimmt die Grundaromatik bereits über die Reifearomen, die Vorläufer der Maillardprodukte, die rasch für Höchströstnoten sorgen, und auch der Grundgeschmack umami ist schon stark entwickelt. Vor allem aber ist kein Wasserverlust beim Braten mehr möglich.

Will man auf Tierisches ganz verzichten, braucht man proteinreiche Lebensmittel (Hülsenfrüchte, Gluten, Dinkel, Emmer ...) für die Veggie-Pattys, damit eine schwache Bindung in den Pattys entsteht. Nur Proteine liefern »Klebstoff« zwischen den Partikeln.

Die Buns müssen elastisch und kleinporig sein, eine Krumenstruktur, wie von Brioches, Milchbrötchen oder Laugenwecken bekannt, ist am besten, um eine gute Flüssigkeitsaufnahme zu gewährleisten. Man darf nicht vergessen, dass die Flüssigkeiten unterschiedlich viskos sind: Saucen sind verschieden cremig, dazu kommen Fleischsäfte, die aus dem Patty unter Bissdruck entweichen. Großporige Backwerke sind daher ungeeignet zur Saucenaufnahme, eignen sich aber wiederum für spezielle Burger mit hochviskosen Saucen und großstückigen Pattys.

Um mein Wetzlarer Burgertrauma zu verarbeiten, habe ich nach diesen theoretischen Überlegungen einen Winterburger selbst gebaut – und war vom Ergebnis beeindruckt: Das Werk war 15 cm hoch, knusprig, cremig, knackig, röstig, umami, süßlich, salzig, säuerlich, dazu schön bunt – und dank Rotkohl war der Sauereifaktor auch nicht unbeträchtlich.

WINTERBURGER MIT ENTE UND KÜRBIS

1 kleiner Rotkohl – Salz
Etwas fruchtiger Essig (z. B. Kirsch-Balsamico)
50 ml Portwein – 1 Entenbrust (mit Fett) – 1 kleiner Hokkaidokürbis
2 EL Honigessig – Zitronenpfeffermischung
Togarashi (japanische Gewürzmischung) – 1 EL Honig
2 Laugenbrötchen (vom guten Bäcker)

Den Rotkohl sehr fein hobeln und mit Salz, Balsamico und Portwein 2 Stunden marinieren.

Das Entenfett von der Brust ziehen und in kleine Würfel schneiden, in einer schweren Pfanne langsam auslassen und dann knusprig braten, beiseitestellen und etwas Entenfett abzweigen. Den Hokkaido würfeln, in einer kleinen Menge des Entenfetts anbraten und zu einer dicken Creme weichschmoren (kein Wasser zugeben). Mit etwas Salz, Honigessig, Zitronenpfeffer und Togarashi würzen. Zum Schluss den Honig unterziehen.

Die Entenbrust sehr fein würfeln und mit den Händen zu zwei Pattys kneten, gut zusammenpressen. Die Pattys im restlichen sehr heißen Entenfett vorsichtig von beiden Seiten anbraten (innen sollten sie noch rosa oder roh sein). Herausnehmen, salzen und warm halten.

Die Laugenbrötchen halbieren und die Schnittflächen in einer heißen Pfanne ohne Fett kurz anrösten. Sie sollten leicht gebräunt aussehen.

Den unteren Teil der Brötchen mit der Hokkaidocreme bestreichen, die Entenwürfel darauf verteilen, die Pattys darüberschichten, den abgetropften Rotkohl auflegen und wieder mit etwas Hokkaidocreme abschließen. Den Deckel des Laugenbrötchens daraufsetzen.

Bier auf Wein, das ist fein

»Bier auf Wein, das lass sein, Wein auf Bier, das rat ich dir.« So hieß es schon in meiner Jugendzeit. Gedeutet wurde dieser Merksatz so, dass man den Alkohol in dieser Reihenfolge besser vertrage – ein Gerücht, das sich bis heute hält. Das ist natürlich Kokolores. Weder wird man schneller betrunken noch wird einem davon schneller übel. Für den Grad der Trunkenheit ist lediglich die Ethanolkonzentration zuständig. Ethanol addiert sich auf, jedes Molekül zählt, denn Ethanol durchdringt wegen seiner Wasser- und Fettlöslichkeit Zellmembranen praktisch ungebremst. Für Übelkeit sorgen wiederum die Abbauprodukte des Ethanols, vor allem Acetaldehyd, bevor dieses enzymatisch in Essigsäure umgebaut wird. Auf die Reihenfolge der alkoholischen Getränke kommt es dabei jeweils nicht an, nur auf die Menge. Das Einzige, was hilft, ist Essen: Nimmt man Alkohol bei einer Mahlzeit zu sich, verlängert der Speisebrei im Magen die Verweildauer des Ethanols. Die säureresistenten Enzyme der Alkoholdehydrogenasen beginnen mit dem Alkoholabbau bereits im Magen und jedes dort bereits abgebaute Ethanolmolekül steht dem Rausch nicht mehr zur Verfügung.

Wahrscheinlich ist die Wein-auf-Bier-Regel auf alte gesellschaftliche Standards zurückzuführen: Die Arbeiterklasse trank Bier, die Oberschicht trank Wein. Bier auf Wein war somit ein Abstieg. Diese Reihenfolge hat man in den Menüs beibehalten: Zum Apéro darf es ein Bier sein, danach wird Wein serviert, in der klassischen Folge »auf Weiß folgt Rot«. Das habe ich auch so gelernt. Bei den heutigen komplexen Menüs, die seit der spanischen Avantgardeküche mit klassischen Speisefolgen gebrochen haben, wird das komplizierter. Beim siebten oder achten Gang, oder gar zum Käse, kann es durchaus passieren, dass nach sieben oder acht Weißweingläschen ein kleines Glas eines passenden Craft-Beers eingeschenkt wird. In der modernen Gastronomie ist Bier auf Wein sensorisch fein.

Ich plädiere daher dafür, die zweite landläufige Regel ernster zu nehmen: »Bier auf Wein, das ist fein, Wein auf Bier, das rat ich dir.« Um diese allgemeingültige Regel als neuen Merksatz im kulinarischen Hirn zu verankern, gibt es hier ein ganz besonderes Bier-auf-Wein-Rezept. Es stellt nicht nur zeitliche, sondern auch räumliche Ordnungen auf den Kopf – und Gewissheiten über Bier- und Wein-Aggregatzustände bzw. -Texturen gleich mit dazu.

WEINGUMMI UNTER SABAYON DE BIÈRE

Für das Weingummi:
1 EL Rosinen – 200 ml roter edelsüßer Wein (etwa Banyuls oder Rivesaltes) – 1,5 g Kappa-Carrageen
1 EL Walnüsse, zerbrochen und leicht angeröstet

Für das Sabayon de Bière:
1–2 EL Zuckermelasse – 200 ml Porter (dunkles Bier)
1–2 Eigelb – 2 EL Zucker

Zum Servieren (optional):
Einige kleine Stückchen Blauschimmelkäse, z. B. Roquefort (optional)
Einige Stücke geröstete Walnüsse

Die Rosinen in etwas Wein 30 Minuten einweichen, abfiltern und die Flüssigkeit wieder zum Restwein geben. Das Carrageen mit dem Wein vermengen, aufkochen und abkühlen lassen, bis eine zähflüssige Creme entsteht (bei 50–45 °C). In passende Gläser füllen, dabei Nussbruch und Rosinen einstreuen und fest werden lassen.

Sobald das Gel fest ist, im Glas in größere Würfel (mit ca. 2 cm Kantenlänge) schneiden und mit einer Gabel leicht vorbrechen (aber nicht zermatschen) und auf Tellern oder Schalen anrichten.

Die Melasse im Bier auflösen und die Eigelbe mit dem Zucker schlagen. Die geschlagenen Eigelbe vorsichtig im Wasserbad erwärmen, dabei unter stetigem Schlagen das Bier hineingeben. Weiterschlagen, bis die Masse schaumig-zähflüssig wird, zur Rose abziehen. Leicht abkühlen lassen. Noch schaumigere Texturen erhält man, wenn man die Creme über einem Eiswasserbad abkühlen lässt und dabei weiterschlägt.

Das Weingel mit der Biercreme nappieren und dabei teilweise darübergeben. Alternativ für Barfans und Freunde des Sahnesiphons: Das Sabayon in den Sahnespender geben, diesen mit einer Stickstoffpatrone beladen und mit einer engen Düse einen fluffigen Schaum zwischen die angerichteten Gelwürfel sprühen. Eventuell mit Roquefort und einigen gerösteten Walnüssen finalisieren.

Zur Ausdehnung des kulinarischen Universums rate ich für die Getränkebegleitung zu zwei Gläsern identischer Form: In das eine kommt der kühle Dessertwein, in das zweite ein Schlückchen Porter (nicht zu kalt!).

Eine kleine Kartoffelpüreephilosophie

Ich bin kein Freund von Sättigungsbeilagen. Bereits das Wort löst bei mir ein umfassendes unangenehmes Völlegefühl vom Mund bis in den Bauch aus. Reis-, Nudel- oder Kartoffelberge auf jedem Teller, das gibt es bei mir nicht. Sie erschlagen in vielen Fällen feine Konstruktionen. Überhaupt nichts habe ich jedoch gegen Beilagen, die gezielt nach ihrer Funktion eingesetzt und überhaupt erst gekocht werden. Saucengerichte etwa lassen durchaus Kartoffeln zu – und in diesem Fall bin sogar ich ein großer Freund von Kartoffelpüree! – Nicht in Form des Bergs, den mancher nach körperlicher Arbeit oder dem Erklimmen des Mont Ventoux mit dem Fahrrad in sich hineinschaufelt. Eher als wohldosierte Begleiter – seien es nun die berühmt-berüchtigten Stampfkartoffeln, feine Breis à la Joël Robuchon oder Yannick Alléno, die Fernand Points Küchenschlachtruf »Du beurre!« verinnerlichten und ihre Pürees kräftig mit Butter und Sahne montierten, oder die Marseiller Variante à la Ludovic Turac, bei dem nicht selten eine halbe Flasche Olivenöl im Püree Platz findet. Da stockt zwar beim bloßen Zuschauen Fettphobikern das Blut in den Adern, aber da diese Feinheiten meist nur in Miniaturportionen auf die Teller kommen, kann – trotz des ersten Eindrucks – von Sättigungsbeilagen keine Rede sein.

Ich habe in den letzten Jahren viel mit verschiedenen Pürees experimentiert – es lohnt sich! Im Prinzip geht es dabei um drei Fragen: Welche Kartoffel nehme ich mehlige, vorwiegend festkochende oder festkochende? Welche Partikelgrößenverteilung will ich nach dem Pressen, Stampfen oder Zerdrücken mit Gabel, Stampfer oder Spätzle-Schwob erzielen? Und wie viel und welches Fett nehme ich? Entlang dieser drei Variablen bietet Kartoffelbrei eine unerschöpfliche Vielzahl von Zuständen und Variationsmöglichkeiten, die gar nicht so einfach auseinanderzuklamüsern sind. Kartoffeln haben nämlich ein Problem: viel Stärke, wenig Protein. Das Verhältnis zwischen diesen beiden Komponenten bestimmt, wie viel Fett in den Kartoffelstampf passt. Proteine sind hervorragende Emulgatoren, die (zugegebenes) Fett und Wasser (aus den Kartoffeln) verbinden und aus dem Kartoffelstampf ein sämiges Püree werden lassen. Wie viel bindendes Protein vorhanden ist, hängt nun zum einen von der Kartoffelsorte ab – festkochende enthalten mehr Protein als mehlige – und zum anderen vom Fett. Olivenöl ist hier im Nachteil, denn es besteht quasi aus 100 % Öl. Will ich Olivenöl verwenden, benötige ich deshalb unbedingt festkochende Kartoffeln. Butter hingegen kommt nur auf 82 % Fett, der Rest ist Molke und darin sind Molkenproteine wie α-, β-, γ-Lactoglobulin gelöst, die ebenfalls eine hohe Emulgatorwirkung zeigen und Schützenhilfe beim Einschlagen leisten, also ist »Du beurre, du beurre, et encore du beurre!« der richtige Schlachtruf beim Schlagen. In dieser Hinsicht noch besser ist Sahne, die nur 30 % Fett enthält, dafür aber jede Menge Molkenprotein und Kasein der Milch. Mit Sahne kann man deshalb problemlos auch aus den mehligsten Kartoffeln ein sämiges Püree bekommen, sogar mit richtig viel Sahne, wenn man es darauf anlegt.

Manche Köche tricksen: Sie kleckern mit Butter und nehmen mehr Sahne (oder gar fettarme Milch) und schaffen sich somit Zwischenwelten. Oder sie arbeiten mit Milch und Olivenöl, was mir persönlich gar nicht gefällt, da die Milch den Olivenölcharakter des Marseiller Kartoffelpürees verwässert bzw. vermilcht. Dann fahre ich lieber das Püree aus proteinreichen, festkochenden Kartoffeln mit Olivenöl an die Grenze – oder füge schmackhafte Extraproteine und verfestigende Partikel hinzu, die beste kulturelle Freunde des Olivenöls sind: Knoblauch, Knoblauch, und nochmals Knoblauch!

Beim Schlagen mit dem Stampfer oder mit der Gabel kann man wenig falsch machen, nur eines bleibt verboten: die Kartoffeln mit dem Stabmixer oder gar dem Hochleistungsmixer auf maximaler Geschwindigkeit zu misshandeln. Beide Geräte können vieles, aber keinen Kartoffelbrei mit bestechender Textur. Sie rühren zu fein, die letzten Proteine werden dabei aus den Knollen gezerrt, die Partikelverteilung gerät viel zu eng und das Ergebnis: ein viskoelastischer Stärkekleister, den man höchstens mit einer großen Extraportion Fett retten kann.

Über diese physikalischen Prinzipien hinaus lohnt es natürlich, auch einen Gedanken an die unterschiedlichen Fettaromen zu verschwenden. So kann der Einsatz von Gänseschmalz zu Geflügelgerichten eine Offenbarung sein. Oder das Verfeinern der Pürees mit Nussölen. Manchmal sind es eben genau diese Überlegungen, die aus einem kleinen einen großen Teller machen. Und damit ist nicht die Portion gemeint.

Hier kommen nun drei Rezepte zum Ausprobieren: Das erste ist eines meiner Lieblingsessen aus fernen Kindheitstagen, das zweite die Gourmetversion, das dritte stammt aus der mediterranen Diät.

SPÄTZLE-KARTOFFELWÜRSTLE

500 g vorwiegend festkochende Kartoffeln
150 g Süßrahmbutter – etwas grobes Salz
Spätzle-Schwob (Spätzlepresse)

Die Kartoffeln weich kochen, sofort pellen und mit einer Spätzlepresse zu langen Würstle in vorgewärmte Teller pressen. Großzügig (!) mit Butterflocken belegen und das grobe Salz darüberstreuen.

Mit blauen Kartoffeln (zum Beispiel Vitelotte) und Gänseschmalz statt Butter wird der Teller deutlich unkonventioneller, aber ebenso köstlich.

Das war übrigens mein Freitagsmittagessen von Muttern in der Fastenzeit. Trinkt man dazu ein Glas Buttermilch, ist es eine ganz wunderbar einfache Mahlzeit und für mich heute noch ein Highlight.

Für die Edelversion gibt man über die großzügig gebutterten Würstle einen Löffel Kaviar. Das ist zwar etwas teurer, aber immer noch sehr einfach, oder besser: einfach grandios. Und wer im Winter an darübergehobelte Trüffeln denkt, liegt auch nicht verkehrt.

Die Spätzlepresse: Der Schwabe braucht die Presse
auch für Kartoffelpüree.

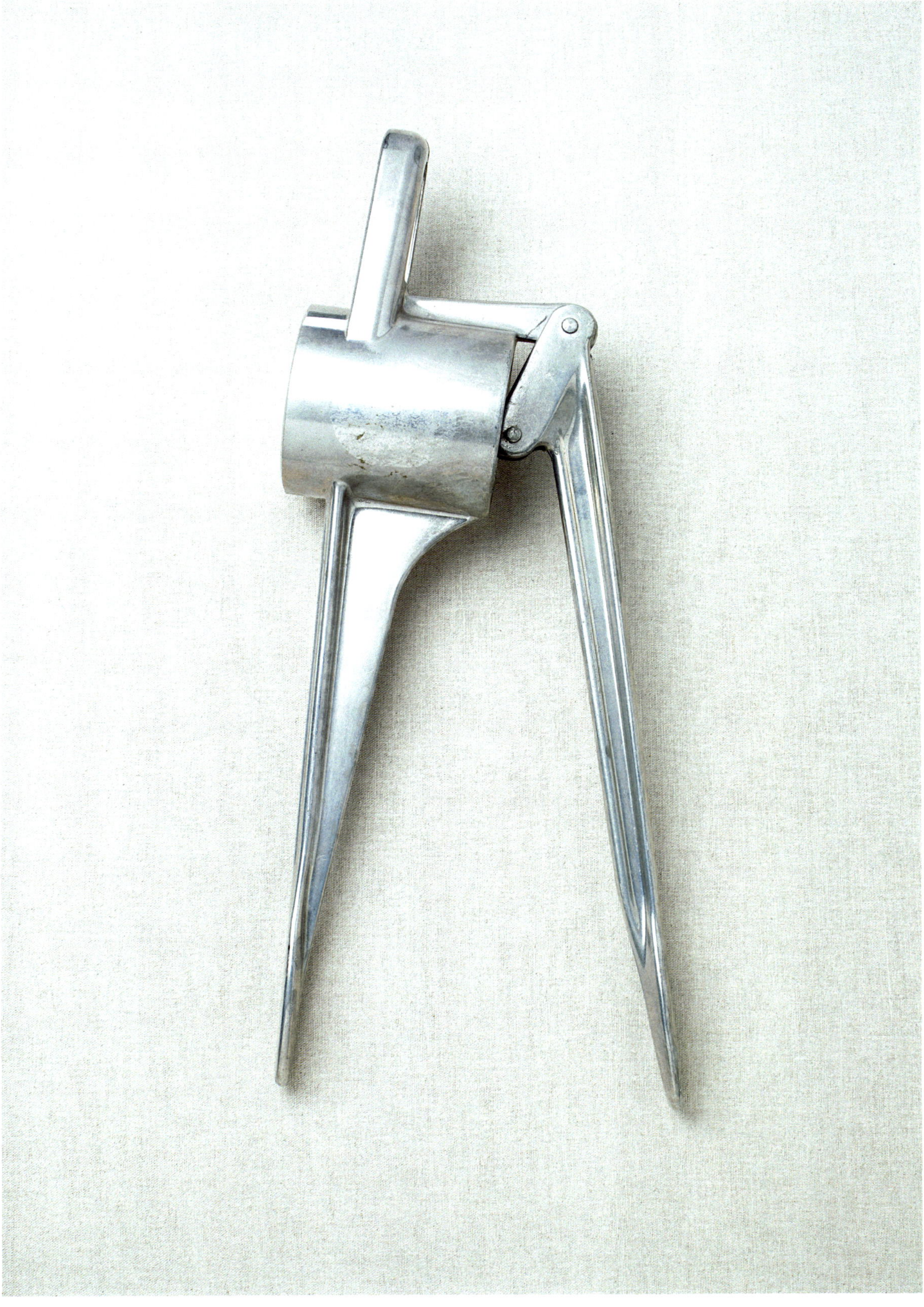

ROBUCHONS KLASSIKER

(Muss man einmal gemacht haben, um süchtig danach zu werden.)

1 kg festkochende Kartoffeln – Salz
250 g kalte Süßrahmbutter, in Würfeln – 200 ml Milch

Die Kartoffeln gut säubern, nicht schälen, ins kalte, kräftig gesalzene Wasser geben und weich kochen. Pellen, vierteln, in den Topf zurückgeben und mit der Gabel oder einem Kartoffelstampfer zerdrücken und weiter abdampfen lassen. Nach und nach die Butter zugeben, dabei kräftig rühren, damit sich die Butter fein verteilt und das werdende Kartoffelpüree zu glänzen beginnt. Immer wieder die Nase darüberhalten und das Aroma genießen! Das Püree leicht erwärmen. Die Milch in einem separaten Topf bis knapp unter dem Siedepunkt erwärmen. Die heiße Milch in einem kleinen Strahl unter das butterige Püree rühren, bis dieses sämig ist.

Zu viel Aufwand? Zu viel Butter? Aber nein! Als Vorspeise sollte man sich erst mal das Zitat von Alain Ducasse über Joël Robuchon auf der Zunge zergehen lassen: »Ein großer Koch ist jemand, dem es gelingt, mit den Händen auszudrücken, was er sich im Kopf vorstellt.« Danach das Püree genießen. Es ist ein Allrounder und sehr vielseitig einsetzbar, etwa zu Schmorgerichten, zur Provenzalischen Daube oder den Bäckchen von Seite 265.

PURÉE DE POMMES DE TERRE COMME À MARSEILLE

400 g festkochende Kartoffeln (z. B. Bamberger Hörnchen, La Ratte)
2 Knoblauchknollen – Salz – ca. 300 ml Olivenöl

Die Kartoffeln in wenig Salzwasser ca. 20 Minuten gar dämpfen. Nach der Hälfte der Kochzeit die ganzen Knoblauchknollen zugeben und in der Schale mitkochen. Anschließend die Kartoffeln pellen, die Knoblauchzehen aus den Schalen pulen und beides zusammen mit einem Kartoffelstampfer in einem Topf grob zerdrücken. Salzen. Dann das beste Olivenöl, das man finden kann, hineingeben und die Präparation immer weiter mit dem Kartoffelstampfer bearbeiten, bis das Püree sämig ist. Sobald das Olivenöl andeutet, sich zu separieren, nichts mehr zugeben und das Püree unter schwacher Erwärmung weiter bearbeiten. Der intensive Duft von Kartoffeln, Knoblauch und Olivenöl in der Küche weckt bereits die Vorfreude auf das Mahl.

Die mediterrane Version passt sehr gut zu Fisch (gebratenen Rotbarben, gegrillten Doraden). Oder man füllt einfach einen großen Löffel Kartoffelpüree in tiefe Teller und belegt dieses mit einer Scheibe Mortadella. Letzteres ist mein Favorit! Sogar als Hauptgang!

Quer oder längs zur Faser? Eine praktische Studie

Eine alte Frage der Fleischgeschichte lautet, ob man Fleisch eher quer oder längs zur Muskelfaser schneiden sollte. Die Antwort lautet wie immer: Kommt darauf an. Fleisch hat eine gerichtete Struktur, die von den Muskelfasern vorgegeben wird. Muskeln sind zum Bewegen gemacht, sie müssen bei ihrer Arbeit stark kontrahieren und hohe Kräfte übertragen und sind dementsprechend stabil und zugleich elastisch aufgebaut. Jede einzelne Faser besteht aus aneinandergereihten, durch elastische Proteine verbundenen winzigen Muskelzellen von ca. 0,015 mm Größe. Damit ihre Zugfestigkeit noch höher wird, werden Fasern in Muskelsträngen zu Bündeln in »Parallelschaltungen« zusammengefasst. Diese Faserbündel sind – auch in gebratenem Zustand – der Länge nach in sich sehr stabil. Da die einzelnen Fasern jeweils von einer dünnen Kollagenschicht umgeben sind, können sie aber seitlich relativ leicht voneinander getrennt werden. Lange Fasern, wie sie bei längs geschnittenen Fleischstücken vorkommen, sind schwerer zu beißen als kurze. Also ist es letztlich eine Frage des Genusses, das heißt in diesem Fall: der Textur und des entsprechenden Mundgefühls.

Die alte Metzgerregel, der zufolge Steaks, Lenden oder anderes Muskelfleisch immer quer zur Faser geschnitten werden sollten, wird heute kontrovers diskutiert – je nach Texturvorliebe eben. Klarer liegt der Fall bei bestens gereiftem Muskelfleisch für ein Carpaccio, den in Zitronensaft und Olivenöl marinierten, sehr dünn geschnittenen Scheiben einer rohen Rinderlende: Hier gibt es definitiv nur eine Schnittrichtung, nämlich quer zur Faser, und das aus guten physikalischen Gründen. Die Zugkräfte der Muskelfasern längs bzw. parallel zur Faser sind hier bis zu zehnmal höher als die der Fasern untereinander. Würde Carpaccio parallel zur Faser geschnitten, hätte der Genießer mit langen, elastischen, kaum beißbaren Fasern im Mund zu kämpfen. Die Verbindungen quer zur Faser lassen sich wesentlich leichter trennen. Hinzu kommt, dass bei dünn geschnittenem Fleisch die Kohäsionskräfte wegen der geringeren Kontaktlänge zwischen den Fasern noch geringer sind: Das Fleisch »schmilzt« zu kleinen Partikeln im Mund und entfaltet dabei über die vielen Oberflächen sein reichhaltiges Aroma. Bei englisch gebratenen Steaks macht sich dies ebenfalls bemerkbar. Durch die Wärme wird der dünne Kollagenmantel in den erwärmten Zonen aufgelöst, während der rosa Kern noch die Eigenschaften des rohen Filets aufweist.

Ganz anders sieht die Sache bei durchwachsenem Schmorfleisch (Gulasch) aus. Hier kommt es kaum auf den Schnitt an, denn die Faserrichtung ändert sich schon innerhalb der Fleischwürfel mehrfach. Es spielt eher der hohe Anteil des Bindegewebes eine zentrale Rolle, das sich während des Schmorens zu Gelatine umwandelt und reichlich Schmorfond in den Stücken binden kann.

Am liebsten treibe ich praktische Genussstudien zu Faserstrukturen und ihren Folgen für die Fleischtextur an einem Rinderzwerchfell (das in postmodernen Zeiten zu »Skirtsteak« verkauderwelscht wird – vermutlich weil's zartbesaiteten Grillern beim Namen »Zwerchfell« unweigerlich den Bauchraum unter Schluckauf zusammenzieht). Dies ist ein delikates, wenngleich weniger bekanntes Stück Fleisch, das man beim Metzger oder Erzeuger ab Hof bekommt. Es ist bis zu 25 cm lang und etwa 4–6 cm breit, wobei die Breite des Stücks genau der Länge der Muskelfasern entspricht. Diese sind mit 2–4 mm dicker als etwa bei klassischen Rückenfilets und müssen erst ein bis vier Mal durchgebissen werden, bevor sie störungsfrei geschluckt werden können. Aufgrund dieser sehr speziellen Muskelstruktur eignet sich das Teil zu Extremen: Man kann es sehr kurz braten oder grillen, sehr lange schmoren oder kochen und auch (was weitgehend unbekannt ist) roh essen, als Tatar (siehe Seite 253). Beim Tatar ist die Schnittrichtung sofort klar: quer zur Faser (oder diagonal der Optik wegen), sodass der Durchmesser der Fasern etwa der Dicke der abgeschnittenen Steifen entspricht. Das Fleisch lässt sich dann leicht in kleine Zylinder zerteilen. Während die glatte Faseroberfläche keinen Halt bietet, sorgen die Schnittflächen für den lockeren Zusammenhalt des Tatars, denn dort tritt ein wenig Fleischsaft auf, der mit seinen Plasmaproteinen für die Klebung sorgt.

Brät man das Zwerchfell sehr kurz, bleiben die Muskelfasern innen noch roh, es werden ihnen lediglich an den (gut 230 °C) heißen Pfannenkontaktstellen ein paar Röstaromen verpasst. Beim Schneiden auf dem Teller kann dann jeder selbst experimentieren: die einzelnen langen Fasern abschneiden und zerkauen. Oder schräg zur Faser abschneiden und wieder kauen und vergleichen. Das quer bzw. schräg zur Faser geschnittene Fleisch kaut sich kürzer, die Aromen und der Geschmack sind eher präsent. Längs zur Faser muss mehr gekaut werden, Geschmack und Aromen kommen langsamer zum Vorschein, aber da das orale Prozessieren länger dauert, hält der Genuss im Mund auch länger an. Lässt man das Fleisch übrigens zu lange in der Pfanne, deformiert es sich stark. Die geschrumpften Fasern sind zäh, lassen sich kaum beißen, der Genuss ist im Eimer. Die einzige Rettung ist, das Fleisch auf dem Teller in dünne Streifen quer zur Faser zu schneiden und das Beste daraus zu machen. Aber bis das geschehen ist, ist das Fleisch kalt und der Rotwein im Glas warm. Die Anweisung »kurz braten« muss daher beim Zwerchfell ernst genommen werden: unter 1 Minute pro Seite, sodass das Fleisch innen noch leuchtend rot und roh ist. Manchmal erlaube ich mir übrigens einen Trick (bei dem mancher Metzger die Hände über dem Kopf zusammenschlagen würde): Ich ritze die Muskelfasern im Abstand von 1 cm mit der scharfen Messerspitze diagonal zur Faserrichtung an und brate noch kürzer und noch heißer. Das ist der ultimative Genuss – halb Tatar, halb gebraten, inklusive Röstaromen und einem unbeschreiblichen Mundgefühl.

Wird Zwerchfell hingegen lange geschmort (oder auch kürzer, falls ich mal wieder den Schnellkochtopf bemühe), wandelt sich das harte Kollagen zwischen den Muskelfasern zur schlotzig-wasserbindenden Gelatine um. Dann braucht man nicht mehr viel zu schneiden, sondern kann die langen Fasern, die sich beim langen Erhitzen voneinander lösen, wie beim Pulled Pork (siehe Seite 295) auseinanderzupfen. Das Fleisch ist zart, weist gekochte Aromen auf und kann warm wie kalt eingesetzt werden. Es passt wunderbar in Salate und Suppen oder man serviert es in der Brühe mit gekochten Kartoffeln und bissfest gegarten Wurzelgemüsen. Selbst im Kartoffelsalat machen die Fasern eine ausgezeichnete

Der Wetzstahl: damit das Messer scharf bleibt.

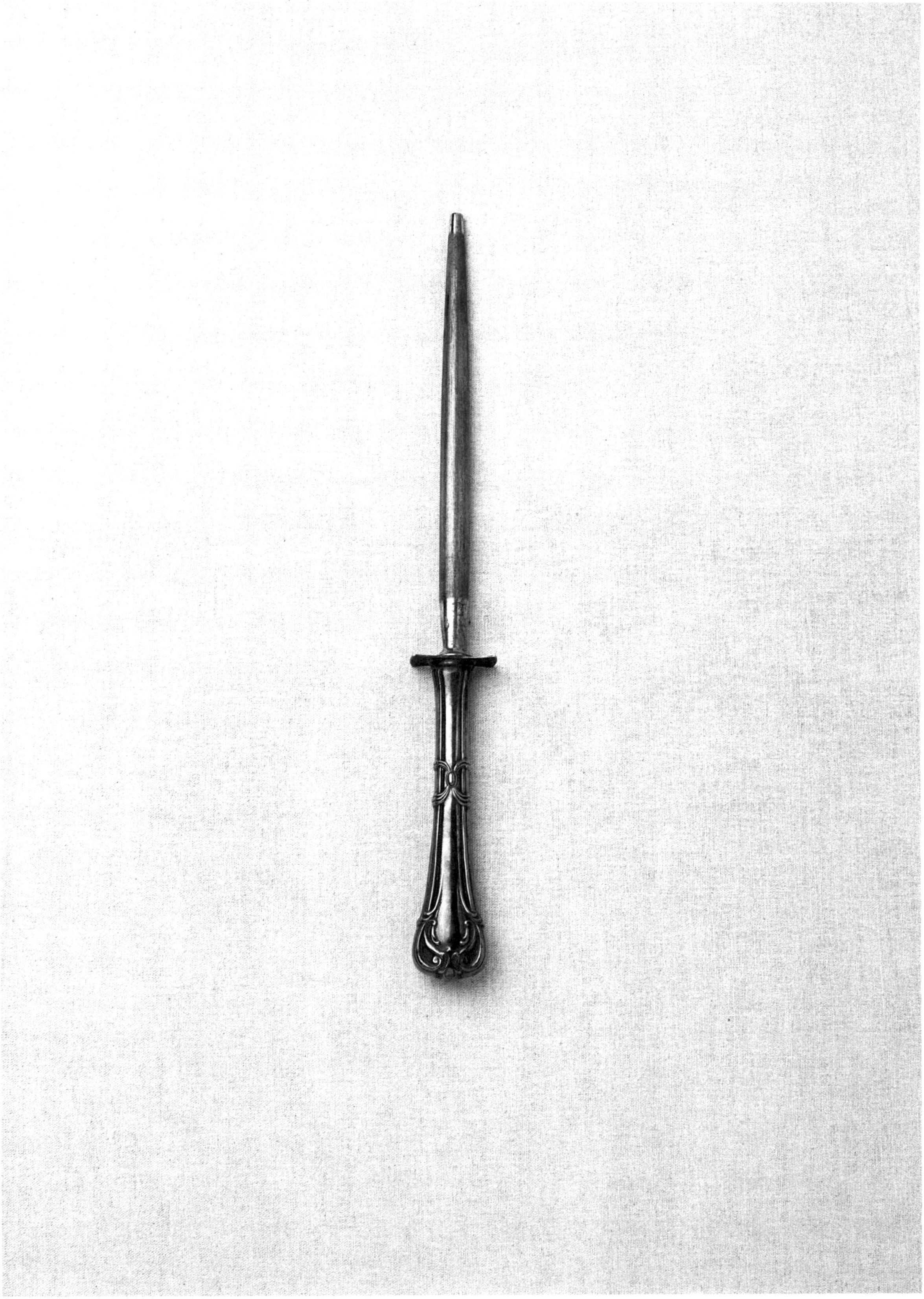

Figur, vor allem wenn dieser mit der dazugehörigen Fleischbrühe angemacht ist.

Ich mache das Zwerchfell mal so, mal so. Ich bin schließlich Allesesser und bei mir entscheiden immer das kulinarische Ziel und mein momentanes Bauchgefühl.

RINDERZWERCHFELL, KURZ GEBRATEN

1 Rinderzwerchfell – hocherhitzbares Fett oder Öl
zum Anbraten (am besten Rindertalg) – Salz
Frisch gemahlener schwarzer Pfeffer

Eine Stahlpfanne stark erhitzen, den Talg oder das Öl hineingeben und am Rauchpunkt das Fleisch hineinlegen. Das Fleisch sehr kurz (maximal 1 Minute) braten, dann salzen, pfeffern, fertig.

Es passt wunderbar zu Selleriepüree, selbst gemachten Pommes frites oder im Sommer zu Grilltomaten.

SKIRTSTEAK, BLITZGESCHMORT MIT SCHWÄBISCHEM KARTOFFELSALAT

Für das Steak:
100 ml kräftige Rinderbrühe – 2 Lorbeerblätter
1 Gewürznelke – Salz – 1 Rinderzwerchfell

Für den schwäbischen Kartoffel-Gurken-Salat:
500 g festkochende Kartoffeln – 1 Zwiebel – 2 Knoblauchzehen
Salz – 1 TL feiner Senf (mittelscharf) – 3–4 EL Weinessig
100 ml Brühe (vom Zwerchfell aus dem Schnellkochtopf,
oder Rinderbrühe) – 1 Gurke – schwarzer Pfeffer
½ Bund Schnittlauch
6–7 EL mildes Salatöl (z. B. Raps- oder Sonnenblumenöl)
1 Tomate – einige Blätter krause Petersilie

Schnellkochtopf

Für das Steak Brühe, Gewürze und das Zwerchfell in den Schnellkochtopf geben und 15–20 Minuten unter vollem Druck garen. Die Fleischfasern abzupfen und beiseitelegen.

Für den Salat die Kartoffeln in der Schale kochen. Zwiebel und Knoblauch schälen und fein würfeln, in eine Salatschüssel geben, leicht salzen, den Senf zufügen und mit dem Essig übergießen.

Die Kartoffeln pellen, in Scheiben (0,5 cm dick) schneiden und noch heiß in die Zwiebel-Knoblauch-Schüssel geben. Vorsichtig durchmischen. Die Brühe aufkochen und heiß in die Schüssel geben. Durchmischen und 10 Minuten ziehen lassen. Die Gurke halbieren und eine Hälfte entsaften. Die verbleibende halbe Gurke waschen, mit der Schale in feine Scheiben hobeln und in die Schüssel geben und in dem Gurkensaft marinieren. Nochmals salzen und frisch geschnittenen Pfeffer darübergeben. Wieder mischen. Den Schnittlauch mit der Schere zu Röllchen schneiden und zum Salat geben. Ganz zum Schluss das Salatöl daruntermischen.

Den Salat in Pastatellern anrichten, mit den abgezupften Fasern des Zwerchfells belegen und jeden Tellerrand mit einem Tomatenviertel und krauser Petersilie dekorieren.

Am besten »schlotzt« man dazu ein oder zwei Viertele leicht gekühlten Trollinger mit Lemberger aus dem Henkelglas.

Fehler, Zufallsentdeckungen und andere Abwege

Kurkuma – kräftig gelb mit viel Aroma

Kurkuma mag ich aus vielen Gründen: wegen seines wunderbar erdigen Dufts, wegen seiner leichten, an Ingwer erinnernden Wärme und wegen seiner exotischen Aromen. Ganz abgesehen davon ist seine gelbe Farbe, die er vielen Gerichten verleiht, bezaubernd schön. Einmal bin ich allerdings mit Kurkuma farbtechnisch auf die Nase gefallen. Ich wollte Kurkumabrötchen backen, als Handgabe zu einem schön scharfen, südindisch angehauchten Linsengericht. Mangels Alternativen im Küchenschrank verwendete ich Natron als Treibmittel. Und Rums! Da waren die Brötchen krebsrot! Seit diesem Farbendrama weiß ich besser Bescheid über die pH-Abhängigkeit so mancher kurzkettiger, elektronenreicher Moleküle mit Benzolringen an den Enden. Das Natron macht das Gebäck leicht basisch und lässt den pH-Wert ansteigen, und wie es sich für einen ordentlichen Indikator gehört, färbt das Curcumin sich und alles andere statt in kräftigem Gelb leuchtend rot. Geschmeckt haben die Brötchen trotzdem.

Vermutlich könnte man dieses Wissen sogar bei anderen Gerichten gezielt nutzen und Kurkuma anstelle des roten Färbemittels Annatto einsetzen. Das damit gewonnene erdige Kurkumaaroma ist ja auch nicht zu verachten. Es gibt zwar nicht so viele Küchenanwendungen mit hohem pH-Wert, wo man mit diesem Farbeffekt des Curcumins spielen kann. Zwei fallen mir aber sofort ein, die ich noch ausprobieren muss. Zum einen der schwäbische Klassiker Laugenbrezel oder Laugenbrötchen. Hier wird der Teigling vor dem Backen in Natronlauge getaucht, um die Bräunungsreaktion zu beschleunigen. Daher hat eine gute Laugenbrezel eine hauchdünne knusprig-braune Haut. Gibt man etwas Kurkuma zum Mehl, sind einige unerwartete Farbspiele von gelb in der Krume, eher rötlich am Rand und braunrot auf der Kruste zu erwarten. Probiert habe ich es nicht, es ist bisher pure Spekulation. Was ebenfalls gehen müsste, sind leuchtend rote Röstzwiebeln. Bestreut man Zwiebelstückchen vor dem Anbraten mit Natron und Kurkuma, passiert Folgendes: Die beim Rösten und Braten frei werdenden Aminosäuren geben in leicht basischer Umgebung ihre Wasserstoffatome rascher ab und stehen schneller zur Reaktion mit Zuckern parat, der Röstprozess wird also beschleunigt. Zugleich färbt das Curcumin beim erhöhten pH-Wert sich selbst und die Röstzwiebeln leuchtend rot. (Zwar senken frei werdende Protonen der Aminosäuren den pH-Wert wieder leicht ab, aber nicht schnell und tief genug, als dass es einen Einfluss auf die Farbe hätte.) Da fällt mir ein, dass ich schon seit ewigen Zeiten keinen Zwiebelrostbraten mehr gemacht habe. Vielleicht wären die farblich und aromatisch modifizierten Röstzwiebeln eine gute Gelegenheit, diesen deftig-bürgerlichen Wirtshausklassiker einmal ganz neu zu präsentieren.

Während mich an Kurkuma, wie gesagt, sein Aroma und die (in der Regel gelbe) Farbe faszinieren, ist um das Gewürz seit einiger Zeit ein richtiger Gesundheits-Hype entstanden. Seinem Hauptinhaltsstoff Curcumin werden allerhand Heilwirkungen angedichtet, Kurkuma ist quasi nicht nur Superfood, sondern Supermedicine und soll nicht nur entzündungshemmend wirken, sondern krebsvorbeugend oder gar krebsheilend. Kurkumapulver findet man daher im Superfood-Regal zu unglaublich hohen Preisen, während es im Gewürzregal nur die Hälfte kostet. Immer wenn ich in einem Biosupermarkt davorstehe, weiß ich nicht, ob ich lachen oder weinen soll. In einer ganz neuen wissenschaftlichen Arbeit wurde gezeigt, dass sich bei genauer Betrachtung keine der Behauptungen bewahrheitet. Der Grund ist, wie die Autoren zeigen, eine hochgradige Instabilität der Curcuminverbindungen, die rasch in unwirksame Zwischen- und Endprodukte zerfallen. So bleibt am Ende von der Superkraft des Curcumins nichts mehr übrig, was auch nur annähernd bioverfügbar wäre. Übrigens: Wird der vermeintliche Wirkstoff Curcumin beim richtigen Namen, nämlich (1E,6E)-1,7-Bis-(4-hydroxy-3-methoxyphenyl)-hepta-1,6-dien-3,5-dion, genannt, klingt das zwar für Chemiker nicht weniger charmant, aber mit Sicherheit für Nichtchemiker schon gar nicht mehr so gesund. Vor allzu viel Glauben kann also wie immer nur gewarnt werden, der Großteil der Aussagen ist Wunschdenken und wie oft in solchen Fällen Verbrauchertäuschung der pseudowissenschaftlichen Art. Deutlich rationaler ist es, Kurkuma, wie jedes andere Lebensmittel auch, nicht als Medizin zu verwenden, sondern aus Freude am Genuss – sei es nun rot oder gelb. Ich färbe gerne Milchspeisen damit, zum Beispiel mein Kurkumaeis, das sich sowohl als kalte Komponente zu Currys einsetzen lässt als auch als ungewöhnliches Dessert.

Ganz hervorragend passt der erdige Duft des Gewürzes übrigens zu Desserts mit Früchten. Dieser Behauptung kann man getrost Glauben schenken – oder sie vorsichtshalber selbst überprüfen, zum Beispiel mit einem Superobstsalat (siehe Seite 154).

KURKUMAEIS

1 Stück Ingwer (1 cm) – 1 kleine Chilischote – 100 ml Sahne
2 EL Glukosesirup – 50 g Ghee (geklärte Butter)
1 Msp. Vanillemark – 1 TL gemahlene Kurkuma – 150 ml Naturjoghurt – Salz – 1 kleine frische Kurkumawurzel

Eismaschine

Den Ingwer fein hacken, die Chilischote entkernen. Die Sahne erhitzen, Glukosesirup, Ingwer, Ghee, Chilischote und Vanille zugeben und ca. 30 Minuten auf der warmen, aber nicht heißen Herdplatte ziehen lassen. Dabei die gemahlene Kurkuma einrühren. Durch ein feines Sieb gießen.

Die aromatisierte Sahne mit dem Joghurt vermengen, nach Geschmack salzen, mit dem Stabmixer gut durchschlagen und in einer Eismaschine gefrieren.

Vom Kurkumaeis Nocken abstechen, etwas Kurkumawurzel darüberreiben. Als Dessert macht sich das Kurkumaeis bestens, etwa mit frischer Ananas oder reifer Mango (mariniert mit sehr gutem, im Holzfass gereiftem Rum) – oder als Begleiter zu dem Superobstsalat.

SUPEROBSTSALAT

400 g verschiedene Sorten Obst der Saison (im Winter gern auch die ein oder andere Trockenfrucht) – 10 ml frischer Limettensaft
1 Stück Ingwer (1 cm) – 150 ml Naturjoghurt (nicht zu flüssig)
4 EL festere Konfitüre (Pfirsich, Aprikose …)
1 Msp. Kala Namak (Schwefelsalz) – 100 ml Vollmilch
1 EL gemahlene Kurkuma

Das Obst in 1 cm große Würfel schneiden und mit dem Limettensaft vermengen. Den Ingwer schälen, sehr fein würfeln und mit dem Naturjoghurt vermischen (erst unmittelbar vor dem Servieren vorbereiten, der Ingwerenzyme wegen). Die Konfitüre in die Mitte von tiefen Schälchen geben. Den Ingwerjoghurt darauf anrichten, sodass die Konfitürehäufchen vollkommen bedeckt sind. Die Obstwürfel um den Joghurt herum drapieren. Das Obst leicht mit Kala Namak salzen. Die Milch mit Kurkuma mit einem Milchaufschäumer aufschäumen und den gelben Schaum in die Schälchen geben.

Teigschaber: zum Aufsammeln und In-den-Topf-Werfen von geschnittenem Gemüse.

Noch haltbar? Mut zu kruder Kulinarik

Nicht erst seit der Diskussion um Lebensmittelverschwendung und die manchmal unsinnigen Mindesthaltbarkeitsdaten werfe ich nichts weg, was nach allgemeinen Standards als abgelaufen gilt. Im Gegenteil, die bewusst herbeigeführte Alterung von Lebensmitteln, unter den Begriffen »Reifen« oder »Veredeln« geläufig, fordert meine Kreativität heraus, wenn es um die Verwendung dieser alten Dinge geht.

Die am weitesten zurückliegende Erinnerung betrifft den »Backsteinkäse« (Limburger) aus meiner Kindheit, der öfters im Kühlschrank zu finden war. Der Rotschmierkäse läuft auch unter dem Namen Remoudou bzw. eingedeutscht: Romadur. Jung ist er ziemlich langweilig, weshalb er zu Hause erheblich nachreifen durfte. Aus der Rotschmiere wurde enzymatisch eine Braunschmiere und die Aromen intensivierten sich gewaltig. Erst wenn der Backsteinkäse von selbst auf das Brot lief, wurde er für gut befunden. Andere rümpften zwar die Nase, denn streng duftete er natürlich. Aber mir schmeckte er genau so.

Eine weitere Initialzündung in den Achtzigerjahren waren die Gebräuche eines englischen Kollegen aus Leeds, der jeden Sommer nach Mainz zum Forschen kam. Er kochte, aß, trank gern und legte für mich eine ganz erstaunliche Weinkenntnis an den Tag. Gesprächsstoff jenseits von Feynman'schen Funktionalintegralen und diskretisierten Polymermodellen gab es also genug: zum Beispiel seinen Fasan mit extra haut goût. Der erlegte Fasan wurde in der Scheune bei kühlen Herbsttemperaturen in Englands Norden im Federkleid auf- und abgehangen, bis er von allein herabfiel. Ich assoziierte damit »Verwesung« – probierte aber natürlich trotzdem, als ich ihn einmal in Leeds besuchte. Der Geschmack war einfach unbeschreiblich.

Das dritte Schlüsselerlebnis ereilte mich Mitte der Neunzigerjahre im Ardèche-Tal. Ein ursprünglich aus Südfrankreich stammender Kollege des Institut Charles Sadron, Straßburg, der mir nicht nur die Grundlagen der Licht- und Neutronenstreuung beibrachte, sondern mich die Prinzipien der französischen Küche und provenzalischen Lebensgewohnheiten lehrte, lud zum Dinner in den Bergen. Natürlich gab es Rohmilchkäse vor dem Dessert, darunter einen Ziegenkäse: brüchig, sehr reif und intensiv in Aroma und Geschmack und stark trigeminal bitzelnd auf der Zunge, mit winzigen, nadelstichartigen Löchern in dem harten Käselaib. Der Professor fragte, wie er mir denn schmecke. Ausgezeichnet, meinte ich und wollte wissen, wo er denn diesen besonderen Käse herhabe. »Ich sage es dir nach dem Essen«, lautete die Antwort. Die Auflösung erschien bizarr: Er habe vergessen, den frischen Käse in den Kühlschrank zu geben und ihn stattdessen im Vorratsraum liegen lassen. Beim Wiederfinden hätten sich jede Menge winziger Maden darauf und darin befunden. Er habe den Käse dann einfach in der Sonne getrocknet, die Maden hätten sich verzogen, der Käse sei deliziös. So etwas könne man ja nicht wegwerfen. Schon gar nicht im kargen Ardèche-Tal. Ich war verblüfft und verzückt zugleich, bis heute habe ich keinen vergleichbaren Käse gegessen.

Ich bin mir sicher, viele schütteln spätestens hier den Kopf, aber diese Geschichten zeigen, was mit Lebensmitteln möglich ist. Man muss jedoch wissen, was man tut. Für meinen persönlichen Geschmack bringt ein etwas laxerer Umgang mit Hygienevorschriften oft die interessanteren Ergebnisse. Eben keine Standardware abseits vom Hauch der Jahre, Jahreszeiten und Regionen. Und ich finde nichts schlimmer als standardisierte Lebensmittel, die nur wegen des Einhaltens von Hygienevorschriften, aber kaum wegen ihrer geschmacklichen Meriten für markttauglich befunden werden. Die Supermarktregale stehen voll davon. Und gleichzeitig darf keine Sau mehr nach allen Regeln der alten Kunst geschlachtet werden. Hausschlachtung und Warmfleischverarbeitung sind bis auf wenige Ausnahmen (etwa die Ur-Ahle Wurst, die es im Rezept auf Seite 159 gibt) vielerorts verboten. Maximale Hygienevorschriften bringen eine große Sicherheit, aber sie haben auch einen Preis: Geschmacksvielfalt. Das Beispiel des Madenkäses zeigt genau, was Sache ist: Organismen sorgen mit ihrem Stoffwechsel für Geschmack und Aroma, seien es die Maden, seien es die Keime der Rohmilch oder die

Keime bei der natürlichen Wurstreifung und in der unkontrollierten Flora und Fauna des Reifekellers.

Natürlich hilft ein wenig Lebensmittelkenntnis bei diesen Experimenten. Nicht jeder sollte in seiner heimischen Küche wild mit verfallenen Lebensmitteln herumwerkeln ohne die chemischen Abläufe zu verstehen. Ansonsten kann es mitunter gefährlich werden. Grundsätzlich gilt jedoch: Säure, Edelschimmel und geringe Wasseraktivität geben pathologischen Keimen keine Chance. Niemand musste vor dem Madenkäse Angst haben, denn er war so trocken und sauer, dass zuerst den krankmachenden Keimen schlecht wurde und sie abstarben. Reift eine spanische Chorizo im eigenen Keller Wochen und Monate nach, wird sie sehr hart, entwickelt aber ein Aroma sondergleichen. Fettoxidation, Proteinhydrolyse, alles was auf kleinster Skala bei diesen Bedingungen wie Luftfeuchte und Temperatur ablaufen kann, findet statt. Steht ein Vollmilch-Naturjoghurt (mit echten Joghurtkulturen hergestellt, nicht mit solchen, die einen supermarktüblichen »Joghurt mild« ergeben) wochenlang im Kühlschrank, erreicht er seinen niedrigsten pH-Wert und entwickelt einen tiefen Geschmack. All das ist zumindest zu Hause noch möglich – wo jeder nach seinen eigenen Regeln experimentieren darf.

Was mich zurzeit am meisten verblüfft, ist wieder einmal meine geliebte Rohmilch (siehe Seite 26). Nachdem »mein« Milchbauer in Rente ging, ließ ich die letzte Flasche über ein halbes Jahr im Kühlschrank ganz hinten stehen. Nach dem Öffnen erwartete ich ein geruchliches, den Kuheuterbakterien anzulastendes Desaster, aber nichts dergleichen: Ich fand vielmehr einen feinen Käsebruch, der sich von der Molke separiert hatte. Er schmeckte bereits direkt aus der Flasche sensationell. Also habe ich ihn nicht weggeworfen, sondern abgeseiht und nach dem Abtropfen gesalzen. Nun reift das Stück gute, alte Rohmilch im Keller vor sich hin. Maden habe ich bislang keine entdeckt, aber der Duft ist jetzt schon mehr als vielversprechend. Bis zum kaum wiederholbaren Genuss will ich mich noch ein wenig gedulden.

ANTICHI ANTIPASTI

Für die Vorbeitung dieser Vorspeisenplatte sollte man einige Monate Zeit einplanen. Verzehr auf eigene Gefahr!

SEHR ALTE AHLE WURST

Ahle Wurst (bei ausgesuchten Metzgern oder im Gourmetfachhandel, alternativ jede Art »saucisson sec« aus Frankreich) anschneiden und eine Hälfte im Keller aufhängen, 4–6 Monate trocknen und weiterreifen lassen. Für die Vorspeise in sehr dünne Scheiben schneiden.

SEHR ALTER CAMEMBERT

Camembert (Rohmilch) für 4–6 Monate nach dem Kauf im Kühlschrank liegen lassen. Er wird sich praktisch komplett braun färben und eine cremige, leicht stechende, ammoniakartige Note entwickeln. Köstlich.

ALTER HANDKÄS IN ÖL

Jungen Sahnehandkäse in Sonnenblumenöl mit Zwiebeln einlegen und bis zu 6 Monate im Kühlschrank vergessen. Er wird sehr cremig, hat nichts mehr mit Handkäs mit Musik zu tun. (Das Käseöl eignet sich bestens für Vinaigrettes oder als Geschmackstupfer für Fleischgerichte.)

GEREIFTE MÖHRE

Eine sehr dicke Möhre mit Salz, Zucker, etwas Olivenöl, etwas Wasser und Oregano einschweißen und ca. 4 Stunden bei 89 °C Sous vide garen. Im kalten Wasser abschrecken und mindestens 4 Wochen vakuumiert in der Garflüssigkeit im Kühlschank reifen lassen. In Scheiben schneiden.

NATURJOGHURT

Joghurt (vom Bauernmarkt – nicht aus dem Supermarkt) 3 Monate über das Mindesthaltbarkeitsdatum im Kühlschrank »verfallen« lassen.

10 JAHRE ALTE JAHRGANGSSARDINEN

Den konservierten Fisch 10 Jahre aufbewahren,
dann die Dose öffnen und genießen.

Aus den Zutaten einen kleinen Antipastiteller arrangieren und mit verschiedenen Broten (Pumpernickel, Bauernbrot, Baguette, Roggensauer, salzfreies Toskanisches Brot (siehe Seite 58) als Vorspeise genießen. Ein kleines Gläschen kräftiges, alkoholstarkes belgisches Klosterbier (Trappistenbier mit 10 Vol. % Alkohol) ist der perfekte Partner für diese Kraftprotze.

Getrocknete Zitrusfrüchte: Würzanlage für die Küche

Es war eine Zufallsentdeckung: Eine vergessene Zitrone auf dem Fensterbrett führte vor Jahren dazu, dass ich jetzt planmäßig Zitrusfrüchte trockne und diese Idee hier gern weitergebe: Bevor die Wintersaison zu Ende geht, ist es ratsam, sich stets ein paar Anlagen mit steigendem Genusswert zuzulegen. Als gute Investments haben sich in dieser Hinsicht Zitrusfrüchte erwiesen, sprich: Zitronen, Mandarinen, Bergamottezitronen, Orangen, Pampelmusen und so weiter und so fort. Diese Früchte kaufe ich und verfahre, wie es der Zitrusbroker vorschlägt: Ich lege sie ab und vergesse sie. Wo? Aufs Fensterbrett über der Heizung, dahin, wo manchmal die Sonne darauf scheint. Denn dann steigern sie unter Gewichtsverlust ihren Wert, und zwar ohne Risiko, aber mit gewaltiger aromatischer Rendite. Anders als im Ofen, im Dörrautomaten oder im Dehydrator trocknen die Früchte langsam, und zwar sehr langsam. Zunächst verliert die Schale ihr Wasser. Dieses wird dann nach und nach vom Fruchtfleisch wieder nachgeliefert. Das Ganze verläuft langsam, weil die Schalen bzw. die darin vorhandenen Zellwände aufgrund des Wasserverlusts enger zusammenrücken müssen und den Trocknungsprozess damit noch weiter verlangsamen. Genau das ist aber erwünscht, denn es hat zur Folge, dass sich die sehr flüchtigen, leicht floralen Aromen, die frischen Zitrusschalen eigen sind, aus den Früchten verabschieden, der Rest hingegen verstärkt hängenbleibt. In den getrockneten Schalen dominieren eher die holzigen, harzigen Zitrusaromen der schwerer flüchtigen Terpene.

Es dauert ein paar Wochen, bis die Zitrusfrüchte komplett getrocknet sind, sie sind dann bockelhart und lassen sich als »Zitrusnuss« gebrauchen, also wie eine Muskatnuss reiben und als Gewürz einsetzen. Der Duft der geriebenen Schale erinnert ein wenig an den Duft von kräftig gehopften Indian Pale Ales, wie sie zurzeit Mode sind. Dieser Zitrusabrieb ist fast ein Universalgewürz: Er landet vor dem Servieren auf gedämpftem Fisch, Hähnchen oder Kalb. Auch manche Gemüse rufen förmlich danach: Schwarzwurzelragout, Spargel, ebenso Kohlrabi, Spinat oder Spitzkohl. Selbst auf der erdigen Roten Bete und der sperrig-erdigen Steckrübe macht der intensive Zitrusabrieb eine gute Figur. Sogar für Desserts eignen sich die getrockneten Früchte bestens: Über Pudding, Gelee, aber vor allem über Milchprodukten wie Joghurt oder quarkbasierten Süßspeisen sind sie exzellent. Daher ist es ratsam, von jeder Sorte mindestens eine Frucht zu trocknen, insbesondere die Pampelmuse, denn der typische Geruchsstoff Nootkaton ist nur in dieser Frucht in geruchsaktiven Mengen vorhanden. Er veredelt vor allem kräftige Fische wie Rotbarben, Saint-Pierre oder Seeteufel, macht sich sehr gut auf Jakobsmuscheln und gibt Desserts auf Honigmelonen- oder Erdbeerbasis einen hervorragenden Drive. Die getrockneten Zitrusfrüchte dienen mir außerdem als Grundlage für eigene Gewürzmischungen, die ich zu Hause je nach Bedarf zubereite: So lassen sich die Bruchstücke einer ganzen getrockneten Pampelmuse (die ich erst mit dem Hammer zertrümmere und dann im Hochleistungsmixer stark zerkleinere – in mehreren Stößen, damit die entstehende Reibungswärme den Aromen nicht zu stark einheizt) hervorragend mit Pfeffern mischen. Rote und schwarze Pfeffer, aber auch Szechuan- oder Kubebenpfeffer sind passende Partner für das kurze Fruchtleben im lichtdichten Gläschen.

Das Fruchtfleisch wird beim Trocknen übrigens dunkelbraun bis schwarz, also nicht erschrecken, es ist nicht verdorben oder gar giftig. Schneidet man eine Frucht in Scheiben, macht sie sich optisch sehr gut auf hellen Speisen. Auch bei den getrockneten Zitrusfrüchten bleibt die Trennung von Aroma und der säuerlichen Geschmacksrichtung bestehen: In der getrockneten Schale befinden sich die holzig-harzigen Zitrusaromen ebenso wie ein Großteil des bitteren Geschmacks. Im getrockneten Fruchtfleisch hingegen verbleibt die jetzt »feste« Säure. Die Zitrusfrüchte bleiben damit auch im getrockneten Zustand multitaskingfähig. Viel später lernte ich, dass ähnliche Gebilde als »Schwarze Zitronen« oder »Iranische Zitronen« bei einschlägigen Gourmetdealern angeboten werden. Sie schmecken nicht wesentlich anders, also greife ich doch lieber in mein privates Zitrusdepot auf der Fensterbank.

LEICHTER FISCH AUF PALE-ALE-KRAUT

300 g feines Sauerkraut
100 ml Krustentierfond (aus Schalen von Krustentieren hergestellt)
50 ml Indian Pale Ale (zitrusbetont)
600 g Dorschrückenfilet, pariert in 4 gleiche Stücke
Pondicherry Pfeffer – etwas getrockneter Zitrusfruchtabrieb
(am besten Mandarine, Orange oder Pampelmuse)
2 EL Olivenöl – grobes Meersalz

Das Sauerkraut mit dem Krustentierfond und dem Pale Ale bei geschlossenem Deckel und schwacher Hitze dünsten, es sollte durchaus noch Biss haben. Die Oberseite der Fischfilets mit Pondicherry Pfeffer und dem Abrieb der getrockneten Zitrusfrucht bestreuen. Das Olivenöl mit 2 EL Wasser in einer Pfanne knapp unter den Siedepunkt erwärmen und die Fischfilets auf der nicht gewürzten Seite hineinlegen. Langsam und ohne zu wenden gar ziehen lassen, sodass die Filets höchstens glasig werden. Das Sauerkraut samt Sud in tiefen Tellern anrichten, die Filets daraufsetzen und lediglich mit grobem Meersalz bestreuen.

Blanchieren, bester Schutz vor grauen Sommern

Manchmal gibt es Schlüsselerlebnisse. Dieses Lauchpüree ist eines davon. Leuchtend grün soll es sein, die Zeit ist knapp, also Augen zu und durch: Das Lauchgrün in den Hochleistungsmixer mit Kochfunktion, Butter dazu, ein bisschen Gemüsebrühe, Salz, anheizen und nach 20 Minuten volles Rohr pürieren. Die Teller sind schon fast angerichtet, fehlt nur noch das grüne Lauchpüree. Leider ist es – grau. Verdammt! Blanchieren heißt das Zauberwort. So viel Zeit hätte sein müssen.

Die grüne Farbe von Lauchenden, grünen Erbsen, Gartenbohnen und so weiter entstammt dem Pigment Chlorophyll, das leider unter thermischer Behandlung oxidieren kann. Das Gemüse enthält nämlich außer Chlorophyll auch Chlorophyllasen – also Enzyme, die das Chlorophyll zerschneiden (wie Lipasen Lipide, Proteasen, Proteine usw., siehe Seite 17). Werden diese Enzyme aus den Zellwänden freigelassen und in der ersten Phase der Erwärmung aktiv, spalten sie von der Chlorophyllverbindung das Magnesiumion ab. Dieses verliert seinen Halt, oxidiert – und aus grün wird grau.

Wichtig sind deshalb eine schnelle Erwärmung auf Temperaturen oberhalb 70 °C (dabei werden die Chlorophyllasen deaktiviert), kurze Kochzeiten und anschließendes rasches Abschrecken auf Temperaturen unter 15 °C, um die Dauer der Hitzeeinwirkung zu verkürzen. Auch etwas Natron oder Backpulver hilft, um die grüne Farbe des Gemüses zu erhalten: Es erhöht den pH-Wert, die beim Kochen aus dem Gemüse frei werdenden Säuren werden gepuffert, das Chlorophyll bleibt dadurch wasserunlöslich und die grüne Farbe wandert nicht ins Kochwasser ab, sondern verbleibt im Gemüse. Eine leicht basische Umgebung durch Zugabe von etwas Natron kann das Chlorophyll außerdem »umgrünen«, allerdings funktioniert das nur im Kupferkessel: Chlorophyll wird zu Chlorophyllin, das Magnesium im Zentrum des Pigments wird durch das Spurenelement Kupfer ersetzt und das Gemüse schimmert hellgrün – daher schwören viele Spitzenköche auch heute noch auf die alten Kupferkessel zum Gemüsekochen. Ich verwende diesen meist nur zum Konfitürekochen, aber seit dem Lauchdesaster nehme ich die Sache mit dem Blanchieren sehr ernst. Physik und Chemie lassen sich eben nicht austricksen – Moleküle schon gar nicht, die folgen strikt ihren Naturgesetzen und nicht dem Wunschdenken eines Kochs in Eile.

Bei dieser Gelegenheit möchte ich noch kurz mit ein paar Mythen aufräumen. Heute muss leider alles Superfood sein, heilend, heilbringend mit magischen Kräften. Liest man die in einschlägigen Büchern und der Netzwelt umhergeisternden Meinungen zu grünem Gemüse und Chlorophyll, bekommt man den Eindruck, man lebe in der Zeit der Druiden und Alchimisten statt im 21. Jahrhundert. Chlorophyll sei »grünes Sonnenlicht«, behebe »den Eisenmangel« und würde »entgiften«, heißt es da etwa. Das ist kompletter Unfug. Im Zentrum des Pigments sitzt im Unterschied zu tierischen Lebensmitteln kein Eisen-, sondern ein Magnesiumion, das »grüne Sonnenlicht« wird wie die anderen Lichtwellenlängen vom Photosyntheseapparat und einem proteinreichen Lichtsammlerkomplex absorbiert und zu »chemischer Energie« in Form des Pflanzenzelltreibstoffs ATP (Adenosintriphosphat) synthetisiert. Gerade beim Thema Entgiften fallen die Heilsversprechen tief in den dunklen Esoterikkeller – denn tatsächlich kann nur die Leber den Körper entgiften. Wenn es nur dabei bliebe, wäre es mir ja egal, alle dürfen glauben, was sie möchten. Aber sehr gefährlich sind Behauptungen wie die, dass Chlorophyll »zehnmal stärker gegen Krebs als Chemotherapie« wirke. Da ist die Grenze zur Realität deutlich überschritten.

Doch genug davon. Ich genieße grüne Gemüse, weil sie schmecken und man daraus tolle Teller zaubern kann. Hier kommt nun zur Aufarbeitung meines grauen Missgeschicks ein vorbildlich grünes Rezept.

GRÜNE GARTENTASCHEN

¼ TL Natron
1 TL Ascorbinsäure – 200 g grüne Bohnen
300 g frische Erbsen in Hülsen – 1 Bund Minze
100 g Frischkäse, abgehangen und abgetropft
Etwas Zitronensaft – 2 EL gewürfelte Gurke
4 Quadrate Blätterteig (10 cm × 10 cm) – Olivenöl
Abrieb von 1 Bio-Zitrone – Fleur de Sel – Timutpfeffer

Gefrorene Kühlakkus

Den Backofen auf 200 °C vorheizen. 500–800 ml Wasser mit dem Natron zum Kochen bringen. In einer Schüssel 1 l kaltes Wasser mit Ascorbinsäure und gefrorenen Eisakkus vorbereiten. Die Bohnen waschen und in kleine, etwa erbsengroße Zylinder schneiden. Die Erbsen enthülsen (Hülsen für die Essenz, siehe Seite 198, aufbewahren), in einem Sieb in dem kochenden Natron-Wasser 1 Minute blanchieren und sofort in dem Eiswasser mit der darin gelösten Ascorbinsäure und den Eisakkus abschrecken. Herausnehmen und abtropfen lassen. Die Bohnenzylinder ebenfalls in dem kochenden Wasser (am besten auch in einem Sieb) 4 Minuten blanchieren und sofort im Eiswasser abschrecken. Herausnehmen und abtropfen lassen. Die Minze schneiden und den Frischkäse mit dem Zitronensaft, den Gurkenwürfeln und der geschnittenen Minze vermengen.

Aus dem Blätterteig vier Taschen formen und diese mit dem geminzten Frischkäse bestreichen. Das Gemüse daraufgeben, mit etwas Olivenöl bepinseln und im Ofen ca. 15 Minuten backen, bis der Blätterteig gebacken ist. Gegebenenfalls noch 2–3 Minuten unter dem Grill oder einem Salamander nachbräunen.

Den Zitronenabrieb mit etwas Olivenöl und Fleur de Sel vermengen. Die Gemüsetäschchen aus dem Ofen nehmen und mit dem Zitronen-Öl-Salz-Gemisch und Timutpfeffer würzen.

Warm als kleine Vorspeise servieren.

Was tun mit Korkwein?

Manchmal ist es schon zum Aus-der-Haut-Fahren. Da hegt und pflegt man seine Flaschen im Keller, streichelt sie, erzählt ihnen Geschichten über ihre Herkunft, sorgt sich um sie in zu warmen Sommern und kontrolliert die Luftfeuchtigkeit. Irgendwann entscheidet man sich für eine, redet der Auserwählten gut zu, bevor sie geöffnet wird, bringt sie langsam auf Temperatur, operiert den alten Korken vorsichtig mit einem Spangen-Korkenzieher heraus – und rümpft die Nase, denn ein Schwall 2,4,6-Trichloranisol signalisiert heftigen Korkgeruch. Aus. Vorbei. Nicht trinkbar. Und vor dem geistigen Auge sieht man die Euros beziehungsweise Francs, die sie damals kostete, in den Abfluss rinnen. Oder taugt der Wein doch wenigstens noch zum Schmoren? Für die teuerste Sauce in diesem Jahr?

2,4,6-Trichloranisol und seine ebenso stark müffelnde Bromvariante sind extrem flüchtig. Gleichzeitig ist ihre Geruchsschwelle sehr niedrig, sie liegt im Nanogrammbereich pro Liter, das heißt die Moleküle reizen die Nase bereits in geringsten Konzentrationen. Dies ergibt eine hohe Geruchsaktivität in der Nase, und selbst ein, zwei Handvoll Moleküle degradieren auch den edelsten und teuersten Tropfen unwiderruflich mit dem Prädikat »untrinkbar«.

Tatsächlich herrscht unter Weinfachleuten ein heftiger Streit, ob man Korkwein gleich wegschütten sollte oder ob man ihn wenigstens als Koch- bzw. Schmorwein einsetzen kann. Die einen sagen, warum nicht, während die Dagegenfraktion sofort einwirft: Das stinkende Molekül zersetzt sich erst bei sehr hohen Temperaturen, also weg damit. Aber wen interessieren schon hohe Zersetzungstemperaturen, wenn es andere, naheliegende Wege gibt, das Müffeln loszuwerden? Die Physikalische Chemie gibt eindeutig grünes Licht für Korkwein in Saucen, Fonds usw. Das Stinkemolekül ist löslich in Alkohol, also im Ethanol des Weins, nicht jedoch in Wasser. Verabschiedet sich das Ethanol beim Kochen nach und nach, fehlt dem Trichloranisol das Lösungsmittel. Seine ohnehin hohe Flüchtigkeit gibt ihm den Rest: Bei den üblichen Schmortemperaturen

(80–95 °C) setzt sich der Muffelton sehr schnell in die Umgebung ab. Eine Zersetzung, die tatsächlich nur bei sehr hohen, nicht mehr küchentauglichen Temperaturen stattfindet, ist daher gar nicht nötig. Ich habe also keine Hemmungen, Korkwein (sofern er vom Rest seines Aromas her zur Charakteristik des werdenden Schmorgerichts passt) in Saucen oder Fonds zu verwenden, solange diese ausreichend lange gekocht werden. Nur vom finalen Abrunden, dem Schuss zum Schluss in die Sauce, rate ich ab. Dazu verwende ich den guten Wein, der bereits zum Lüften geöffnet auf dem Tisch steht.

Da eine Schmorsauce mit Korkwein nicht planbar ist, kann ich an dieser Stelle kein spezielles Korkweinrezept bieten. Aber weil es in diesem Buch zu jeder Geschichte ein Rezept geben soll, bleibt mir nichts anderes übrig, als mir ein Saucenrezept mit einem seltsamen Wein auszudenken. Tatsächlich gibt es, abseits der spontanvergorenen, auch traditionelle Weine, an denen sich die Geister scheiden, zum Beispiel Weine aus dem Französischen Jura, aus Arbois, die ähnlich wie Sherry oxidativ ausgebaut werden. Stars im Jura sind der »vin jaune« (gelber Wein) und der »vin de paille«, für den die Trauben vor dem Verarbeiten auf Stroh (paille) getrocknet werden. Aber auch herkömmliche Trinkweine werden von vielen Winzern im Jura oxidativ ausgebaut. Diese Weine mag man oder man mag sie nicht. Manche Trinker hassen sie geradezu, denn die dabei auftretenden Aromen liegen irgendwo zwischen Sherry und den gerade hippen, spontanvergorenen Orangeweinen.

Das hat zwar alles nichts mit Kork zu tun, zeigt aber, welches Potenzial Weine, die man nicht mag, in Saucen haben – besonders wenn die Sauce auf der klassischen Fond- und Sahnebasis beruht und Morcheln zum Einsatz kommen. Zumindest hat sich noch nie jemand beschwert, die Sauce wäre schlecht, obwohl sich eine Flasche »Jura Tradition«, ein typischer Wein, an dem sich die Geister scheiden, darin befand.

»OXIDIERTE« SAUCE

10 kleine getrocknete Morcheln – 3 weiße Champignons 1 Schalotte – 2 Knoblauchzehen – 100 g Butter + etwas zum Montieren – 200 ml Jura Tradition (Wein aus dem Französischen Jura) – 200 ml kräftige Hühnerbrühe (selbst gemacht) – 1 TL Shiitakepulver – etwas Macis – 200 g Sahne – 50 ml Arbois (Wein aus dem Französischen Jura) – Salz – etwas frisch geriebene Muskatnuss 1 Stück Baguette oder salzfreies Toskanisches Brot (siehe Seite 58)

Die Morcheln in 200 ml Wasser einweichen. Danach die Morcheln herausnehmen, das Einweichwasser durch einen Teefilter gießen, um gegebenenfalls Erde abzutrennen, und beiseitestellen. Champignons, Schalotte und Knoblauch fein würfeln und in der zerlassenen Butter anschwitzen.

Nach und nach mit dem Jura Tradition ablöschen und den Wein immer wieder verdampfen lassen, dann das Morcheleinweichwasser und die Hühnerbrühe angießen. Shiitakepulver und Macis zugeben. Ca. 30 Minuten köcheln, dann abseihen und das Gemüse warm halten.

Den Fond etwas reduzieren und Morcheln und Sahne untermengen. 10 Minuten ziehen lassen, eventuell reduzieren, den Arbois zugeben und leicht salzen. Mit etwas Butter montieren und zum Schluss mit frisch geriebener Muskatnuss abrunden.

Perfekt zum Beispiel zu gebratenen und danach fein geschnittenen saftigen Hähnchenbrüsten. Die warm gehaltenen Saucengemüse zu kleinen Nocken formen und separat servieren.

Wird diese Sauce während der Morchelsaison (März/April bis Juni) zubereitet, ist die fleischfreie Version nicht zu verachten: Frische, in Butter angebratene Morcheln und ebenso in Butter geschwenkter weißer Spargel reichen vollkommen.

Mit kräftigen Schlucken Jurawein hinunterspülen und mit dem Brot auch noch das letzte Tröpfchen Sauce aus dem Teller wischen und sich einverleiben.

Ein griechischer Scherzkeks

Oft werde ich gefragt, wie ich auf meine Experimente oder Rezeptideen komme. Hin und wieder ziemlich konventionell: Wie jeder besessene Küchenamateur verbinde ich Erfahrung mit Wissen um Reaktionsweisen, Aromen, Texturen und modifiziere mehr oder weniger Bekanntes. Doch manchmal geraten meine Gedanken auch auf abstruse (Ab-)Wege, wie zum Beispiel in diesem Fall. Seit mir vor Jahren das kaltlösliche und »scherverdünnende« Verdickungsmittel mit dem schönen Namen Xanthan unter die Augen gekommen ist, geistert mir eine kulinarische Reverenz an die griechische Tragödienkunst mit dem Titel »Xanthan und Xanthippe« im Kopf herum. Nun ist Xanthippe als kratzbürstige Ehefrau des Sokrates bekannt. Sie soll ihm sogar einmal den Inhalt eines gefüllten Nachttopfs über den Kopf gegossen haben. Das mag erschrecken, ist aber andererseits auch wieder beruhigend, zum einen weil man sieht, dass solche emotionalen Explosionen selbst in den intellektuellsten Philosophenfamilien vorkommen, und zum anderen, weil auch früher nicht grundsätzlich alles besser war.

Ein freihändig mit Xanthan umgehender Molekularkoch (der hin und wieder Unsinn im Kopf hat) kann durchaus auf die Idee kommen, den Namen Xanthippe in seine Elemente zu zerlegen: Xant und Hippe. Zugegeben, sehr konstruiert, aber Spaß muss sein, sprach einst schon Wallenstein. Also warum nicht ein auf griechischen Zutaten basierendes Dessert, serviert mit einer auf Xanthan basierenden Hippe? Passt schon, einer Hippe – hier nicht in der Bedeutung der Sense des Sensenmannes (wobei, vielleicht hat Xanthippe ja auch Sokrates ins Grab gebracht und der Schierlingsbecher ist nur Legende), sondern in der doppelten Bedeutung »alte Frau« und »krosses gerolltes Plätzchen« (eine Wahnsinnsbedeutungsüberlagerung, wenn man es genau bedenkt). Dieses vertrocknete Nichts kommt leicht zerbrechlich und etwas widerspenstig im Mund daher. Natürlich muss das Dessert mit der griechischen Kultur kompatibel sein, somit drängen sich griechischer Joghurt und der geharzte Wein, Retsina, als Hauptrollen auf. Der Joghurt wird mit

Xanthan vermählt, in Nebenrollen erscheinen griechische Komparsen: Maulbeeren, Korinthen und Feigen. Die Handlung läuft wie geschmiert mit Öl und Ouzo, für Spannung sorgt die Hippe. Damit die Hippe noch bitter-kratziger wird, aromatisiere ich im ersten Akt den Retsina über Nacht mit Rosmarinnadeln. Rosmarin weist ebenfalls verbitternde und harzige Terpennoten auf. Im zweiten Akt wird das knusprig-krachende Mundgefühl durch den beim Trocknen wieder partiell auskristallisierenden Zuckeralkohol verstärkt. Damit aber nicht genug. Kalamata-Oliven sind ein weiteres Aushängeschild der griechischen Esskultur und, verglichen mit Xanthippe, weit weniger störrisch. Sie fügen sich trotz ihrer fermentierten, bitteren Noten problemlos in ein Dessert ein, wenn sie mit wenig süßem Zucker, Isomalt, verknuspert werden. Der Krach im Mund – dritter Akt, Peripetie – ist damit perfekt. Auch wenn dieser im vierten wieder durch den sanften, fettigen Joghurt kräftig geschlichtet und durch die gezuckerten Knusperoliven zu guter Letzt versüßt wird. Applaus. Hier die Regieanweisungen im Einzelnen:

XANTHAN UND XANTHIPPE

Für den Xanthanjoghurt:
8 getrocknete Maulbeeren (aus dem Bioladen)
12 getrocknete Korinthen – ca. 20 ml Retsina – 4 frische Feigen
100 ml griechisches Olivenöl (nicht zu mild)
200 g griechischer Joghurt – 2 cl Ouzo – 1,5 g Xanthan

Maulbeeren und Korinthen über Nacht im Retsina marinieren lassen. Die Feigen waschen, trocken tupfen, vierteln und in dem Olivenöl ca. 30 Minuten marinieren. Den Joghurt mit Ouzo und Xanthan cremig rühren und in einen Sahnespender geben. Mit einer Stickstoffpatrone begasen.

Für Xanthippe:
100 ml Retsina – 20 frische ganze Rosmarinnadeln
10 g Erythritol (Zuckeralkohol)
1 g Xanthan – 10 frische Rosmarinnadeln,
sehr klein geschnitten

Den Wein mit den Rosmarinnadeln vakuumieren, über Nacht bei Zimmertemperatur ziehen lassen, danach filtern. Erythritol im Wein lösen, dann Xanthan und die klein geschnittenen frischen Rosmarinnadeln einrühren, bis das Xanthan vollständig gelöst ist und eine Verdickung eingesetzt hat. Auf einer Backmatte ausstreichen und im Ofen bei 40–45 °C Heißluft oder im Dehydrator knusprig trocknen. Danach in nicht zu kleine, unregelmäßige Stücke brechen und trocken aufbewahren.

Für den Olivenknusper:
10 schwarze Kalamata-Oliven – 80 g Isomalt

Die Oliven entsteinen und vierteln. Die Olivenviertel im Ofen bei 50 °C ca. 2 Stunden gut trocknen. Das Isomalt in einer Pfanne schmelzen und die getrockneten Oliven mit dem Zucker überziehen. Auf eine Backmatte geben und auskühlen lassen.

Einen Teil des Joghurts in tiefe Schälchen sprühen. Die Früchte darauflegen und nochmals eine Lage Joghurt darübersprühen, bis die Früchte versunken sind. Die kandierten Oliven darauf geben und 1–2 Xanthippen in den Joghurt stecken. Ein paar Tropfen des Olivenöls von den Feigen auf den Joghurt träufeln.

Dazu darf es gern, je nach Präferenz, einen Schluck Ouzo oder einen Schluck Retsina oder einen Espresso geben.

Französisches Studentenfutter

Manchmal sind es Kleinigkeiten, die das Herz erfreuen. Wahrscheinlich habe ich meine Vorliebe zu Studentenfutter noch nicht gestanden. Nüsse, Mandeln, Rosinen, Trockenobst – diese geschmacklichen, aromatischen und texturellen Komponenten im Mund – einfach köstlich. Dennoch esse ich es nie. Ich weiß einfach leider nicht, wann, denn ich esse nie zwischendurch. Mittag- und Abendessen. Das reicht. Und für den Apéro ist mir die Mischung zu süß. Also gibt es keinen richtigen Platz in meinem Leben für Studentenfutter.

Als ich aber vor Kurzem »Studentenfutter – gesalzen« entdeckte, konnte ich nicht widerstehen und kaufte es, in der Hoffnung, es wäre aperitiftauglich. Denn Nüsse, Mandeln und dergleichen (ohne Rosinen und süße Trockenfrüchte) stehen täglich beim Abendessen auf dem Speiseplan. Zum Apéro, gemäß der französischen Tradition, der man in jedem Bistro in jedem Dorf, in jeder Stadt, begegnet: Egal, ob man dort einen kleinen Pastis, Wermut oder das Miniglas Wein nimmt – es wird meist eine Handvoll Nüsse gereicht. So einfach das klingt, so kulinarisch durchdacht ist es: Zum einen gibt es nie Alkohol ohne etwas zu essen; planloses Trinken ist eher selten. Und zum anderen fügen sich Nüsse auch geschmacklich und aromatisch in die meisten Apéros gut ein: Ihre leichten Röstnoten harmonieren mit den malzigen und röstigen Noten vieler Biere, ihr Fett nimmt dem alkoholreichen Modeapéro Whisky die trigeminale Schärfe. Süßsalzige, in Richtung »Studentenfutter« gehende Kombinationen aus salzigen Erdnüssen mit Rosinen werden in Marseille zum Anis-kräuterdominierten (und natürlich mit Wasser verdünnten) Pastis und seinen Ableitungen, dem weißen Mauresque (mit etwas Mandelsirup), dem grünlich schimmernden Perroquet (mit Minzsirup) oder dem rötlichen Tomate (mit Granatapfelsirup) gereicht. Solche Geschichten verinnerliche ich gern, nicht zuletzt, weil ich so jeden Tag ein wenig in »La France« bin. Leider ist mir aber selbst die salzige Version des Studentenfutters einen Hauch zu süß und damit für meinen persönlichen Geschmack Apéro-untauglich.

Was tun? Das Geschmacks- und Aromagedächtnis rattert nicht lang und spuckt mir – schließlich bin ich im Geiste ja gerade in Frankreich – flugs die Vokabel »Roquefort« ins imaginäre Display. Kurz getestet: Ein Stückchen Roquefort zusammen mit etwas gesalzenem Studentenfutter in den Mund geschoben. Daraus entsteht der nächste Käsegang! Schließlich wird der salzig und umami schmeckende Roquefort in der französischen Klassik oft mit einem Gläschen edelsüßen Sauternes angeboten. Für meinen Käsegang möchte ich noch etwas Cremiges. Quark wäre die Vorstufe zum Käse und warum nicht. Fruchtige Säure fehlt noch. Konfitüren sind zu süß, aber es steht noch ein angebrochenes Glas Hagebuttenmark im Kühlschrank. Nicht zu süß, feine Säure, wunderbare Fruchtnoten. Sollte passen. Damit das Studentenfutter nicht auf den Tellern herumfliegt, gibt es einen Physikertrick. Wozu forscht man schließlich aktiv an solchen Themen? Ich binde es mit einer leicht schmelzenden und aromatisch passenden Fettlegierung, einer Mischung aus Kakaobutter (mit leichten Kakaoröstnoten) und Walnussöl (für die nussigen Töne). Sie hält das Studentenfutter zusammen, schmilzt im Mund rasch auf und unterstützt zugleich Nüsse, Rosinen und Roquefort aromatisch. Das daraus entstehende Tartelettebödchen zeigt klar in Richtung Mürbeteig – ganz ohne Mehl. Irgendetwas fehlt noch. Vielleicht ein Hauch Schwefel? Ich probiere es mit rohem Rotkohl. Klingt abenteuerlich, aber warum nicht? Noch schnell in den Keller und einen Eiswein, Sauternes, Beaumes-de-Venise oder eine vendange tardive des Gewürztraminers aus dem Elsass kalt gestellt. Dann ist der Käsegang perfekt. Jetzt weiß ich endlich, wie sich meine Jugendliebe Studentenfutter ab und an in meinen Essensplan integrieren lässt.

TARTELETTE DE ROQUEFORT À L'ALIMENTATION SALÉE DES ÉTUDIANTS

100 g Studentenfutter (gesalzen) – 50–80 g Kakaobutter
20 ml Walnussöl – 50 g streichfähiger Quark
(wenn möglich aus Schafmilch, wegen des Roqueforts)
1 EL sehr fein geschnittener Rotkohl
1–2 TL Hägenmark (Hagebuttenmark, z. B. aus Bad Boll;
im Internet oder im gut sortierten Feinkostladen)
160–200 g Roquefort

Das Studentenfutter mit einem Stabmixer oder Blitzhacker grob zertrümmern. Mithilfe von Dessertringen eine dünne Lage auf eine Backmatte streuen. Die Kakaobutter auf 60 °C erwärmen, die flüssige Butter mit dem Walnussöl vermengen und gleichmäßig über das Studentenfutter gießen, sodass alle Zwischenräume gefüllt sind. Diese Tarteletteböden vollständig abkühlen lassen. Vor dem Servieren einen edelsüßen Wein (Sauternes, Eiswein o. Ä.) einschenken, die Tartelettes dünn mit Quark bestreichen und die Rotkohlschnipsel daraufstreuen. Mit einer Spritze oder einem Spritzbeutel mit schmaler Tülle ein paar Punkte des Hägenmarks auf jede Tartelette setzen. Den Roquefort nicht zu knapp auf die Tartelettes bröckeln.

Alle Jahreszeiten wieder

Bärlauch, der erste Frühlingsstar

Im Frühling leuchtet es im Wald und auf den Marktständen oft wunderbar grün, und beim Näherkommen duftet es sehr intensiv nach Bärlauch. Die frischen grünen Blätter geben ihren Duft verschwenderisch an die Umgebung ab. Schön für den Markt- und Spaziergänger – allerdings fatal in der Küche. Der zarte Bärlauch ist empfindlich, er scheut die Hitze wie der Teufel das Weihwasser und viele seiner sehr flüchtigen Aromen gehen aus den fragilen Pflanzenzellen der dünnen Blätter flöten. Manche reagieren chemisch unter Sauerstoffeinwirkung: Sie oxidieren und »rosten« bei der geringsten Hitzeeinwirkung direkt vor der Nase weg. Daher müssen wir sein Aroma vor solchen Irrwegen schützen – wir brauchen Konservierungsmittel. Zum Glück gibt es ein ganz einfaches: Öl. »Rosten« ist tatsächlich das Stichwort. So wie Eisen eingeölt wird, halte ich es mit dem Bärlauch. Die Schwefelkohlenwasserstoffe, die wir vom Duft des Knoblauchs und anderer Lauchgewächse kennen und die verantwortlich sind für den typischen Bärlauchduft, sind sehr gut fett- und öllöslich.

Das bringt mich auf die Idee, den Bärlauch kalt mit geschmacksneutralem und farbschwachem Öl, etwa Traubenkernöl, oder nur schwach aromatischem Sonnenblumenöl zu bedecken und mit dem Stabmixer zu zerkleinern, den ich dabei tief in das Öl versenke, sodass keine Luft eingezogen wird. Die Messer brechen die feinen Pflanzenzellen des Bärlauchs auf und legen die ätherischen Öle, darunter eben jene leicht oxidierbaren und hoch flüchtigen schwefelhaltigen Moleküle, aus den Speicherräumen der Zellen, den Vakuolen, frei. Da diese aber beim Mixen von reichlich Öl umgeben sind, sind sie dem Luftsauerstoff nicht zugänglich und oxidieren nicht bzw. kaum. Das Bärlauch-Öl-Gemisch lasse ich ein paar Stunden stehen, damit sich möglichst viele der Duftstoffe lösen und dem Öl den typisch frischen Bärlauchduft übertragen, der sich über längere Zeit darin konserviert. Gleichzeitig löst sich das Chlorophyll der Blätter im Fett und färbt das Öl leuchtend grün. Auch das ist ein Vorteil des Nichterhitzens: Das Bärlauchöl wird nicht grau.

Ein Blanchieren vor dem Mixen lohnt sich aus diesem Grund hier nicht und wäre wegen der Hitzeempfindlichkeit eher kontraproduktiv. Nach ein paar Stunden kann die Bärlauchemulsion durch ein feines Sieb von den Blätterfitzelchen getrennt werden. Das Wasser aus den Zellen setzt sich unten ab. Findige Molekulargastronomen zentrifugieren es ab oder geben die Emulsion in einen Scheidetrichter, um nur das grüne Öl zu gewinnen. In der normalen Küche sind solche Tricks reine Protzerei, daher lasse ich zu Hause den Aufwand bleiben. Maximal hänge ich das Öl in einem papiernen Teefilter über ein Gefäß, damit es etwas klarer wird. Das leuchtend grüne Öl gibt nun sein Aroma nicht nur in Spuren an alle Gemüsesalate und Pastagerichte ab. Es dient sogar als Grundlage für außergewöhnliche Käsegänge, wie das Rezept auf der rechten Seite beweist.

Der ölige Bärlauchtrester im Sieb ist selbstredend viel zu schade zum Wegwerfen: mit Nüssen, Zedernkernen, Pinienkernen und etwas Parmesan eignet er sich immer noch hervorragend für ein mildes Bärlauchpesto. Wer's gern heftiger mag, probiert das Bärlauch-Öl-Gemisch mit Olivenöl und Roquefort, dann geht es auf der Zunge richtig ab. Wer sich statt Pinienkernen Walnüsse antut, ist ein wirklich harter, trigeminaler Hund. Und wer sich dazu verleiten lassen kann, seinen bayrisch zerdrückten und mit Quark und (Sauer-)Rahm vermengten Camembert, genannt Obatzda (»angebatzter« auf Hochdeutsch), mit diesem Bärlauchtrester zu kredenzen, liegt nicht verkehrt. Denn, welch Glück, die Brezen und ein Glas Helles passen immer noch dazu. (Schließlich fließen 50 % bayrisches Blut durch meine Adern.)

GRUNDREZEPT: BÄRLAUCHÖL

2 Bund Bärlauch – 200 ml Traubenkernöl

Den Bärlauch nicht waschen (wegen des Aromaverlusts), grob schneiden und in einem schmalen Behältnis mit Öl bedecken. Den Stabmixer vollständig ins Öl versenken und in dieser Position gut mixen, ohne Luft einzuschlagen. Über Nacht im Kühlschrank ziehen lassen. Anderntags über einem feinen Sieb abgießen, gut abtropfen lassen und das Öl auffangen.

Den Bärlauchtrester aufbewahren (etwa für ein Pesto).

KÄSEGANG MIT ZIEGENFRISCHKÄSE UND CAMEMBERT

16 EL Bärlauchöl – Ziegenfrischkäse
1 kleiner reifer Camembert – 1 EL Buchweizensamen, trocken geröstet
1 Baguette

Das Bärlauchöl in die Mitte kleiner tiefer Teller geben. Den Ziegenfrischkäse zerbröckeln, den Camembert in Achtel schneiden und beides auf das Öl setzen. Auf die Käse noch etwas Öl träufeln. Die gerösteten Buchweizensamen dekorativ auf dem Käse und im Öl verteilen.

Das Baguette dient vor allem dazu, auch den letzten Tropfen des köstlichen Öls aus dem Teller zu wischen.

Radieschen – von der Wurzel bis zum Blatt

Mitte und Ende der Neunzigerjahre war es mir vergönnt, für zwei Jahre in Straßburg zu arbeiten. Diese Zeit war, ganz abgesehen von der spannenden Wissenschaft, die Gelegenheit, viele der kleinen, versteckten Märkte in der europäischen Hauptstadt zu entdecken. An einem winzigen Erzeugermarkt blieb ich hängen. Dort gibt es bis heute wunderbares, handverlesenes Gemüse von einer kleinen Erzeugerin, die trotz ihres mittlerweile hohen Alters in Begleitung von Schinkenbaguette essenden Enkeln jeden Samstag ihr Gemüse anbietet. Als ich damals im Frühjahr bei ihr die ersten eigenen Radieschen kaufte, meinte sie mit einem verschmitzten Lächeln: »Vous pouvez manger le vert, bien sûr, les feuilles aussi«, und schickte auf meinen fragenden Blick eine Erklärung hinterher: »Cru, dans la salade, ou comme les épinards.« Das war mir völlig neu, dass man Radieschenblätter roh im Salat oder wie Spinat zubereitet essen kann.

Aber die Saat ging in mir auf, lange vor dem gerade modischen Trend »from root to leaf«, denn was den Bauern Recht ist, kann mir nur Pflicht sein. Also gibt es immer auch das Grüne, sei es von Radieschen, Rettichen, Beten, Rübchen, Möhren, Pastinaken oder Petersilienwurzeln. (Bei Kartoffeln, Tomaten und Rhabarber ist es hingegen vernünftig, die Finger davon zu lassen. Aber das weiß ja jedes Kind.)

Bei den ersten Versuchen, Radieschenblätter gemäß der Empfehlung wie Spinat oder im Salat einzusetzen, ist es mit fortschreitender Kulinaristik natürlich längst nicht geblieben. Dennoch möchte ich, der sympathischen Bäuerin zu Ehren, hier einen »Rahmspinat« aus Radieschenblättern zaubern. Auch den jungen, Schinkenbaguette essenden Helferinnen und Helfern sei zum Dank für ihre treue Marktfestigkeit mit einem Röllchen rohen Schinkens Ehre gezollt. Der muss nicht unbedingt aus den Vogesen stammen, sondern darf gern ein »Mainzer Brett« sein. Ich bin ja auf allen Märkten zu Hause.

»RAHMSPINAT« AUS RADIESCHENBLÄTTERN MIT SPARGEL

Für den Rahm:
2 Bund Radieschengrün – 50 ml Sahne – 50 ml Hühnerfond
4 Knoblauchzehen – 200 g Quark – Salz

Für den Spargel:
8 Stangen weißer Spargel – etwas Gänseschmalz
2 EL knusprig gebratene und getrocknete Hühnerhaut
(pulverisiert, aus der eigenen Vorratskammer)

Zum Garnieren:
4 Radieschen, geviertelt
4 Scheiben roher Schinken (Mainzer Brett)

Die grünen Blätter der Radieschen abschneiden, säubern, in Streifen schneiden, gut waschen und in einer Salatschleuder trocken schleudern. Sahne und Fond um ein Drittel reduzieren. Den Knoblauch schälen, fein schneiden und in die Sahne-Fond-Reduktion geben.

Die Radieschenblätter zugeben und weich kochen, anschließend in einem Mixer sehr fein pürieren, dabei den Quark zufügen und nochmals sehr glatt pürieren. Lediglich mit Salz abschmecken.

Den Spargel schälen, in 2 cm lange Stücke schneiden. Das Schmalz in einem kleinen Topf zerlassen, die Hitze sehr hoch stellen und die Spargelstücke sowie 1 Prise Salz hineingeben. 1–2 Minuten anbraten, vom Herd nehmen und bei geschlossenem Deckel nachziehen lassen.

Kurz vor dem Servieren eventuell vorhandene Flüssigkeit im Spargeltöpfchen verdampfen lassen und die Spargelstücke in dem knusprigen Pulver aus Hühnerhaut wälzen.

Die Rahmradieschen in tiefen Tellern anrichten, die Spargelstücke darauflegen und mit den rohen Radieschenvierteln die Herkunft des Grüns zitieren.

Mit einer Scheibe gerolltem rohen Schinken dekorieren.

Waldmeister oder warum ich im Mai an Weihnachten denke

Jährlich im Advent grüßt ein Murmeltier namens Cumarin. Allüberall heißt es dann wieder, man möge nicht so viele Spekulatius, Zimtsterne oder Lebkuchen essen, denn da stecke, sofern der billige Cassiazimt verwendet wurde, das Lebergift Cumarin drin. Immer klingt es, als seien unmittelbarer Leberkrebs und zerebraler Untergang die sichere Folge. Auch hier plädiere ich für eine ordentliche Portion Skepsis gegenüber Unkenrufen aus der molekülfreien Welt. Allzu oft wird von manchen Angstmachern, denen die Fähigkeit zu relativieren abgeht, aus der Möglichkeit eine Tatsache gemacht (siehe Acrylamid, Seite 275).

Diese Dezember-Diskussionen kommen mir jedes Jahr im Mai in den Sinn, nämlich angesichts der ersten Bünde Waldmeister auf dem Wochenmarkt. Waldmeister, das wunderbare Kraut, strotzt nur so vor Cumarin – wie übrigens auch das neue Modegewürz Tonkabohne, das in Frankreich schon seit Jahrzenten die Patisserie aufmotzt. Apropos Frankreich: Im Advent 2017 führte ich ein längeres Telefonat mit meinem Kollegen und Freund Hervé This, seines Zeichens Molekulargastronom. Er fragte mich in der Tat, ob die Deutschen wirklich so viel Angst vor Lebkuchen und Cumarin hätten. Er verstehe das nicht, in La France sei das kein Thema. Sein Unverständnis war mir sehr verständlich, denn schon Obelix war sich sicher, »dass man vom Essen nicht krank wird«.

Doch wenigstens im Wonnemonat hört man, wie gesagt, auch in Deutschland keinen Ton über Cumarin, dabei ist der Cumaringehalt von Waldmeister (oder Tonkabohnen) ungleich höher als in einem Spekulatius. Trotzdem müsste man kübelweise Waldmeisteraufgüsse trinken, um sich ernsthaft in Gefahr zu bringen. Wer Cumarin nicht ständig und in absurd hohen Mengen verzehrt, braucht keine Angst vor bösen Folgen zu haben. Umso besser. Widmen wir uns also ganz ungestört von Unkenrufen den kulinarischen Aspekten dieses Moleküls (das nebenbei bemerkt auch in vielen Parfüms steckt). Im Waldmeister liegt Cumarin

Das Kleinstportionentöpfchen:
zum Schmoren, Glacieren und Regenerieren auf kleinstem Raum.

als Glykosid vor, es ist also an einen Zucker gebunden, von dem es erst abgespalten werden muss. Dafür sorgen Enzyme, die in der Zellwand verankert sind. Durch Schneiden, Erwärmen oder das berühmte Welken werden sie frei und beginnen ihre katalytische Arbeit. Erst dann duftet das Kraut so, wie wir es mögen: süßlich-würzig, nach Heu und ein wenig nach Nelken und Vanille. Das Welken kann übrigens ratzfatz in der Mikrowelle geschehen. Es reicht, das ganze Bund 10 Sekunden (800-W-Stufe) zu erhitzen, um ein paar Zellen zu knacken und die Enzyme freizulassen.

Da sich der Duftstoff Cumarin vorzüglich in Alkohol und Fett löst, liegt es nahe, ihn zum Aromatisieren von alkoholischen Getränken wie Bowle und Berliner Weiße oder auch von feinen Ölen einzusetzen. So ergeben mit Waldmeister aromatisiertes Oliven- oder Haselnussöl feine »Dessertöle«, mit denen sich Nachspeisen auf Schokoladenbasis (zum Beispiel Mousse) und mit Früchten hervorragend abrunden lassen.

Ich bastle mir oft einen Sirup aus selbst gemachtem Invertzucker und fange die Aromen des Waldmeisters in der hochviskosen Zuckerlösung osmotisch ein. Der Sirup passt nicht nur zu Desserts, sondern macht sich als finale leichte und aromatische Flüssigsüße besonders bei Schweinefleischpräparationen sehr gut. Aber auch als Kraut in salzigen und herzhaften Zubereitungen funktioniert der Waldmeister meisterlich – höchste Zeit, dass er in der Küche Einzug hält! Und was macht man dies- und jenseits des Mai? Statt in den Wald zu gehen, greift man ins Gewürzregal beim Buchstaben T – T wie Tonkabohne.

WALDMEISTERHÄHNCHEN AUF SPARGEL

2 Hähnchenbrüste
1 Bund Waldmeister (leicht in der Mikrowelle angewelkt)
2 EL Quark – Salz – 400 g Spargel – 500 ml heller Hühnerfond
1–2 gehäufte EL Butter + etwas zum Dünsten
Weißer Pfeffer, gemörsert
1 Zweig Estragon – Nussbutter zum Braten
Etwas getrocknete Bergamottezitrone (siehe Seite 161)

Die Hähnchenbrüste parieren und eine Tasche hineinschneiden. Den Waldmeister hacken und mit dem Quark vermengen, leicht salzen und die Hähnchenbrüste damit füllen.

Den Spargel schälen und in ein feuchtes Tuch einwickeln. Den Hühnerfond mit den Spargelschalen auf 100 ml reduzieren und passieren. Den Spargel in etwas Butter bei schwacher Hitze in einer Pfanne dünsten. Nach und nach den reduzierten Hühner-Spargel-Fond angießen und unter Rühren garen. Die Stangen sollten noch Biss haben. Den gemörserten Pfeffer einstreuen. Vom Herd ziehen und die Estragonblätter unterheben. Jetzt die Hähnchenbrüste in der Nussbutter auf beiden Seiten braten und nachziehen lassen.

Vor dem Servieren den Spargel leicht erwärmen und 1 oder 2 EL Butter unterheben, bis eine sämige Sauce entsteht. Das Spargelgemüse auf Tellern anrichten und die Hähnchenbrüste daraufsetzen. Die Bergamottezitrone kräftig über den Tellern abreiben und servieren.

Erdbeeren am Gastronautenhimmel

Meine Passion und Geduld für trickreiche Patisserie sind nicht besonders ausgeprägt, das ist spätestens jetzt auf dieser Seite des Buches mehr als deutlich. Vielleicht weil ich nicht groß zur zuckerbetonten Nascherei neige. Darum ist mir der Sommer am liebsten, denn Markt und Garten geben vieles her, was kaum nach Veränderung ruft.

Erdbeeren liebe ich besonders. Ich weiß nicht genau, wie viele Sorten Erdbeeren es gibt, aber ich kann die Vielfalt schmecken, von Mai bis September, von Nord nach Süd, von Ost nach West. Die Bezeichnung »frische Erdbeeren«, mit der sich die Bauern auf deutschen Märkten begnügen, ist leider schlicht unangebracht – ebenso wie auf der anderen Seite der Hype um bestimmte Sorten wie zum Beispiel Mieze Schindler. Als gäbe es nicht eine große Vielfalt an wohlschmeckenden Sorten! Ich probiere mich in den Erdbeermonaten durch verschiedene (leider meist namenlose) Sorten auf dem Mainzer Wochenmarkt hindurch. Und kaufe natürlich bei jeder Gelegenheit auf französischen Märkten, wo (ähnlich wie in Italien und Spanien) die verschiedenen Erdbeersorten explizit genannt sind. Das ist ein großer Vorteil, denn Geschmack, Aromen und Textur werden zusammen mit dem Namen auf die sensorischen Festplatten in meinem kulinarischen Gedächtnis gebrannt und können bei Bedarf wieder abgerufen werden.

Mit Erdbeeren kann man – abgesehen natürlich von ihrem puren Genuss – durchaus mehr anfangen als sie mit Schlagsahne und Zucker zu erschlagen oder sie mit einer Art Schnaps zu übergießen. Sie bestechen durch ein vielfältiges und komplexes Aromaspektrum, duften nach Blumen, vor allem nach Rosen, aber auch würzig und sogar röstig und fügen sich – je nach Säureanteil – gut in herzhafte Salate ein, weit über Allerweltskombinationen wie Erdbeeren mit Balsamico oder Erdbeeren mit Spargel hinaus. Klassiker sind sie im Dessert, aber auch hier bieten sie viele Kombinationsmöglichkeiten abseits des Üblichen und laden ein zum Experimentieren. Hier ein paar Ideen:

Über ihre süßlichen, harzig-würzigen und die Zitrusdüfte lassen sie sich in Cremes auf Craft-Beer-Basis (Pale Ales) einsetzen. Sind sie sehr süß, kann man sie in Desserts sogar mit geräucherten Elementen kombinieren. Feste, knackige Erdbeeren kann man in der Tat auch kalt räuchern (Räuchermehl und Korianderkörner mit dem Flammenwerfer im Wok, respektive Räuchertopf (siehe Seite 278), anzünden, etwas glimmen lassen, die Grillschale mit Erdbeeren reinstellen und mit dem Deckel verschließen, 30 Minuten darin stehen lassen), dann sind sie in Verbindung mit Joghurt (und sonst nichts) kleine Sensationsbömbchen. Die Früchte lassen sich außerdem sehr gut mit den meisten harzig und nach Zitrus duftenden Pfeffern kombinieren. Ihre Süße und die fruchtigen Aromen bieten in Kombination mit der Schärfe der Pfeffer eine spannende Erweiterung der Erdbeersensorik. Was den Beeren komplett fehlt, sind bittere und Umami-Noten, doch auch dem lässt sich abhelfen, etwa durch eine frisch und roh geraspelte junge Sellerieknolle oder Stangensellerie. Ein Erdbeersalat mit Liebstöckel ist schlicht genial. Erdbeeren mit Röstzwiebeln und Quark klingt völlig abstrus, aber die Grenzen des kulinarischen Universums sind ferner als wir glauben. Und wer jemals Erdbeeren mit einem Löffel kaltem, klassischem Dashi (Kombualge und Bonitoflocken) angerührt hat, weiß, wohin die Reise gehen kann. Dazu eignen sich vor allem Sorten mit starkem Walderdbeeraroma, etwa die Mara de Bois, wie diese Züchtung in Frankreich benannt wird.

Nach einem leichten Frühsommermahl kommt bei mir zum Menüabschluss öfter das folgende Dessert mit frischen Erdbeeren vom Markt auf den Tisch, ganz ohne zusätzlichen Zucker, dafür mit eingebautem Hauch eines Digestifs.

EINGEÖLTER BEERENSALAT

200 g Erdbeeren – 100 g Himbeeren – 100 g Brombeeren
2 cl Grand Marnier (Orangenlikör oder
Orangenbitter des Typs Campari)
½ Bund Dill – 4 EL Olivenöl
Etwas Dill und Liebstöckel

Die Erdbeeren waschen, halbieren und zusammen mit den anderen Beeren in eine Schüssel geben. Mit dem Grand Marnier benetzen, dabei immer wieder umrühren. Den Dill waschen, trocken tupfen, die Dillspitzen abzupfen und unter die Erdbeeren heben. Das Olivenöl untermengen und 20–30 Minuten ziehen lassen. Mit den Liebstöckelblättern garnieren.

Wer es bitterer mag, kann statt Grand Marnier Orangenbitter nehmen. Mit dem Olivenöl und den würzigen, balsamischen Zitrusnoten des Dills eine tolle Sache!

Und wer den Erdbeercharakter mehr betonen möchte, schneidet die Erdbeeren in Viertel und verlängert damit die Aromafreigabe aus den Erdbeeren während des oralen Prozessierens. Man glaubt es kaum, aber der Effekt ist ein ganz anderer!

Einkochen mit Belohnung

Tomaten gibt es im Supermarkt zwar das ganze Jahr über, aber sie schmecken nicht, zumindest nicht von November bis Juni. Was dort manchmal als Tomaten angeboten wird, hat in meiner Küche wenig Daseinsberechtigung. Für mich gehört es zum Jahresablauf dazu, heimische, reife Tomaten der Saison als Coulis, also »flüssige Tomate«, einzumachen. So hat man für das ganze Jahr einen Vorrat, denn die Coulis ist eine perfekte Schmorgrundlage, Ausgangsbasis für Tomatensaucen, -suppen oder selbst gemachten Ketchup (siehe Seite 122). Die reifen Tomaten sind zuckersüß, haben reichlich freies Glutamat (umami) in der Schale und eine feine, fast obstige Säure. Geschmack, was brauchst du mehr? Zwar verändern sich beim Einkochen die Aromen, die leicht flüchtigen, grasigen Aromen verabschieden sich, es kommen schweflige gekochte Aromen hinzu, aber alle Geschmackskomponenten bleiben beim Einkochen erhalten, und genau darauf kommt es mir an. Je nach Wahl der Tomatensorte und -farbe lassen sich natürlich unterschiedliche Coulis herstellen, also nehme ich gern für ein paar Gläser auch mal gelbe Tomaten und exotische Sorten wie die grün schimmernde Zebra. Auch das Experimentieren mit Ochsenherzen lohnt sich. Diese Sorte hat deutlich weniger Wasser und liefert schon beim Rohpürieren eine cremigere Konsistenz, die sich über das Einkochen noch verstärken lässt. Je nach Lust und Laune könnte man natürlich die Coulis mit Salz, Zucker oder Kräutern abschmecken oder würzen, was allerdings den Einsatz einschränkt. Ich finde es daher praktischer, die Würzung nach dem Öffnen der Gläser, je nach kulinarischem Ziel, vorzunehmen.

Das Verfahren selbst ist überhaupt nicht schwierig, sogar ganze reife Tomaten aller Sorten einzumachen, ist kein Problem, und die Arbeit lohnt sich. Das Einzige, was man dafür benötigt, ist ein Mixer, ein Passiersieb und gut schließende Schraubgläser, am besten in verschiedenen Größen.

GRUNDREZEPT: TOMATENCOULIS

Reife Tomaten (Menge je nach Lust & Laune und geschätztem Jahresverbrauch)

Passiersieb – Schraubgläser

Die reifen Tomaten waschen, vierteln und den Stielansatz herausschneiden. Mit Haut und Kernen in einem Mixer nach und nach pürieren und durch das Passiersieb streichen.

Die Flüssigkeit in einen Topf geben, aufkochen und unter Rühren etwas reduzieren, bis die Tomatenflüssigkeit tiefrot erscheint. Dabei gegebenenfalls immer wieder abschäumen. Währenddessen eine entsprechende Anzahl von Schraubgläsern sowie die Deckel im Backofen auf ca. 120 °C für ca. 15 Minuten erwärmen (sterilisieren). Die heiße Tomatencoulis in die heißen Gläser füllen, diese fest verschrauben und abkühlen lassen. Die häufig in Kochbüchern zu lesende Aufforderung, man möge die Gläser nach dem Einfüllen auf den Kopf stellen, kann man bei intakten und sterilen Schraubgläsern getrost vergessen.

Und falls man sich beim Jahresverbrauch verschätzt hat – kein Problem, die eingekochten Tomaten halten sich mehrere Jahre.

Tipp: Haut und Kerne sowie alle anderen Rückstände nicht wegwerfen, sondern aufbewahren. Sie lassen sich in Broten und Brötchen verbacken oder dienen als Verstärker bei Saucen. Oder man friert sie ganz avantgardistisch in einem Pacojetbehälter über Nacht ein, pacossiert sie dann zu einem Brei und verwendet sie entweder für Saucen oder verrührt sie mit etwas Olivenöl (besser noch: Tomatenkernöl) zu einer Paste und streicht sie aufs Röstbrot (siehe Pa amb tomàquet, Seite 345). Auch getrocknet und zu einem Tomatenpulvergewürz gehäckselt wird daraus eine kleine Sensation.

Zur Belohnung für die ganze Arbeit probieren wir anschließend noch das folgende Tomatenbonbon:

TOMATENBONBON

100 g Tomatencoulis – ½ TL Salz – 30 g Zucker
20 g Isomalt – 20 g Butter

Die Tomatencoulis salzen und auf die Hälfte reduzieren. Zucker, Isomalt und Butter unter Rühren karamellisieren, bis eine hellbraune Färbung erreicht ist, dann die reduzierte Tomatencoulis zugeben, aufkochen und eine Erstarrungsprobe auf einem kalten Teller durchführen. Wird die Konsistenz zähflüssig, rasch die Masse auf einer Silikonbackmatte ausstreichen und vor dem Erstarren in Stücke schneiden.

Die Einsatzmöglichkeiten dieser herzhaften Bonbons reichen vom Vorspeisenelement bis hin zur Dessertkomponente. Sehr gut eignen sie sich auch als Beigaben zu einfachen Käsetellern, besonders wenn lang gereifte, alte Käse gereicht werden.

Gemüsearoma 4.0

Es ist nicht so, dass ich den fleißigen Regen- und Kompostwürmern in meinem Komposter nichts Gutes gönnen würde ... aber manchmal ist es mir doch zu viel, vor allem im Sommer, zur besten Gemüsezeit. So muss man ja zum Beispiel Erbsen, diese frischen Hülsenfrüchte mit ihren feinen hellgrünen Kullern (von denen gefühlt die Hälfte beim Palen auf den Boden kugeln), kiloweise einkaufen, um eine Ausbeute im Grammbereich zu bekommen. Der große Rest, all die Schalen, landet auf dem Kompost. Den Würmern zum Fraß. So etwas lässt mir keine Ruhe und so habe ich während des Aushülsens immer wieder von den Schalen probiert. Was soll ich sagen: das volle Erbsenaroma, etwas Säure, ein wenig Adstringenz und ein leicht bitterer Geschmack auf der Zunge. Viel zu schade, um sie wegzuwerfen! Jedenfalls, bevor nicht alles aus den Schalen extrahiert wurde. Genau das tue ich seitdem.

Die leeren Hülsen werden gewaschen und im Gewichtsverhältnis 1:1 mit mineralarmem Wasser mithilfe eines Kammervakuumierers in einem Vakuumkochbeutel eingeschweißt. So haben die Aromastoffe eine Barriere vor sich und können nicht entweichen. In einem Dampfgarer sollten die Schalen 10–12 Stunden bei 82–84 °C garen, also etwas unterhalb der vollständigen Zellerweichung, aber hoch genug für die Extraktion der Aromen und Geschmacksstoffe aus den Pflanzenzellen. Danach etwas abkühlen lassen, den Beutel aufschneiden, die Schalenessenz auffangen und filtern. Diese leicht grünliche, aber transparente Essenz übertrifft vieles, was unter dem Begriff Gemüsefond bekannt ist. Sie enthält einen Großteil der grünen und erdigen Aromen (dank Vakuum) sowie alle wasserlöslichen und damit geschmacksrelevanten Bestandteile: die Salze der Schale, die Bitterstoffe, die Zucker und sogar etwas umami über die Zellproteine, die bei dieser Temperatur und der langen Kochzeit hydrolisieren. Egal ob als flüssige Komponente gereicht, als erbsige Ergänzung für einen Gemüsefond oder als Pochiermedium für Hähnchen und Fisch – besser geht es kaum.

Und das Beste daran ist: Diese Methode lässt sich für viele andere Gemüse(reste) verallgemeinern: Sie funktioniert mit gebürsteten Sellerie- oder Möhrenschalen, Blättern und harten Schalen vom Kohlrabi und so weiter. Nutzt man die gewonnene Essenz, um darin Gemüse zu garen, so gibt es im Prinzip zwei Möglichkeiten: Natürlich kann man ein Gemüse ganz puristisch in seiner eigenen Essenz garen, also Erbsen in Erbsenschalenessenz, Möhren in Möhrenresteessenz usw. In diesem Fall intensivieren sich das jeweilige Gemüsearoma und der -geschmack. Man kann aber auch aromaschwache Gemüse wie beispielsweise Zucchini durch ein wenig zusätzliches grünes Gemüsearoma aufwerten (siehe Rezept unten). Sinnvoll ist es in jedem Fall, die Essenzen selbst jeweils »pur« herzustellen (also keine Mixturen wie Paprika-Sellerie-Essenz oder Ähnliches), sodass man sie gezielt kombinieren und die gewünschten Geschmacks- und Aromakompositionen steuern kann.

Nach einer derartigen Prozedur gebe ich die Gemüsereste übrigens gern in den Kompost.

GRUNDREZEPT: ERBSENESSENZ

500 g Erbsenschalen – 500 ml mineralarmes Wasser

Kammervakuumierer – Konvektomat

Schalen und Wasser in einen großen Kochbeutel geben, mit einem Kammervakuumierer einschweißen und im Konvektomaten bei 83 °C 10–12 Stunden garen.

Eine Alternative zu Konvektomaten und Kammervakuumierer gibt es kaum, dies ist eher eine Methode für Küchenfreaks, die bereit sind, ihr Geld für richtig gute Küchengeräte und Top-Lebensmittel auszugeben.

ZUCCHINI, IN ESSENZ GEGART

12 Mini-Zucchini – 500 ml Erbsenessenz
8 Eier – Kala Namak (Schwefelsalz)

Die Zucchini waschen und mit einer Nadel mehrfach anstechen. Die Essenz aufkochen und die Temperatur auf 90 °C einstellen. Die Zucchini hineinlegen und ca. 30 Minuten darin gar ziehen lassen. Die Eier in kochendem Wasser 4–5 Minuten garen, kurz abschrecken und pellen. Die Zucchini auf Tellern anrichten, die Eier darüberlegen und mit einem Messer halbieren, damit das noch halbflüssige Eigelb herausfließt. Die Eier mit Kala Namak würzen.

Die restliche Essenz (sie ist immer noch klar) in Gläsern separat reichen. Und wer einen Schluck Erbsenessenz mit etwas Sauvignon Blanc aufgießt, wird eine kleine aromatisch, erdig verstärkte Pyrazinsensation erleben.

Sommergrünes Xälz

In meiner schwäbischen Heimat gibt es zahlreiche Wörter, die mit X beginnen: Xangbuach, Xichd, Xälzbrot, um nur drei zu nennen. Auflösen will ich für nicht schwäbische Leser hier das Letztere: Xälzbrot war vor EU-Zeiten eine Standardbezeichnung für ein Marmeladenbrot, wäre heute nach geltendem Recht ein Konfitürebrot, aber so geschwollen redete in meinem Heimatort niemand (außer ihn hätte eine Biene in seine Lippe gestochen). Xälz (in manchen x-feindlichen Gegenden auch: Gsälz) ist also schlicht Konfitüre.

Xälz besteht normalerweise aus Früchten, gehört auf ein Brot (oder ein »Kranzes«, Hefezopf oder Brioche, mit sehr viel Butter drin) und wird zum Frühstück gegessen – im Elsass bisweilen zum zweiten Frühstück mit einem Glas Gewürztraminer. Das muss aber nicht sein, denn ähnlich wie man aus manchem Gemüse Desserts zaubern kann (siehe Seite 85), erweisen sich manche als xälztauglich. Rote Bete bieten sich an, keine Frage, Möhren (Gäälriaba) ohnehin (davon buk meine Mutter öfter Kuchen, den Gäälriabakuacha). Aber auch Rote Paprika und natürlich Pastinaken, die beide vor süßlichen Pflanzenzuckern strotzen, und nicht zuletzt Rotkohl eignen sich gut.

Ein besonderes Xälz ist die Konfitüre aus Fenchelgrün, jenen haarigen Stängeln, die beim Schnippeln ihre feinen Enden in der ganzen Küche verteilen. Das Kraut ist genial. Es ist nicht nur leuchtend grün, sondern birgt den ganzen Fenchelduft mit seinem Anisaroma in sich. Die beste Voraussetzung für eine süße Grundlage. Die Zubereitung ist dieselbe wie bei klassischer Fruchtkonfitüre. Ich schneide das Fenchelkraut grob klein, wiege es und vermenge es mit etwa der halben Menge an Zucker, dazu kommt der Saft einer Limette. Dann stelle ich die Mischung über Nacht kalt, damit der Zucker den Saft aus den Pflanzenzellen zieht. Anderntags verfrachte ich das Gemüse samt Flüssigkeit in meinen alten Hochleistungsmixer mit Kochfunktion, denn dieser schafft es, auch die dicken Enden der Stängel kleinzuhauen. (Hat man keinen zur Hand, braucht man einfach mehr Zeit, siehe Rezept Seite 202.) Das in den Stängeln enthaltene Pflanzenmaterial benötige ich zur Bindung und Viskositätseinstellung des finalen Xälz: Pektine, Hemicellulosen, Zellstoffpartikel. Apfelpektin entfällt, Agar-Agar ebenso, und der von mir verachtete Aromaverhinderer namens Gelierzucker sowieso.

Warum ich denn an dieser Stelle keine Gelierhilfen akzeptiere, obwohl die doch in der Molekularküche eine große Rolle spielen, werde ich immer wieder gefragt. Ganz einfach: Es ist überflüssig und kontraproduktiv. Obst und Gemüse haben reichlich eigenes Zellmaterial wie Pektin, Hemicellulose und Co. Es will nur herausgekitzelt werden. Das braucht Zeit und Zucker. Und danach Hitze. Vor Erfindung des Gelierzuckers wurden alle Konfitüren so hergestellt: Obst oder Gemüse klein schneiden, maximal 80 % der Einwaage an Zucker und den Saft einer halben Zitrone darübergeben und über Nacht stehen lassen, bis der Zucker genügend Wasser gezogen hat. Aufkochen und wieder eine Nacht stehen lassen, anschließend einkochen, bis die Temperatur auf 105 °C und mehr steigt. Dann ist das Eigenpektin zur Gelierung bereit und es ist bereits so viel Wasser verdampft, dass das Xälz haltbar bleibt und geliert. Wird das Xälz leicht mit dem Stabmixer püriert, wird es sogar feiner, aromatischer und aromatypischer als jedes quasi halbfertige, wässrige Gelierzuckerxälz mit seinen paar Sekunden Kochzeit.

Also geht es auch beim Fenchelxälz ohne weitere Zutaten weiter: Ich stelle bei meinem Hochleistungsmixer mit Kochfunktion die Hitze auf maximal, die Drehzahl auf minimal und lasse es aufkochen, bis es sprudelt. Während des Kochens verwandelt sich der Zucker: Saccharose spaltet sich wegen der Säure (aus dem Limettensaft) in Glukose und Fruktose: In dieser Form kann der Zucker bei der Lagerung nicht mehr kristallisieren, dafür aber das Xälz verdicken und konservieren. Sind die Fenchelstängel einigermaßen weich, püriere ich die Präparation auf höchster Stufe. Dann ist nur noch die Viskositätsprobe fällig: Hält die grüne Fenchelpräparation zusammen, bleibt sie streichfähig, ist sie fertig. Sie kann dann ganz normal in sterile Schraubgläser gefüllt werden und bis zum Genuss im Vorratskeller verharren.

Ob man sie zum Frühstück verspeisen will, etwa auf Xälzwecken zum Kaffee, bleibt jedem selbst überlassen. Auf jeden Fall bietet sie sich zu Fischtellern als Veredelungstupfen an, etwa zu Räucheraal und Makrelen, sie passt aber auch zu Gänseleber oder zum reifen Ziegenkäse und nicht zuletzt zu Desserts, selbst auf Schokoladenbasis. Und wäre ich Clemens Wilmenrod, würde ich auch eine Erdbeere damit füllen.

FENCHELXÄLZ

500 g Fenchelgrün mit Stängeln – 250 g Zucker
Saft von 1 Limette

Präparation ohne Hochleistungsmixer mit Kochfunktion: Den Fenchel möglichst klein schneiden und mit dem Zucker vermengen. Den Limettensaft zugeben. Einen Tag kühl stehen und ziehen lassen. Am zweiten Tag einmal aufkochen und wieder abkühlen lassen. Am dritten Tag mit einem Stabmixer sehr fein pürieren und die Präparation einkochen, bis die Temperatur 105 °C erreicht. Schraubgläser und ihre Deckel im Backofen auf 120 °C zum Sterilisieren erhitzen und das Xälz heiß in die heißen Gläser füllen. Es hält sich im Keller problemlos 2–3 Jahre.

Unterschätztes Wurzelwunder

Meine liebsten Herbst- und Winterfavoriten sind Schwarzwurzeln, ein Gemüse, das unterschätzt wird und einen schlechten Ruf hat – zu Unrecht! Als ein Hauptproblem wird oft ihre etwas mühsame Zubereitung gesehen. Beim Schälen hinterlässt nämlich der klebrig-wachsige Pflanzensaft über rasche Oxidation und enzymatische Reaktionen unansehnliche dunkle Flecken auf Händen und Kleidung. In Kochbüchern findet man daher den Ratschlag, Einweghandschuhe zu benutzen oder die Wurzeln unter fließendem Wasser zu schälen, um eine Verfärbung der Hände zu vermeiden. So weit, so gut. Aber wozu soll man die Wurzeln vor der Zubereitung überhaupt schälen? Ich rate dazu, die Wurzeln mit einer Gemüsebürste gut abzubürsten und immer in der Schale und ganz zu kochen, besser: zu dämpfen, noch besser: Sous vide zu garen. So bleiben nicht nur Hände und Küche sauber, sondern es kommen – wie bei den meisten Gemüsen – vor allem auch das Aroma und der Geschmack wesentlich besser zur Geltung.

Der Spruch, die Schwarzwurzel wäre »der Spargel der armen Leute«, ist aus aromachemischer Sicht übrigens Blödsinn. Nur ihr Aussehen ohne Schale legt den Vergleich zum Spargel nahe, der Rest ist vermutlich seit Jahren abgeschriebenes Geschwätz. Schwarzwurzeln haben ein ganz besonderes, zartes, erdig-holziges Aroma und eine wunderbar fleischige, weich-cremige Konsistenz (dank hohem Inulingehalt und längerkettigen Fettsäurenderivaten im Aromaspektrum). Dünstet man die Wurzeln in der Schale, verfeinern die intensiveren Schalenaromen das Gemüse. Gleichzeitig bleibt der erwünschte bittere Geschmack besser erhalten. So passen die Wurzeln zu praktisch allen Fleischgerichten – oder füllen ganz allein einen wunderbaren Teller, wie im Rezept auf Seite 204. Für mich sind Schwarzwurzeln ohnehin oft der Hauptprotagonist. Schon lange verwende ich die Schwarzwurzeln gern auch roh und ungeschält! Im Unterschied zu den gekochten sind sie knackig, duften wachsig, ein wenig nach Mais und Getreide und haben typisch würzig-nussige Wurzeldüfte in ihrem Aromagepäck. Schneidet man sie in dünne Scheiben, bildet die schwarze Schale nicht nur einen dekorativen Rand, sondern das Gemüse wirkt aromatisch noch erdiger und passt ausgezeichnet in winterliche Gemüsesalate, etwa Weißkohl, Rotkohl oder selleriebasierte Rohzubereitungen. Man sollte jedoch die Schnittflächen sofort mit Zitronensaft oder Ascorbinsäurelösung bestreichen, sonst siegen die Enzyme, die Schwarzwurzel oxidiert und wird rasch braun. Dann lassen sich zum Beispiel auch Fischfilets damit neu »schuppen«: Werden die rohen Wurzelscheiben dachziegelartig auf das Filet gelegt und die Fische bei maximal 60 °C nur 5–7 Minuten kurz gedämpft, behalten sie ihren rohen Aromacharakter, geben dem Fisch Würze und im Mund einen rohen Knack. Auch hier zeigt sich: Ein wenig physikalisch-chemisches Wissen über die Zutaten hilft immer – und rehabilitiert in diesem Fall eine verkannte heimische Köstlichkeit.

SCHWARZWURZELRAGOUT

6 getrocknete Shiitakepilze – 100 ml Gemüsebrühe
800 g Schwarzwurzeln – 2 Datteln – 1 weiche Dörrpflaume
1 weiche Dörraprikose – 150 g Crème fraîche
Meersalz – 8 geröstete Haselnüsse, in dünne Scheiben geschnitten
8 Körner Timutpfeffer (alternativ Szechuanpfeffer)

Die Shiitakepilze 20–30 Minuten in der Gemüsebrühe einweichen. Die Schwarzwurzeln gut abbürsten und im Ganzen mit Schale in einem großen Topf (Spargeltopf) oder Sous vide im Kombidämpfer nicht zu weich garen (nicht kochen, sondern nur im heißen Wasser ziehen lassen). Herausnehmen, vorsichtig schälen und in 3 cm lange Stücke schneiden. Die Shiitake aus dem Wasser herausnehmen, das Einweichwasser filtern und in einem Topf leicht reduzieren. Die Shiitakepilze in dünne Streifen schneiden und zu dem reduzierten Fond geben, 3–4 Minuten leicht köcheln lassen. Die Crème fraîche zugeben und leicht einkochen lassen.

Die Schwarzwurzeln darin schwenken. Den Salzgehalt kontrollieren, gegebenenfalls leicht nachsalzen. Vom Herd ziehen, die Dörrfrüchte in dünne Streifen schneiden, zugeben und vorsichtig umrühren.

In kleinen Pastatellern anrichten und mit den Haselnussscheiben und dem Timutpfeffer garnieren.

Wild aus dem Wald

Jedes Jahr im Spätherbst gibt es bei mir einmal Wildschwein, das delikate Tier, das Obelix zu recht einseitiger Ernährung verführte. Wildschwein ist, wie jedes andere geschossene Wild, vermutlich das Fleisch, das am nächsten an die ursprüngliche Ernährung der Frühmenschen herankommt (auch wenn die Tiere damals andere waren). Natürlich und artgerecht lebt es im Wald, mehr Bio geht gar nicht. Wird das Tier in Ruhe, sprich: vom Hochsitz, auf dem Feld geschossen, dann sind im Gegensatz zur Bewegungsjagd (Treibjagd) auch garantiert keine Stresshormone vorhanden. Gut gezielt, das Tier fällt, c'est la mort.

Nicht von ungefähr ist Wild bei Köchen und Genießern gleichermaßen beliebt. Es lässt sich relativ leicht zubereiten, schmeckt und duftet ganz besonders und hat eine bestechend zarte Textur. Der Grund dafür liegt zum einen in seiner Muskelstruktur, die sich von der der Weidetiere unterscheidet: Wildschwein ist mager, hat nur feines eingelagertes intramuskuläres Fett. Aber genau das hat es in sich. Ich bin im Grunde kein Freund von Ernährungsdogmen, aber beim Wildschweinfett mache ich gern eine exemplarische Ausnahme, den Fakten zuliebe. Es strotzt von hochgradig ungesättigten essenziellen Fettsäuren, die nur, und das ist ernst zu nehmen, der tierische Stoffwechsel hervorbringt. Eicosapentaensäure (EPA) und Docosahexaensäure (DHA), die auch in Fischen vorkommen, ermöglichten in der Evolution erst die starke Entwicklung des menschlichen Gehirns. Auch heute benötigen wir diese Fettsäuren dringendst in ausreichendem Maße, denn sie sind für eine ganze Reihe von gesundheitsfördernden, antioxidativen Prozessen verantwortlich. Die Bauernschläue und kraftstrotzende Gesundheit von Asterix & Co. ist garantiert auf die Omega-3-Fettversorgung über die gut abgehangenen Fische des Fischhändlers Verleihnix mit der begleitenden Wildschweindiät zurückzuführen.

Wildschweinfleisch ist dunkel, was auf viel Muskelarbeit und hohe Durchblutung hindeutet. Im Vergleich mit Weidevieh ist der Anteil an roten Muskelfasern deutlich höher als der an weißen. Das hat natürlich

nichts mit der Farbe zu tun, sondern mit der physiologischen Funktion: Weiße Fasern sind für schnelle Spurts zuständig, sie ziehen ihre Energie aus der raschen enzymatischen Umwandlung von Glykogen (tierische Stärke) in Glukose. Die roten Fasern stehen für die Ausdauerarbeit der Muskeln bereit, sie haben daher einen hohen oxidativen Stoffwechsel und sind stark durchblutet. Außerdem sind sie dünner, was den Biss beim zubereiteten Fleisch erleichtert. Daher gerate ich bei der Textur von Wild gern mal ins Schwärmen. Außerdem blutet geschossenes Wild auch nicht vollständig aus, das heißt es bleibt etwas Blut in den Muskeln. Da im Blut reichlich Enzymaktivatoren vorhanden sind, braucht das Fleisch keine langen Garungen, selbst Schmorprozesse von Keulen und Schultern gehen relativ zügig. Außerdem erklärt das verbleibende Blut das für viele Wildtiere typische blutig-leberige Aroma, das insbesondere bei Lenden- und Rückenfleisch ausgeprägt ist. Werden zum Beispiel die Keulen und Schultern eines Wildschweins geschmort, arbeitet sich ein unnachahmlicher süßlicher Umami-Geschmack heraus, der sogar mich als Sättigungsbeilagenverschmäher (siehe Seite 136) schon mal an das ein oder andere Spätzle oder an einen Happs Kartoffelgratin denken lässt, sofern noch andere gemüsige Komponenten auf dem Teller liegen. Dieser typische tiefe Geschmack gibt auch Anlass, den Blick zu den besten Flaschen im Keller schweifen zu lassen. Wildgerichte, egal ob kurz gebraten oder geschmort, fordern kraftvolle Weine der Farbe Rot und des Charakters reif im Glas. Lang im Keller ruhende Bordeaux, die Rhône abwärts ab Lyon oder beste Languedocs sind für Frankophile Pflicht. Selbst den vor Holz ballernden und von Robert Parker in die Nähe der 95-Punkte-Marke gelobten Trinkmarmeladen der »Neuen Weinwelt« hält der süßliche Umami-Geschmack des Wilds stand, wenn bei anderen Gerichten bereits geächzt wird. Bierliebhaber lassen Pils & Co. besser im Kühlschrank und greifen zu dunklen, röstigen und alkoholreichen Bieren vom Stile der Stouts, oder zu trockenen, vollständig vergorenen und gut gereiften Lambics.

WILDSCHWEINKEULE

1 Wildschweinkeule – 2–3 EL Schweineschmalz – 1 Zwiebel
2–3 Knoblauchzehen – etwas Suppengrün (Sellerie, Lauch, Möhren)
1 EL Tomatenmark – 8 Körner roter Kampotpfeffer, grob zerstoßen
10 Wacholderbeeren – 5–8 Lorbeerblätter
750 ml tanninarmer Rotwein (max. 10 g Restsüße, z. B. Regent, St. Laurent, Dornfelder) – 1 EL (süße) Sojasauce (Teriyaki)
1 EL Pilzpulver – 1 EL nicht zu scharfe Currymischung
200 g kräftig geräucherter Speck, gewürfelt
100 g Butter

Die Wildschweinkeule kurz und heftig im Schweineschmalz anbraten, dann herausnehmen. Zwiebel und Knoblauch fein würfeln, das Suppengrün klein schneiden. Alles zusammen im selben Bräter anbraten. Das Tomatenmark untermengen und alles karamellisieren lassen. Mit Kampotpfeffer, Wacholder und Lorbeer würzen. Die Mischung vom Herd ziehen und unter 70 °C abkühlen lassen, dann Rotwein, Sojasauce, Pilzpulver, Currymischung und gewürfelten Speck zugeben. Das Fleisch wieder in den Bräter setzen. Vorsichtig, ohne Wallen, aufkochen und im vorgeheizten Backofen bei 100 °C 2 Stunden gar ziehen lassen.

Über Nacht im Ofen auskühlen lassen und dann das Ganze bis zu 1 Woche im Kühlschrank zur finalen Geschmacks- und Aromabildung nachreifen lassen. Vor dem Servieren den Bratenfond abseihen und die Menge für die Sauce abmessen. Das Fleisch vom Knochen lösen und in Servierportionen schneiden. Das Fleisch in etwas Fond erwärmen, in einem Saucentopf den Fond für die Sauce reduzieren und mit Butter aufschlagen. Das Fleisch anrichten und mit der Sauce überziehen. Dazu separat eine kleine Portion Gratin Dauphinois reichen, bei dem zum Beispiel ein Teil der Kartoffeln durch Pastinaken ersetzt wurde.

Glühwein, heiß und fest

Diese Idee ist zugegebenermaßen alt, sie geht auf das Jahr 2007 zurück, als die Deutsche Physikalische Gesellschaft mich mitten in der Adventszeit zur »Physik der Molekularküche« ins ehrenwerte Physikzentrum nach Bad Honnef einlud. Da bot sich – natürlich – als Vorlesungsexperiment Glühwein zum Abbeißen an. Bis heute finde ich diese Glühweinversion amüsant, daher kommt sie, aufgepeppt mit einem Zitat aus der »Feuerzangenbowle«, in dieses Buch.

Die Kombination des leicht alkoholischen warmen Weins mit typischen winterlichen Gewürzen ist mindestens einmal im Jahr ein Muss – sofern er nicht babbisch versüßt wird und der Wein ordentlicher Winzerwein ist! Zum Glück lassen sich in Mainz – es ist schließlich eine Weinhauptstadt mit Botschafter – immer wieder Winzer auf den Weihnachtsmärkten blicken, die ihren eigenen Wein als Glühwein anbieten. Rot und Weiß, beide kann man dann problemlos trinken.

Diese Winzerweine haben trotz ihrer Jugendlichkeit durchaus »Biss«, also sollte man sie ebenso problemlos essen können. Ein guter Glühwein kann nämlich die Grundlage eines wunderbaren warmen Desserts für diese kalten Tage sein. Der Überraschungseffekt ist enorm, es versetzt mich selbst bis heute in Staunen, wenn feste, 50–60 °C heiße, duftende Würfel aus geliertem Glühwein die Teller zieren.

Mit klassischer Gelatine funktioniert das nicht, denn diese schmilzt rasch – und es wäre schnell vorbei mit dem Fingerfood. Hitzestabile Gelbildner sind für diese Idee wichtig, also kommen die Geliermittel Agar-Agar oder Gellan zum Einsatz. Agar-Agar lässt sich nach dem Gelieren wieder fast auf 70 °C erwärmen, ohne dass es sich auflöst, Gellan sogar noch weiter.

Für den roten Glühwein eignen sich stahlfassvergorene, junge Rotweine ohne viel Tannin und andere Gerbstoffe, dafür aber mit wunderbaren Kirsch- und Beerendüften. Den Rotwein erwärme ich unter Zugabe von Zucker, Zimtstangen, Nelken, aufgebrochenen Kardamomsamen sowie den Schalen einer Orange. Für die weißen Glühweinwürfel wähle ich einen trockenen Riesling und aromatisiere ihn zur geschmacklichen Abwechslung mit Sternanis und Kokos.

Die Weine sollten beim Aromatisieren selbstverständlich nicht kochen, sondern lediglich erwärmt werden, denn spätestens bei 78 °C verdampft der darin enthaltene Alkohol. Wird also zu lange und zu heftig gekocht, wäre diese Komponente weg. Den Alkohol benötigen wir aber unbedingt, und zwar aus zwei Gründen (wenn man den gewünschten Schwipsfaktor noch hinzuzählt, sind es sogar drei): zum einen, um die ethanollöslichen Aromen der Gewürze effektiv zu extrahieren, und zum anderen, weil Ethanol selbst ein paar Geruchsattribute wie alkoholisch, ätherisch, medizinal mitbringt. Reiner Alkohol riecht zwar dementsprechend nicht besonders attraktiv, aber als Aromakomponente im Verbund mit den Geruchsstoffen der Gewürze sorgt er für einen runderen Duft: nasal beim flüssigen, heißen Glühwein, retronasal in der festen Form, wenn man die Geleewürfel im Mund zerdrückt. (Allein deswegen sind alkoholfreie Biere und Weine ihren »echten« Vorbildern nie und nimmer sensorisch ebenbürtig.) Daher schmecken die Glühweinwürfel schlechter, wenn während der Zubereitung zu viel Alkohol verdampft.

GLÜHWEINWÜRFEL MIT ORANGE

Für die roten Glühweinwürfel:
750 ml tanninarmer junger Rotwein vom Winzer
(z. B. Dornfelder, Regent oder St. Laurent)
2 Zimtstangen – 5 Nelken
3 Kardamomsamen – Abrieb von 1 Bio-Orange
100 g Zucker – 5 g Agar-Agar

Den Rotwein mit Zimtstangen, Nelken, aufgebrochenen Kardamomsamen, Orangenabrieb und Zucker (die Mengenangaben können nach Geschmack und Vorliebe variieren) bei 60 °C ziehen lassen, bis der Wein aromatisiert ist. Durch ein feines Sieb passieren. Den Glühwein mit Agar-Agar anrühren und kurz aufkochen, in Silikon-Eiswürfelbereiter füllen, gelieren und vollkommen erkalten lassen.

Für die weißen Glühweinwürfel:
50 g Zucker – 750 ml trockener Riesling – 2 Sternanisfrüchte
50 ml klarer Kokoslikör (z. B. Malibu)
100 ml weißer Rum (37 Vol.-% Alkohol) – 5 g Gellan
50 g Kokosraspel, in einer Pfanne leicht trocken geröstet

Den Zucker in einer Pfanne hell karamellisieren und mit einem kleinen Teil des Rieslings aufkochen, dabei den Sternanis zugeben. Vom Herd ziehen und die Gewürzaromen ca. 30 Minuten extrahieren lassen. Die Sternanisfrüchte herausfischen, den restlichen Riesling, Kokoslikör und Rum zugeben. Das Gellan einrühren und kurz aufkochen. Wie die roten Glühweinwürfel gelieren.

Für die Orangenfilets:
2 Orangen – 2 EL Zucker – 100 g Butter
1 TL Timutpfeffer – 1 Prise Salz
½ TL süße Sojasauce (Ketjap Manis) – 2 cl Grand Marnier

Die Orangen schälen, in Schnitze filetieren (die Haut abziehen) und beiseitelegen. Den Zucker in einem Topf hell karamellisieren lassen und mit der Butter lösen. Den Timutpfeffer zugeben, mit einer Prise Salz und der süßen Sojasauce abschmecken. Den Grand Marnier zugießen und die Flüssigkeit leicht eindampfen, die Orangenfilets zugeben und unter Schwenken vorsichtig in der Sauce glasieren.

Vor dem Servieren die kalten Glühweinwürfel im Backofen bei 60 °C 10 Minuten erwärmen. Die Orangenfilets in tiefen Tellern anrichten, die heißen Glühweinwürfel daraufsetzen und mit der Buttersauce nappieren. Auf die weißen Würfel die Kokosraspel streuen.

Und nicht vergessen: vom Feuerzangenbowlenwürfel nur einen »winzigen Schluck«, oder vielmehr einen winzigen Bissen nehmen.

Gans saftig aus dem Ofen

Alle Schaltjahre wieder verlangt es die gute alte Tradition, zu Weihnachten eine Gans zu braten. Dabei gibt es ja zwei widerstreitende Traditionslinien: Zu Hause zerlege ich im Normalfall das Tier in seine Teile und bereite diese separat gemäß ihrer Zusammensetzung und Beschaffenheit zu. Das ist leicht und es kommt kein Stress auf, außerdem ist eine ausgewachsene Gans etwas für Großfamilien und üppige Esser, der ich keinesfalls bin. Der Mehrwert einer ganzen Gans – wie sie der Brauch in vielen Familien aus meiner Bekanntschaft vorgibt – ist das Fett: Man schneidet den Flomen aus der Gans heraus und lässt ihn im Ofen bei 80 °C Ober- und Unterhitze aus. Das Fett schmilzt dabei nur, bleibt gansweiß, und man kann es in der Küche hervorragend verwenden, angefangen vom Anbraten bis hin zum Schmalzbrot mit Salz. Wird es in Gläser abgefüllt, hält es sich sehr lange und verfeinert sogar sommerliche Linsen- und Gemüsegerichte – und schon ist das ganze Jahr ein wenig Weihnachten. Ganze Gänse im Ofen sorgen allerdings für richtig Stress, denn das Tier gart ungleichmäßig. Gründe dafür sind zum Ersten die unterschiedliche Wärmeleitfähigkeit der einzelnen Teile, zum Zweiten die unterschiedliche räumliche Entfernung der Teile von den Strahlungsquellen, den Ofenwänden, und nicht zuletzt der variierende Kollagen- und Fettanteil des Fleisches. Kollagen, das sich vor allem in den Schenkeln befindet, benötigt längere Garzeiten, kann dafür aber besser Wasser binden, die Fleischstücke bleiben saftiger. Brüste sind schieres Muskelfleisch, haben kaum Kollagen, garen rasch und werden oberhalb von 60 °C Kerntemperatur furztrocken, während sich die Keulen noch im Kaugummistatus befinden. Zugleich werden Gänse im Ofen meist auf die Schenkelseite gesetzt, sodass die armen Brüste volles Rohr von der Oberhitze befeuert werden.

Zu diesem Problem gibt es so viele Ratschläge, wie es Köche und Köchinnen gibt und gab. Dennoch wage ich es, meinen Senf beizusteuern. Ich habe nämlich alle (Schalt-)Jahre wieder experimentiert und kann nun behaupten, dass ich dem Ziel sehr nahegekommen bin: eine ganze Gans gar und saftig und mit perfektem Brataroma aufzutischen – und das ganz ohne Stress. Des Rätsels Lösung ist eine Kombination aus Niedrigtemperaturen (für die Saftigkeit) und meiner Baumarktlötlampe, mit der ich Röstaromen punktuell steuern kann. Seit einigen Jahren gibt es deshalb bei uns immer mal wieder diese Version: die Niedrigtemperaturgans mit Gasbrenner – im Dezember oder im Januar, solange Gänse saisonal auf den Märkten angeboten werden. Und im Herbst? Schon mal eine kleine Wildente, die ein ganz bestimmter Händler auf einem Markt im Elsass immer mal wieder dabeihat.

Auf Beilagen verzichte ich persönlich dabei ganz und serviere stattdessen einen einfachen Gemüsezwischengang vor dem Geflügel, etwa kleine, geviertelte (Steck-)Rübchen, die in Gänseschmalz abgeschwenkt und nur mit Salz und etwas Langem Pfeffer gewürzt werden.

Und nicht vergessen: Jedes verbleibende Fitzelchen Fleisch ist wertvoll, also alles von den Knochen schaben und für Salat, Suppe, Linsen oder Gemüse aufbewahren. Selbst die Knochenreste, Karkasse, Knorpel und nicht gegessene Haut sind noch nicht am Ende: Alles zusammen nochmals dunkel anrösten, mit Rotwein begießen und für 3 Stunden ab in den Ofen. Daraus wird immer noch ein sehr guter Fond, mit dem es sich später weit besser als mit Wasser kocht! Und die Innereien, Leber, Niere, Herz und Mägen, sind natürlich sowieso kleine, kostbare Köstlichkeiten. Sie gehören in jedes Gänseklein, schmecken angebraten zum (Feld-)Salat oder ergeben – ebenfalls angebraten – in Kombination mit Roten Beten oder Kohl ein wunderbares leichtes Mahl oder eine Vorspeise.

GEFLÄMMTE NIEDRIGTEMPERATURGANS: BRUST UND KEULE

1 (nicht zu große) Gans – Salz – 1 Bund Beifuß (wenn schon klassisch, dann richtig) – 200 ml Madeira

Gourmetbrenner oder Lötlampe

Die Lötlampe aus dem Baumarkt: zum punktuellen Rösten, Flämmen, Verbrennen.
Auch zum Anzünden von Räucherspänen und Tabak geeignet.

Die Gans klassisch präparieren: säubern (die Innereien beiseitelegen), leicht salzen, den Bauch mit Beifuß stopfen und die Gans bei 80 °C im Bräter in den Ofen schieben. 5–8 Stunden (je nach Größe) garen. Das Fett schmilzt und wird selbstredend im Bräter aufgefangen. So wird die Gans gleichmäßig gar und bleibt saftig, entwickelt aber keine Röstaromen.

Diese lassen sich nun im Anschluss mit einem Gasbrenner mit möglichst breiter Flamme auftragen. Dazu die Gans rundum abflämmen. Das Fleisch bleibt saftig und schmeckt außergewöhnlich. Die Gans bis zum Servieren warm halten.

Für die Sauce den Madeira auf die Hälfte reduzieren. Den Bratenfond abseihen, dabei das flüssige Fett nicht entfernen, in den reduzierten Madeira geben und weiterreduzieren, bis eine dickliche Emulsion entsteht.

Die Gans zerlegen und je nach Größe der Tischgemeinschaft in Portionen aufteilen, sodass jeder einen Teil der Brust und der Schenkel bekommt. Dazu die Brüste in schräge Streifen (von mindestens 2 cm Breite) schneiden und die Schenkel ähnlich präparieren.

Das Fleisch auf Tellern anrichten und mit der Sauce nappieren.

Wenn es Beilagen geben soll, bin ich gerne klassisch: Sofern es der Markt erlaubt, gibt es dazu Maronenpüree, sonst (siehe Seite 75) Rotkohl und ein Gratin Dauphinois. Die Beilagen werden bei mir immer separat, in kleinen Förmchen bzw. Schälchen, serviert. Üppig sollten sie ohnehin nicht sein. Die Gans ist der Star.

Und der Wein. Er darf dem kulinarischen Gewicht der Gans entsprechen und Cornas, Hermitage, Vacqueyras, Châteauneuf-du-Pape oder Cahors heißen. Bierfans öffnen eine Flasche Barley Wine und verteilen sie in Weingläser.

Fastnachtskrapfen – alle Jahre wieder neu

Was wäre eine fünfte Jahreszeit namens Fassenacht (das ist Mainzerisch) oder Karneval (in Köln und Düsseldorf) ohne die traditionellen »Kreppel«, »Fassnachtsküchle«, »Berliner« oder wie auch immer diese Gebäckstücke sonst noch heißen. Hinter den regionalen Begriffen verbirgt sich Schmalzgebäck: Teiglinge aus Mehl, Milch, Zucker, Eigelb, Butter und Hefe werden schwimmend in heißem Fett gebacken. Traditionell nimmt man dafür Schweineschmalz, denn dieses stand – anders als teure Öle – in jeder Metzgerei zur Verfügung. Die Proteine des Mehls (Gluten) und der Milch (Molkenproteine, Kaseine) sowie Zucker sorgen für eine rasche Bräunung des Teigs an der Kontaktfläche des etwa 180 °C heißen Fetts. Eindringen in den Teig kann das Fett dabei kaum, denn die sich erwärmenden Gase im Teig (Luft und aus der Hefe gebildetes CO_2) drängen nach außen und verhindern dies ebenso wie nach außen strömender Molkendampf, sobald die Temperatur auf knapp 100 °C steigt.

Ein charakteristisches Merkmal für diese Art des Backens ist der stets auftretende weiße Ring bei den Kreppeln in der Mitte. Fett hat eine Dichte von etwa 0,9 g/cm^3, der schaumig aufgegangene Kreppelteig eine geringere, er taucht also nicht ganz unter, sondern schwimmt (und bäckt und bräunt) nur auf der Unterseite im Fett. Durch die Hitze entweicht Wasser, die Dichte des Teigs nimmt also weiter ab. Wird der Kreppel nun gewendet, schwimmt er wieder oben und der helle Kreppelring in der Mitte bildet sich prägnant aus. Der Kreppelring ist außerdem ein lehrreiches Beispiel für angewandte Schulphysik: Der Kreppel taucht, gemäß dem Archimedischen Prinzip für den Auftrieb, eben nur so weit ein, bis das Gewicht des verdrängten Fettvolumens dem Gewicht des Kreppels entspricht. Fassenacht und Archimedes, darauf ein dreifach donnerndes »Heureka!«.

Von diesem Gebäckklassiker lassen sich nun viele Variationen erdenken – und im scheinbar selben Äußeren verkleiden (schließlich ist Fassenacht). Experimentieren und überraschen kann man durch das Würzen des Teigs, durch die Verwendung anderer Fette und nicht zuletzt natürlich mit der Füllung. Letztere besteht traditionell aus Konfitüre, aber da ich nicht in jedem Jahr das Übliche haben möchte, probiere ich hier gerne Neues aus. Spannend sind zum Beispiel Weingelees (siehe Seite 212) mit Gewürzen (Zimt, Nelken, Kardamom, Orangenschale ...), das ergibt »Glühweinkreppel«. Wird der Teig dann noch mit Vanille verfeinert, ist das eine wunderbare Neuinterpretation. Statt Schweineschmalz kann man ebenso mit Rindertalg oder geklärter Butter backen, das schmeckt ein bisschen anders, aber nicht schlecht! Einmal habe ich sogar eine provenzalische Variante mit Olivenöl (raffiniertem oder gefiltertem zum Ausbacken) ausprobiert, dann ist es ratsam, den Teig mit etwas Thymian und Rosmarin zu würzen, weniger süß zu gestalten und als Füllung Aprikosen- oder würzig abgeschmeckte Feigenkonfitüre zu nehmen. Lustig sind übrigens auch Curryvarianten: etwas Chili in den Teig und als Füllung süßsäuerliche, stark gewürzte Chutneys. Zum Ausbacken eignet sich dann Kokosfett.

Aber wenn schon gar so närrisch, dann gleich richtig: Mit Sicherheit weitab vom Mainstream bewegt man sich mit salzigen Kreppeln, gefüllt mit einem Gelee von rauchigem, süßlich-dunklem Bier. Der Wow-Effekt ist garantiert.

SALZIGE BIERKREPPEL

Für den Teig:
40 g Schmand – 15 g Hefe – 150 g Mehl (Type 550)
1 Prise Zucker – 1 Eigelb – 30 g gesalzene Butter
1,5 g Salz – Schweineschmalz zum Ausbacken

Für die Füllung:
10 g Muscovadozucker – 330 ml dunkles Rauchbier (aus Franken)
1 Langer Pfeffer (Jamaikapfeffer) – 2,5 g Gellan
(pflanzliches Geliermittel) – etwas Bio-Orangenabrieb

Dessertspritze

Zuerst bereitet man die Füllung zu. Dazu den Muscovadozucker leicht karamellisieren und mit Rauchbier aufkochen. Den Langen Pfeffer grob mörsern und zugeben, leicht köcheln lassen. Vollständig abkühlen lassen und Gellan sowie Orangenabrieb einrühren. Noch einmal aufkochen und gelieren lassen.

Für den Kreppelteig den Schmand leicht erwärmen und die Hefe mit etwas Mehl und der Prise Zucker zum Starten bringen. Das restliche Mehl, Eigelb, Butter und Salz zugeben, aus den Zutaten einen Teig kneten und 30 Minuten gehen lassen. Gleich große Kugeln formen und diese noch mal 10–15 Minuten gehen lassen. Die Teiglinge in heißem Schmalz ausbacken. (Tipp: Gegebenenfalls eine Seite der Kreppel mit etwas flüssiger Salzbutter bepinseln.)

Das feste Biergelee mit einem Kartoffelstampfer zerdrücken, in eine Dessertspritze oder einen Spritzbeutel geben und die gebackenen Kreppel damit füllen. Mit einem Glas Rauchbier zum Beispiel zum Apéro genießen.

Cooking, fast and slow

Homemade Convenience

Mikrowelle, nützlicher als gedacht

Schnelle Reste, schöne Ringe

Früchtchen unter Dampf

Kokumi und umami par excellence

Der Hype um die Brühe

Tatar und Dry Aging

Fleischreifung im Rindertalgmantel

Aufgewärmte Geschichten

Bequem und lang im Ofen garen

Lange Zungen – edle Teile

Homemade Convenience

Immer wenn ich Sätze höre wie: »Ich würde ja gern, habe aber keine Zeit zu kochen, denn ich komme spät nach Hause, daher verwende ich Fertiggerichte, mache 'ne Büchse auf« usw., stellen sich bei mir alle Nackenhaare auf. Diese Aussagen sind, mit Verlaub, Ausreden.

Convenience-Food lässt sich aber hervorragend zu Hause zubereiten, wie es auch wieder in der modernen Gastronomie Mode wird. Die Idee ist uralt, denn sie entstammt der Bevorratung für schlechte Zeiten. Egal ob selbst gemachte, getrocknete Nudeln, Pickles, Essiggurken, Räucherspeck, eingemachtes Fleisch – es sind Genüsse, die bereits verarbeitet sind und daher unmittelbar zur Verfügung stehen. Selbst wenn man noch später als geplant nach Hause kommt, weil das ach so wichtige Meeting wieder aus dem Ruder gelaufen ist.

»Für das Anlegen der Vorräte benötigt man aber viel Zeit!«, wird mancher einwenden. Das stimmt nur teilweise. Wenn Erntezeit ist, im Sommer und Herbst, verwende ich tatsächlich ein paar Stündchen extra für das Einmachen von frischem Gemüse (siehe Seite 195) oder Obst (siehe Seite 238). Aber für den selbst gemachten Joghurt (siehe Seite 39), der viele Gemüseteller spontan ziert und abschmeckt, brauche ich nicht mehr als 3 Minuten. Und für mein eingemachtes Gemüse nur wenig mehr: Ich kaufe auf dem Markt zwei kleine Sellerie und ein paar Pastinaken mehr, bürste sie ab und schweiße sie ganz und ungeschält mit unterschiedlichen Würzungen, Ölen oder Beizen ein, lasse sie im Kombidämpfer garen und bewahre sie nach dem Abkühlen bei 1 °C im Kühlschank auf. Manchmal einige Wochen. Sie werden nicht schlecht, nicht mal »antichi« (siehe Seite 159), sondern immer besser. Der große Vorteil ist: Sie sind sofort verfügbar, falls es mal zeitlich eng wird oder ich einfach Lust darauf habe, und im Gegensatz zum Dosenesser bin ich zu jedem Zeitpunkt Herr des Geschmacks.

Den Großteil meiner Vorräte erstelle ich (fast) täglich nebenbei ganz ohne zusätzlichen Zeitaufwand. Ein gutes Beispiel sind Kichererbsen: Sie sind äußerst schmackhaft und lassen sich zu fast allem kombinieren, benötigen jedoch lange Einweichzeiten. Daher greifen viele gern zur Dose oder zum Glas aus dem Supermarkt. Das ist aber nicht nötig, denn sie lassen sich leicht selbst portionsweise einmachen – und sind dann definitiv günstiger. Der Trick ist doch ganz simpel: Ob nun eine oder zwei Portionen gekocht werden, ist vom Aufwand her dasselbe. Also koche ich immer etwas mehr, verwende einen Teil sofort und mache den Rest ein, möglichst in unterschiedlich großen Gläschen. Im großen Glas befindet sich dann quasi eine komplette Mahlzeit (siehe Rezept rechts), während sich das kleine Glas für »Mikroelemente« öffnen lässt: Ein paar Kichererbsen als Texturbeigabe, zusammen mit zwei, drei Haselnüssen (schön, dass beide fast gleich groß sind), machen sich in Vorspeisen ausgezeichnet. Man muss nur Kochen und Zubereiten immer im Kontext sehen und schon kann man ganz einfach auf die Dosenware verzichten, auf die sowieso alle schimpfen und die trotzdem gekauft wird.

KICHERERBSEN

400 g Kichererbsen
Salz

Schraubgläser mit gut schließendem Deckel

Die Kichererbsen über Nacht in möglichst kalziumarmem Wasser einweichen, bis sie vollständig gequollen sind. Dann salzen und im Einweichwasser (!) ca. 30 Minuten kochen, bis sie weich und cremig sind. In der Zwischenzeit die Gläser mit Deckel in den 120 °C warmen Backofen geben. Die Kichererbsen in die heißen Gläser füllen, mit Kochwasser bedecken und fest verschrauben. So halten sie sich sehr lange und sind immer verfügbar, wenn sie benötigt werden, zum Beispiel für den Kichererbsensalat. (Genauso funktioniert dies mit Schmorgerichten wie Gulasch, Frikassee usw.)

KICHERERBSENSALAT

1 Glas selbst gekochte Kichererbsen – 100 g Chorizo (spanische Paprikasalami) – 1 Schalotte – etwas Reisessig Salz – 4 Mairübchen – sehr fruchtiges Olivenöl Ras el-Hanout – frisch gemahlener schwarzer Pfeffer – Abrieb von 1 Bio-Zitrone

Das Rezept liest sich kompliziert, aber das Ganze ist in ein paar Minuten fertig.

Das Kichererbsenglas öffnen, die Brühe in einen Topf geben und auf dem Herd reduzieren. Das geht nebenher. Die Chorizo ist in 1 Minute gewürfelt. Die Schalotte schälen, würfeln, mit Reisessig beträufeln und leicht salzen (keine 2 Minuten), schon ist die halbe Vinaigrette fertig. Die Mairübchen waschen, würfeln oder vierteln, ebenfalls mit etwas Reisessig beträufeln und salzen. Jetzt sind wir bei Minute 3.

Die reduzierte Brühe vom Herd ziehen, mit Olivenöl und etwas Reisessig mit einem Schneebesen zu einer Vinaigrette aufschlagen, dabei mit Ras el-Hanout, Salz und Pfeffer abschmecken (keine 2 Minuten).

Jetzt kommt es darauf an: Bin ich mit der Chorizo so zufrieden? Oder möchte ich einen Teil der Würfel anbraten? Ich schaue auf die Uhr, o.k., das reicht noch. Die Gusseisenpfanne auf dem Induktionsfeld auf Vollgas stellen, eine Handvoll Würfel hineinwerfen, es brutzelt schon. Die andere Handvoll Chorizowürfel kommt zusammen mit den Kichererbsen, den Schalotten und Mairübchen in eine Salatschüssel. Die Vinaigrette angießen und mit dem Zitronenabrieb verfeinern. Zuletzt die gebratenen Würfel samt Chorizofett in den Salat geben, alles durchmischen, fertig.

Das Chronometer zeigt 10 Minuten. Puh, das ging fix!

Sollte ich das nächste Mal früher zu Hause sein und noch etwas mehr Zeit haben, nehme ich statt Chorizo Merguez und backe im Fett der angebratenen Wurst noch ein feines indisches Blitzfladenbrot namens Paratha aus Wasser, Mehl und Salz. (Der Teig muss nicht gehen, das beim Pfannenbacken verdampfende Wasser sorgt für genügend Trieb.) Dazu ein gutes Glas provenzalischer Rosé – ein Genuss.

Mikrowelle, nützlicher als gedacht

Die Mikrowelle ist – ähnlich wie der Schnellkochtopf (siehe Seite 236) – ein Produkt aus Zeiten lange vor der Slow-Food-Bewegung. An ihrem schlechten Ruf hat sich seit ihrer Erfindung kaum etwas geändert. Viele verteufeln sie – aus postfaktischen Gründen: Es heißt, die Strahlung sei schädlich, die Geräte produzierten Schadstoffe, die Inhaltsstoffe würden zerstört, aus der Nahrung werde Gift, das man keinesfalls essen dürfe usw. Das alles ist jedoch sowohl physikalisch als auch physiologisch Unsinn. Das Mikrowellengerät ist kein Tischkernreaktor, aus dem energiereiche Gammastrahlung oder gar Radioaktivität austritt. Mikrowellen sind harmlos (es sei denn, die Katze schläft darin und wir schalten die Mikrowelle ein …). Auch Radiowellen (kHz bis MHz) sind Mikrowellen.

Mikrowellen sind elektromagnetische Wellen und ändern die Stärke des elektrischen Feldes periodisch, nur schneller als die 50 Hz aus der Steckdose. Und genau das ist der Trick: Das dauernd auf und ab schwingende Wechselfeld zuppelt an allem, was irgendwie geladen oder dipolar ist. Vorwiegend an Wasser, das ist dipolar. Ein Wassermolekül, H_2O, sieht aus wie der Kopf von Micky Maus: Die Ohren sind die beiden Wasserstoffe, das Gesicht der Sauerstoff; am Kinn ist es etwas negativ geladen, während die beiden Ohren leicht positiv geladen sind. Schwingt das Wechselfeld der Strahlung immer auf und ab, beginnt der Kopf zu nicken, ändert sich die Frequenz, nickt er je nachdem stärker oder schwächer. Das Wassermolekül wird also durch die Mikrowelle in Bewegung gesetzt. Wird die Frequenz noch höher, kommt das Wassermolekül nicht mehr mit und bleibt wieder bewegungslos. Stimmt also die Frequenz mit der bestmöglichen Nick- und Rotationsfrequenz der Wassermoleküle überein (Physiker sprechen von Resonanz), bewegen sich diese stark. Dasselbe geschieht unter Temperaturerhöhung. Strenggenommen ist es also dem Micky-Maus-Kopf wurscht, ob er von einem ständig wechselnden Feld hin- und hergeschubst wird oder ob immerzu unregelmäßig eintreffende Kinnhaken und Watschen aus unterschiedlichen Richtungen eintreffen sodass er wackelt wie das Haupt von Klitschkos Gegnern. Genau das ist die Folge der thermischen Energie im Backofen oder auf der Herdplatte: Sie boxt die Wassermoleküle hin und her. In der Physik regeln das stochastische Stoßgesetze in Vielteilchensystemen (ja, die heißen wirklich so) und die zugehörigen Gleichungen, wie zum Beispiel die Boltzmann'sche Stoßgleichung. So lässt sich die Temperatur mit der Bewegungsenergie der Moleküle und damit mit den mittleren Molekülgeschwindigkeiten verbinden.

Fast jedes Lebensmittel enthält Wasser: in den Zellen, zwischen den Proteinen. Das bedeutet aber auch, dass man alle Lebensmittel, die Wasser enthalten, theoretisch in der Mikrowelle garen kann, sei es nun Fleisch, Fisch, Gemüse oder Obst. Legt man sie in die Mikrowelle und stellt diese an, versuchen sich die H_2O-Moleküle dauernd umzuorientieren. Die Molekülgeschwindigkeit steigt und gemäß der Thermodynamik steigt die Temperatur. Allerdings hat die Mikrowelle einen Nachteil: Die Garung ist bei temperaturempfindlichen Lebensmitteln nur mit Vorsicht und Kenntnis anzuwenden. Fische werden zum Beispiel wegen der schnellen Proteindenaturierung rasch übergart, vor allem, weil die Hotspots (Stellen größter Hitze) in dem Garraum nicht leicht zu kontrollieren sind. Gemüse, die ohnehin eine hohe Gartemperatur benötigen, eignen sich besser. Vor allem zum Üben. Ebenso einfach wie genial ist die Enzyminaktivierung. Grünes Gemüse, kurz in der Mikrowelle blanchiert, wird nicht grau (siehe Seite 165), Äpfel und anderes Obst für Rohpürees werden nach dem Schneiden oder Pürieren nicht braun, wenn die Temperatur im Inneren vorher 60–65 °C erreicht hat. Gekocht wird dabei nichts, das Aroma bleibt »roh«. Lediglich ein paar Zellmembranen werden wabbeliger, aber die nach wie vor harte Zellwand hält weiter alles zusammen.

Selbst Lebensmittel mit nur geringem Wassergehalt wie zum Beispiel Nüsse oder Maisgrütze für Popcorn lassen sich mit Mikrowellen bearbeiten, denn auch an den polaren und elektrisch geladenen Aminosäuren der Proteine ruckeln die Mikrowellen mit. Die Temperatur steigt im Inneren erheblich, sobald das bisschen Wasser verdampft ist. Nüsse und Saaten, Sonnenblumen- oder Kürbiskerne lassen sich daher in der Mikrowelle bei 1000 W in 2–3 Minuten rösten, wobei die Röstaromen deutlich stärker wahrnehmbar sind. Die Bräunung erfolgt nicht nur an der Oberfläche, sondern zügig im Inneren der Nüsse – perfekt für die Intensivierung der Apéronüsse. Auch für daraus hergestelltes Nusspulver als Gewürz ist diese Methode ein Segen.

Der zentrale Unterschied zum Garen auf dem Herd liegt darin, dass das Lebensmittel im Inneren und an der Oberfläche gleichzeitig gart – nicht wie im Topf oder Backofen über die Wärmeleitung, wenn die Wärme erst in das Lebensmittel hinein diffundieren muss, um die Bewegungsenergie des Wassermoleküls zu erhöhen. Diese Art der Erwärmung ist also ungleich effektiver und die Garzeiten werden kürzer. Statt eine Kartoffel im Wasser 20 Minuten zu kochen, ist sie in der Mikrowelle in 3–6 Minuten (je nach Größe) fertig. Gute Nachrichten für alle, die behaupten, sie hätten keine Zeit zum Kochen.

NUSSIGE AFTER-WORK-OFENKARTOFFELN

100 g geschälte Haselnüsse – 4 große mehligkochende Kartoffeln, ungeschält – 4 EL Haselnussöl – grobes Meersalz
Naturjoghurt und Haselnussöl nach Belieben

Die Haselnüsse in einer feuerfesten nichtmetallischen Form in der Mikrowelle rösten, dreimal bei 1000 W: erst 2 Minuten, dann 1½, dann 1 Minute. Die Röstung testen und gegebenfalls 30 Sekunden nachrösten. Herausnehmen und sehr grob zerstoßen. Die gewaschenen Kartoffeln mit Schale in die Mikrowelle geben und genauso verfahren. Dabei die Kartoffeln nach jeder Runde drehen und wenden, um die Einstrahlungsungenauigkeiten (Hotspots) der Mikrowelle auszubügeln.

Die dampfenden Kartoffeln mit der Gabel aufbrechen, mit je 1 EL Haselnussöl beträufeln, mit grobem Meersalz bestreuen und mit 1–2 EL Joghurt nappieren. Mit den gerösteten Haselnüssen bestreuen.

Übrigens: Metallbehälter gehören natürlich nie in die Mikrowelle. Die elektrische Leitfähigkeit sorgt für erheblichen Funkenflug. Im Schulphysikbuch ist das unter dem Kapitel »Bewegliche Ladungsträger in elektromagnetischen Feldern« zu finden.

Der alte Ofenhandschuh:
bei hohen Temperaturen immer in Gebrauch.

Schnelle Reste, schöne Ringe

Manchmal erscheint das Leben etwas stressig. Der frisch gekaufte Lauch passt nicht ins Gemüsefach, viel zu lang das Ding, und die dunklen, leider vergessenen Urkarotten in der hintersten Ecke des Gemüsefachs von vorletzter Woche beginnen lätschig zu werden. Und die Zeit ist auch knapp, denn die Alltagspflichten rufen hörbar bis runter in die Küche. Stress führt aber andererseits oft zu starken kulinarischen Momenten, denn essen muss ich ja etwas und schmecken soll es auch. Spontankreativität ist dann gefragt. Oft weiß ich zu Beginn nicht, was nachher herauskommt, das macht das Küchenleben spannender. Aber meist kann man es sogar essen.

Damit der Lauch ins Gemüsefach passt, schneide ich einfach das Grün ab, putze es, bürste die Softkarotten ab und häcksele alles im Blitzhacker mit Haut und Haar zu kleinen Fetzen. Dann gart es ruckzuck, denn beide Gemüse sind ja roh verzehrbar, also werden sie nur kurz in Tomatenkernöl geschwenkt und mit Ras el-Hanout gewürzt, so behalten sie ihren Biss. Eine Prise Salz, das ist schon alles. Erfreulicherweise stehen noch gekochte Kichererbsen samt Kochwasser im Kühlschrank (das ist nie verkehrt, siehe auch Seite 226). Der Rest steht rechts im Rezept. Genau, diesmal kein Ausflug in die Wissenschaft. Auch kein Blanchieren für schöne Farbeffekte. Dafür geht's schnell.

RESTEVERWERTUNG MIT PURPLE RAIN

200 g Lauchgrün – 300 g violette Urkarotten – 3 EL Tomatenkernöl
Salz – 1–2 EL Tomami – 1 TL Ras el-Hanout
120 g gekochte Kichererbsen (Abtropfgewicht)
2–3 EL des Kochwassers aus dem Glas – frischer Bioquark
Purple Curry

Lauch und Karotten putzen, vorschneiden und beides zusammen in einem Blitzhacker klein häckseln.

Das Tomatenkernöl in einem Topf erwärmen und das Gemüse zugeben. Salzen, Tomami und Ras el-Hanout zugeben und bei schwacher Hitze im geschlossenen Topf gar ziehen lassen. Die Kichererbsen in einem separaten Topf mit dem Kochwasser erwärmen und glasieren, bis das Kochwasser verdampft ist. Das Gemüse mithilfe von Dessertringen auf Tellern anrichten und die Kichererbsen daraufsetzen. Vier bis fünf Mininocken des Quarks mit einem Teelöffel auflegen und diesen mit ein paar Prisen Purple Curry bestreuen.

Tatsächlich hatte der geniale, leider viel zu früh verstorbene Musiker Prince seinen Anteil an diesem Teller. Beim Anrichten lief im Küchenradio das wahnsinnige Gitarrensolo des Songs »Purple Rain«. Damit war klar: Auf den schneeweißen Quark muss es Purple Curry regnen.

Und natürlich gibt es einen winzigen Schluck einfachen Weißwein dazu.

Früchtchen unter Dampf

Der Schnellkochtopf erscheint wie ein Relikt aus längst vergangenen Tagen, dabei ist er mehr als nützlich. Das Prinzip ist recht einfach: Unter Überdruck (0,8 bar, also 1,8 bar Innendruck) werden schnell Temperaturen bis zu 120 °C erreicht. Die Garung schreitet rasch voran. So sind beispielsweise Kartoffeln oder Kichererbsen (auch uneingeweicht) im Nullkommanichts fertig, oder um genauer zu sein: Da die RGT-Regel (Reaktionsgeschwindigkeit-Temperatur-Regel, auch van-'t-Hoff'sche Regel) der Chemie/Physik besagt, dass eine Temperaturerhöhung um 10 °C die Reaktionsgeschwindigkeiten verdoppelt bis verdreifacht, ist bei 20 °C die Garung in einem Viertel der Zeit oder weniger fertig. Das war das Ziel der Hersteller – und es ist sehr praktisch für die schnelle Küche. Gemüse, vor allem Hülsenfrüchte, die sonst lange Garzeiten haben, sind schnell weich, und selbst Suppenfleisch, das normalerweise Stunden kocht, ist in 40 Minuten gar.

Diese Erfindung ist jedoch nicht nur praktisch, sondern hat sogar einen kulinarischen Mehrwert, denn die Speisen werden unter Druck sowohl geschmacks- als auch aromaintensiver als normal. So werden Fonds und Brühen zwar trübe, duften aber intensiv, Hummus wird wunderbar aromatisch und auch besagtes Suppenfleisch duftet stark nach dem Gewürz, das zugegeben wurde, zum Beispiel Lorbeer oder Rosmarin. Eine derart hohe Aromatisierung, die nicht einmal beim Sous-vide-Garen erzielt wird, ist ganz klar auf die hohen Drücke in dem Schnellkochtopf zurückzuführen. Doch damit nicht genug der Zauberei, cremige Speisen werden unter Druck noch cremiger – zum Beispiel Rotkohlpüree mit Portwein und Balsamico. Wird es im Dampfkochtopf übergart, zerfallen die harten Pflanzenzellen nahezu komplett. Die Zucker aus dem Rotkohl werden frei, der Kohl wird besonders süß und die Konsistenz erweist sich beim Umrühren als ausgezeichnet cremig.

Ich bereite auf diese Weise so manche Konfitüren zu – mit wenig und ganz normalem Zucker, nie mit Gelierzucker. Anbieten tun sich dafür zum Beispiel Zwetschgen bzw. pfälzisch: Latwerge. Die Zwetschge enthält nicht nur von sich aus viel Zucker, sondern ebenfalls viel von dem Superwasserbindungszuckeralkohol Sorbitol (wegen dessen Nebenwirkungen sie in meinem Herkunftslandstrich schon mal »Scheißpfläumle« genannt wird). In den Schalen steckt außerdem einiges an Hydrokolloiden wie die natürlichen Verdickungsmittel Hemicellulose und Pektin. Angesichts dieser Zutaten können wir Vollmundigkeit, Cremigkeit und Karamellnoten erwarten. Beim normalen Muskochen werden die Pflaumen stundenlang auf niedriger Flamme gekocht und gerührt. Das hat zum einen Auswirkungen auf die harten Strukturmoleküle der Pflanzenzellen, die zunächst erweichen und nach und nach immer mehr aufbrechen. Selbst einem Großteil der widerstandsfähigen Cellulose geht es sichtbar an den Kragen: Die Schalenfetzen werden immer kleiner. Zum anderen beeinflusst das lange Kochen natürlich die Aromabildung. Zucker, Aminosäuren und Zellbestandteile haben viel Zeit, um zu reagieren und die verschiedensten Aromen zu bilden. Leider nur verflüchtigen sich viele davon aus dem offenen Topf über das ständige Rühren (das einem gern ein Standmixer mit Kochfunktion abnehmen kann, sofern man jede Stunde erneut aufs Startknöpfchen drückt). Werden die Pflaumen unter hohem Druck, höherer Temperatur und (logischerweise) ohne jegliches Umrühren gegart, verlaufen der Zerfall der Moleküle und die Aromabildung gemäß der RGT-Regel rascher. Garantiert werden auch andere Aromen, mehr karamelldominierte Gerüche, gebildet. Ebenso wird die Gewichtung der Atomverbindungen bei der Schnellkochtopf-Methode anders als bei der klassischen sein. (Schon allein deshalb ist diese Methode spannend und ausbaufähig. Eine offene Frage, die mich brennend interessieren würde, wäre der quantitative Vergleich der Aromabildung sowie der Unterschied der aromaaktiven Substanzen. Aber ob für diese spannende, handfeste sensorische Fragestellung eine Institution Forschungsgelder lockermachen würde, steht noch in den Sternen.) Der entscheidende Vorteil der Druckmethode (ganz abgesehen von der Zeitersparnis) liegt jedenfalls auf der Hand: Es verbleibt eine höhere Anzahl der leichter flüchtigen Aromen im Mus. Zwar entweichen über das Ventil einige Geruchsstoffe, die sich während des Kochens erschnüffeln lassen (siehe Rezept auf Seite 238), aber weit weniger als bei stundenlangem Kochen im offenen Topf.

Die meisten pektinreichen Früchte lassen sich auf diese Weise in herrlich aromatische, cremige Muse und Xälze verwandeln. Pflaumen sind aus gutem Grund ein Klassiker, aber warum nicht einmal Pfirsiche, Aprikosen oder gar eine Ananas mit ein paar Datteln vermusen?

ZWETSCHGENKONFITÜRE IM SCHNELLKOCHTOPF

500 g sehr reife Zwetschgen – 50 g Zucker

Schnellkochtopf

Die Zwetschgen waschen, abtupfen, halbieren, entsteinen und in den Schnellkochtopf geben. Den Zucker zugeben und gut durchmischen. Stehen lassen, bis der Zucker den Früchten genügend Zwetschgenzellsaft entlockt hat. Den Schnellkochtopf fest schließen und auf den Herd setzen. Vollgas geben, bis der Druck maximal ist, dann die Hitzezufuhr so einstellen, dass lediglich ein leichter Dampfstrom entweicht.

Unbedingt immer wieder mal am Dampfstrom am Ventil schnüffeln. Dabei kann man entdecken, welche Aromen zu Beginn in der Zwetschge stecken und welche sich später bilden: Am Anfang riecht es grasig grün, danach fruchtig, dann würzig und plötzlich etwas nach Karamell. Später kommen noch würzige bis röstig-fruchtige Gerüche dazu. Das Schnüffeln fördert die Vorfreude auf das fertige Produkt.

Nach 30–40 Minuten den Topf vom Herd ziehen und warten, bis der ganze Druck abgebaut ist. Den Dampf nicht ablassen, der Aromaverlust wäre viel zu hoch.

Danach die Zwetschgencreme probieren und darüber sinnieren, ob sie den Frühstückstoast verzaubern soll oder ob man sie sich eher als Begleiter zu sehr reifem Käse oder gar zu Leber, Ente, Wild & Co. vorstellen kann.

Tipp: Wem die Arbeit nicht zu viel ist, der kann die Steine mitkochen und vielleicht den ein oder anderen mit einem Nussknacker aufbrechen. Das Ergebnis ist bestechend, denn es kommen Mandelaromen und leicht bittere Geschmacksnuancen hinzu. Der Haken an der Sache: Wegen der Steine muss man die Konfitüre durch ein Sieb passieren, das macht natürlich Arbeit. Aber die Rezeptoren jubeln.

mastrad

Kokumi und umami par excellence

Was ich immer in Haus haben muss, ist reine Instanthühnerbrühe. Natürlich keine Würfel oder Pulver, sondern selbst gemachte flüssige Brühe im Glas. So lässt sie sich im letzten Moment, spontan, oder wenn irgendetwas fehlt, sofort einsetzen und muss nicht groß aufgetaut werden. Warum aber ist sie so wichtig? Ganz einfach: Gute Hühnerbrühe ist ein kleines Geschmackswunder und zugleich das eindrucksvollste Paradebeispiel für »Mundfülle«, auf japanisch: kokumi.

Beginnen wir mit einem kleinen Experiment. Man braucht nicht einmal ein Suppenhuhn zur Vorplanung. Beim nächsten Coq au vin, Hühnerfrikassee oder einem anderen Hähnchengericht einfach alle Hühnerteile wie Knochen, Karkasse, Abschnitte von Haut und Knorpel sammeln, in kaltem Wasser aufsetzen und zum schwachen Sieden bringen. Kein Salz, kein Gemüse, nur Huhn. Genau danach soll die Brühe schließlich schmecken. Nach 10 Minuten die Brühe mit einem kleinen Löffel probieren: null Geschmack. Nach 20 Minuten: immer noch null Geschmack. Nach 1 Stunde: schon besser, nach 2 Stunden: hervorragend, nach 2½ Stunden: exzellent. Nach 3–4 Stunden ist schließlich das Maximum an Geschmackstiefe bei gleichzeitig vollem Aroma erreicht. Mehr geht nicht, ohne die typischen Noten von gekochtem Huhn zu verlieren. Eine lange Kochzeit ist also Voraussetzung für guten Flavour.

Der Grund dafür ist einfach: Die Proteine, die sich in Fleisch und Knochen befinden, bestehen aus (20 verschiedenen) Aminosäuren, darunter die Glutaminsäure, die für die Geschmacksrichtung umami verantwortlich ist. Solange die Glutaminsäure in den Proteinen festgebunden ist, trägt sie nicht zum Geschmack bei. Werden die Proteine jedoch zerhackt – durch Fermentation oder, wie hier, durch lange Hitzeeinwirkung –, wird sie in hohen Konzentrationen frei. Zugleich liegt der Geschmacksverstärker Inosinmonophosphat (IMP), ein Abbauprodukt des Muskelzelltreibstoffs Adenosintriphosphat, in hoher Konzentration vor. Beide Mo-

Das Silikonwerkzeug:
für sanftes Streicheln des werdenden Essens in Topf und Pfannen.

leküle zusammen erzeugen einen höchst intensiven Umami-Geschmack, der von anderen freien Aminosäuren mit schwachen Süß-sauer-bitter-Noten abgerundet wird. (Wer genau hinschmeckt, entdeckt in der lang gekochten Hühnerbrühe unterschwellig eine Spur Säure, die auf Lactate und Bernsteinsäure zurückzuführen ist.)

Aber da ist noch mehr. Hühnerbrühe erweckt den Eindruck einer intensiven Mundfülle. Das ist eine sensorische Wahrnehmung, die nichts mit Geschmack zu tun hat, obschon sie nicht zufällig oft in Verbindung mit Umami-Geschmack auftritt. Bei der Spaltung der Proteine entstehen nämlich außer freier Glutaminsäure auch Proteinbruchstücke, die eine Glutaminsäure tragen, neben der noch zwei oder drei (hydrophobe) Aminosäuren verbleiben: Glutamyldi- und -tripeptide. Diese lösen bei den entsprechenden Rezeptoren im Mund einen Eindruck aus, der sich mit »Mundfülle« umschreiben lässt. Unterstützt werden sie dabei von Oxidationsprodukten der Fette. Sind Fette über längere Zeit höheren Temperaturen ausgesetzt, werden Fettsäuren vom Glycerin getrennt und über freie Sauerstoffradikale gesättigt. Diese oxidierten Fettsäuren, Oxolipine, tragen ebenfalls in erheblichem Maß zum Kokumi-Eindruck bei. Das Füllegefühl ist also keine Folge einer erhöhten Viskosität und damit eine Texturfrage – Hühnerbrühe ist so flüssig wie Wasser –, sondern kommt lediglich durch die Präsenz der Glutamylpeptide und der Oxolipine zustande.

Fast vergisst man bei diesem Umami-kokumi-Festmahl das besondere Aroma der Brühe. Gekochte Hühnerbrühe weist erstaunlicherweise Röstnoten auf, die sich zu den typischen Aromen von gekochtem Fleisch und den typischen Hühnerfettaromen gesellen. Diese Röstnoten lassen sich verstärkt durch langes Kochen herauskitzeln. Dass sie bei unter 100 °C überhaupt entstehen, ist wieder der Chemie geschuldet. Mit zunehmendem Simmern bilden sich aus frei werdenden Aminosäuren Zwischenmoleküle, sogenannte Aromavorläuferprodukte, die hoch reaktiv sind und in weiteren Schritten zu den finalen Aromen reagieren. Auch für das Aroma gilt »gut Ding will Weile haben«, ebenso wie für umami und kokumi. Heiß oder sogar kalt getrunken, ist die Brühe jedenfalls eine kleine sensorische Sensation.

Das Geheimnis der Brühen hat Köche schon immer fasziniert. Wer Kochgeschichtsbücher liest, stolpert irgendwann über den Begriff »Osmazom«. Dann stößt man auf folgende Beschreibung aus dem »Damen Conversations Lexikon« (Band 8, 1837): »*Osmazom, ein Bestandtheil des Fleisches, welchen jede Köchin, ohne es zu wissen, bereitet, indem sie Bouillon kocht. Diesem Stoffe verdankt die Fleischbrühe ihren Geruch und ihren Geschmack. In zusammenhängender Substanz wird O. gewonnen, wenn man Fleisch durch kaltes Wasser ausziehen läßt, dann das Wasser zum Theil verdampft und das mit ausgezogene Eiweiß auf diese Art abscheidet (indem es gerinnt und auf dem Filtrirpapier zurückbleibt), die durchgehende Flüssigkeit zur Syrupsdicke verkocht und mit Weingeist auszieht, diesen aber durch Verdampfung fortschafft.*«

In Frankreich befassten sich große Köche vom Schlage eines Jean Anthelme Brillat-Savarin und Auguste Escoffier damit eingehend und leiteten sogar gesundheitliche Vorteile daraus ab. Natürlich ist auch bei Justus von Liebig und seinem Fleischextrakt davon die Rede. Was diese Forscher nicht wussten: Sie waren umami und Mundfülle dicht auf der Spur, ohne je eine chemische Analyse vorlegen zu können. Faszinierend!

Laut anderen Quellen aus der damaligen Epoche wurde bereits dem Osmazom eine heilende Wirkung nachgesagt und sogar daran geforscht. Nachweisen konnte man sie jedoch nicht, und auch nach neuesten Forschungen wirkt Hühnerbrühe weder für noch gegen Erkältungskrankheiten. Selbst wenn eine heiße Hühnerbrühe in solchen Situationen gefühlt durchaus guttut. Daher dauert die unbehandelte Erkältung ganze 14 Tage, während das regelmäßige Trinken der Hühnerbrühe den Krankheitsverlauf auf 2 Wochen verkürzt. Wer unbedingt an etwas glauben möchte, kann sich an dem Reaktionsprodukt der Aminosäuren Cystein und Methionin namens Taurin festhalten. Taurin, das massenweise in Energydrinks gemixt wird, kommt in Hühnerbrühe in hohen Konzentrationen vor. Es verleiht weder Superkräfte noch zusätzliche Energien, aber es unterstützt diverse Placeboeffekte.

Aber zurück in die Küche: Das Ganze funktoniert natürlich auch mit Gans, Taube oder Kaninchen (das ist zwar kein Geflügel, schmeckt aber trotzdem gut) und ist die geschmackvollste Endverwertung von Karkassen und Gerippen – wohlgemerkt immer ohne Gemüse und Salz gekocht. Verfeinern und erweitern lässt sie sich im Nachhinein wohldosiert und je nach Einsatz rasch mit einem halben Glas Pilzessenz, Selleriebrühe, Lauchbrühe oder Möhrenessenz.

Die Hühnerbrühe lässt sich sehr gut bevorraten (dazu sei unbedingt geraten!). Heiß in sterile Schraubgläser gefüllt, hält sie sich sehr lang im Keller – und ist immer flüssig zur Hand, also instantan, ohne den Umweg des Auftauens. Ideal (nicht nur) für Risottos oder Linsen, die statt in Wasser mit Hühnerbrühe gegart werden, für pochiertes Gemüse und natürlich als Eigengeschmacksverstärker für geschmorte oder pochierte Hühnerbrüstchen. Stark, bis zur »glace« einreduziert und mit Butter angefettet, eignet sich diese Reduktion bestens zum Glacieren von Geflügelfleisch oder Gemüse. Zu Fischen ist das übrigens ebenfalls sensationell.

GRUNDREZEPT: HÜHNERBRÜHE

1 Suppenhuhn oder Hühnerreste

Die Hühnerreste in einem Topf mit kaltem Wasser bedecken und zum Simmern bringen (ohne Salz und weitere Zutaten). Das leichte Sieden (es geht auch bestens im Backofen bei 95 °C) hat einen Vorteil: Die Brühe bleibt klar und muss nach dem Kochen nicht mehr geklärt werden. Proteintrümmer sammeln sich auf dem Topfboden an den Knochen oder Fleischresten. Nach 3½–4 Stunden im Ofen abkühlen lassen.

Das fest gewordene Fett, das sich beim Abkühlen an der Oberfläche absetzt, nicht wegwerfen, sondern abschöpfen und im Kühlschrank aufbewahren. Zum Schluss unter Gemüsepfannen, Risotto oder Pasta gehoben, bereichert sein feines Hähnchen(brühen)aroma viele Gerichte.

Schraubgläser bei 120 °C im Ofen sterilisieren, die Brühe in die Gläser füllen und warten, bis der Deckel ploppt und eingezogen ist. Haltbarkeit: mindestens 1 Jahr.

RETTICHSUPPE

2 längliche schwarze Rettiche – Salz – 600 ml intensive Hühnerbrühe
1 Frühlingszwiebel – 4 kleine Salbeiblätter – glatte Petersilie
Etwas sehr alter Käse (Parmesan, Sbrinz ...), gerieben

Die Rettiche abbürsten und mit der Schale in sehr dünne Scheiben schneiden. Die Scheiben leicht salzen und nicht länger als 10 Minuten »weinen« lassen, danach abtupfen. Die Hühnerbrühe erhitzen.

Die Frühlingszwiebel mit Grün in feine Ringe schneiden und zusammen mit den abgetupften Rettichscheiben in Teller geben.

Die heiße Hühnerbrühe angießen. Mit Salbei, Petersilie und geriebenem Käse garnieren.

Der Hype um die Brühe

»Cool!«, jubelt der Hipster: Knochenbrühe ist der neue Kaffee, und Kollagen das neue Vitamin. So werben Geschäftsleute für die Knochenbrühe und neppen mit irrsinnigen Preisen beim Kauf im Internet. Das Kollagen der Brühe soll angeblich schnurstracks in die eigenen Knochen und die Haut wandern und Letztere nach jedem Schluck mehr straffen. Falten waren vorgestern, die Knochenbrühe ist der Antiaging-Zaubertrank von morgen, man muss nur früh genug damit anfangen, so die Theorie, die Faltenvermeidungskur beginnt schließlich ab 30.

Nichts davon ist wahr. Zwar bestehen Knochen aus Kollagen, aber das kommt natürlich nicht dort an, wo man es gern hätte, in den eigenen Knochen, in der Cellulitis oder in den Gesichtsfalten. Erstens reichen die üblichen Küchentemperaturen bis maximal 300 °C nicht aus, um die Knochen zu erweichen. Das Kollagen ist zwar mikroskopisch auch in Fasern aufgebaut, diese sind aber hochgradig quervernetzt. Und selbst wenn wir kiloweise Kollagen/Gelatine essen würden – die Enzyme des Pankreas zerteilen es, wie jedes andere Protein im Essen, in dessen Aminosäuren, und diese werden entweder dort verwertet, wo sie gerade gebraucht werden, oder zu anderen funktionellen Stoffen umgebaut. Dabei steht das äußere Gewebe Haut ganz hinten an, denn die Zellfunktion geht vor. Die Knochenbrühe ist also keine Medizin. Das ist, wie vieles beim Thema Essen, postfaktischer Unsinn.

Richtig ist hingegen, dass Knochenbrühe sehr gut und vollmundig schmeckt und charakteristisch duftet. Beim (langen) Kochen werden Proteine, die sich vor allem in den Schwammknochen befinden, nach und nach »zerhackt«, das heißt, zerlegt in Aminosäuren (darunter die Glutaminsäure) und Peptide. Diese sorgen für den guten Geschmack, hauptsächlich umami mit einem Hauch Säure, Süße und Bitterkeit, und für den Eindruck von »Mundfülle«, kokumi (siehe Seite 241). Ist noch etwas Fleisch an den Knochen (manche Metzger nennen das »Fleischknochen«), wird dieser Geschmack weitgehend verbessert.

Aber Knochen ist nicht gleich Knochen. Das wissen alle, die Saucengrundlagen und Fonds selbst herstellen. Vom Metzger kennen wir Markknochen oder Gelenkknochen. Die meisten Hobbyköche geben sich damit zufrieden. Aber es geht noch mehr, wie sich bei einem Gespräch mit meinem Demeter-Glanrindzüchter und Direktvermarkter auf dem Wochenmarkt herausstellte. Bei mir stand Brühekochen auf Vorrat an, und er hatte Knochen dabei. Er meinte, er würde mir noch ein, zwei »Schwammknochen« mitgeben und bückte sich unter die Ladentheke. »Die haben mehr lösliches Kollagen«, erklärte er, als er wieder auftauchte, und zeigte mir die aufgesägten Knochen. Sie sahen tatsächlich aus wie ein feinporiger, harter Schwamm. »In diesen feinen Verästelungen und Bläschen finden Sie alles, was Sie für besondere Brühen und Fonds brauchen.« Das leuchtete mir sofort ein, und in der Tat: Die Brühe war überaus gut. Sie schmeckte noch intensiver, noch aromatischer und – sie veränderte ihre Konsistenz beim Abkühlen. Da war es also, das »lösliche Kollagen«. Es hatte sich so viel Gelatine aus dem harten Bindegewebe der Schwammknochen gebildet, dass die Brühe im Kühlschrank glibberig wurde. Gelatine, also (durchaus längere) Biopolymere, verändern die Viskosität der Brühe über ihre hohe Wasserbindung. Die Knochenbrühe aus diesen Knochen ist (im Unterschied zur Hühnerbrühe) nicht flüssig wie Wasser, sondern etwas viskoser, dickflüssiger. Das hat entscheidende Auswirkungen auf das Mundgefühl. Denn somit sind nicht nur die Riechrezeptoren (die mit einer Vielzahl von Brühenaromen beschäftigt sind), die Umami-Geschmacksrezeptoren und die kokumi-empfindlichen Calcium-Sensing-Receptors (CaSR) aktiv, sondern außerdem noch die taktilen Rezeptoren der Fadenpapillen auf der Zunge. Diese sind in der Lage, feinste Unterschiede in den mechanischen Eigenschaften der Lebensmittel, wie die Viskosität von Flüssigkeiten, Elastizität, Sprödigkeit oder Plastizität, wahrzunehmen. Knochen ist eben nicht Knochen – weder bei uns Menschen, noch bei der Kuh und schon gar nicht in der Brühe.

Noch ein Wort zu den gerade erwähnten Brühenaromen. Der Grundgeruch ist allen Brühen gemein, egal von welchen Tieren die Knochen stammen. Lediglich das aromatische Feintuning hängt von der Tierrasse ab. Dominant sind vor allem Schwefelverbindungen: das typisch nach Fleisch duftende Bis(2-methyl-3-furyl)disulfid und das an gekochte Kartoffeln erinnernde Methional. Hinzu kommen eine Vielzahl von Laktonen, die über mehrere Reaktionsschritte aus Fettsäuren entstehen und für sehr cremig-sahnige Düfte sorgen. Wie bei der Hühnerbrühe (siehe Seite 242) bilden sich auch hier beim langen Kochen darüber hinaus Röstaromen. Damit ist klar, warum Brühen Zeit brauchen. Diese Aromabildungschemie dauert eben. Wenn man nur mal schnell »Puff« macht, stinkt's meistens.

Übrigens ist die Geschichte mit der Knochenbrühe uralt, wenn nicht sogar steinzeitalt, denn seit Entdeckung des Feuers ist dies die Methode, um auch das Letzte aus den nicht essbaren Teilen des Tiers herauszuholen: Man kocht sie aus. Heute nimmt man sie gern als Suppengrundlage, als Starter für Risottos oder helle Saucen. Ideal ist die Brühe natürlich für das Pochieren von Rindfleisch (Tafelspitz, bœuf à la ficelle ...) oder – hier landen wir wieder beim Hipster – als Heißgetränk zum Steak, wenn nicht sogar, aber bitte nur aus aromatischen Gründen, statt Kaffee zum Frühstück. Noch besser: damit zubereiteter Kaffee (siehe Rezept Seite 249). Die Vollmundigkeit der Brühe zusammen mit den Röstaromen des Kaffees ist der Hammer. Nicht unbedingt mein Morgengetränk, aber es geht schwer in Richtung neuer Saucen-Fond-Ideen!

In dem folgenden Rezept wird – im Unterschied zur Hühnerbrühe – mit etwas Gemüse gearbeitet. Das muss nicht sein, hat aber durchaus seinen Sinn. Der Lauch dient als Aromaverstärker. In der Brühe bilden sich durch das lange Kochen eine ganze Reihe fleischiger Schwefelaromen. Der Lauch fügt typische gekochte Zwiebelschwefelaromen hinzu, die Schwefelflanke wird also runder. Der Sellerie hingegen steuert neben seinen Karamell- und Currynoten noch jede Menge Geschmacksverstärker (Inosinmonophosphat (IMP) und Guanosinmonophosphat (GMP)) bei. Daher, um es mal wie ein Profikoch zu formulieren, »haut die Brühe richtig rein«.

KNOCHENBRÜHE IN REINKULTUR

1 kg gemischte Rinderknochen, inklusive Fleisch- und Schwammknochen (beim Metzger bestellen)
1 Petersilienwurzel – 200 g Sellerie
100 g Lauchgrün

Die Knochen mit 2 l Wasser aufsetzen und langsam zum Simmern bringen. Den Schaum immer wieder akkurat abschöpfen (sonst wird die Brühe nicht klar). Wenn kein Schaum mehr aufsteigt, das Gemüse putzen und grob schneiden, zugeben und 2–3 Stunden simmern lassen, am besten im Backofen bei geschlossenem Deckel und bei nicht mehr als 90 °C Ofentemperatur.

Die Brühe vollständig auskühlen lassen. Dann die Knochen vorsichtig entfernen und die Brühe durch ein Tuch passieren.

Warm als flüssige Komponente im Weinglas zu Grillsteaks servieren und damit die feine Aromatik ergründen.

KAFFEE MIT KNOCHENBRÜHE

1–2 TL Kaffeepulver – 200 ml Knochenbrühe

Zubereitung als türkischer Kaffee:
1 TL Kaffeepulver mit kochender Knochenbrühe aufgießen. Warten, bis sich das Pulver abgesetzt hat, und trinken.

Diese Variante eignet sich auch zimmertemperaturwarm als alkoholfreie Getränkebegleitung zu einem saftigen Hüftsteak, das zuvor an den Knochen hing. Wen der Kaffeesatz stört, der kann auch einen Filterkaffee zubereiten.

Zubereitung als Filterkaffee:
Einen Kaffeefilter in einen Filteraufsatz geben und über einer Kanne das Kaffeepulver mit heißer Knochenbrühe aufbrühen.

So supermodern ist diese Kaffee-Idee übrigens gar nicht: Ähnliche Ideen hatten schon die Osmazom-Köche im 19. Jahrhundert: Sie kochten die Brühe stark ein, bis nur noch ein sirupartiger Leim übrig war, und mischten diesen unter Schokolade. Deren Aromatik ist dem Kaffee gar nicht so fern.

Das Teigrädchen: ein altes Erbstück.

Tatar und Dry Aging

Was macht eigentlich den Reiz eines Rindertatars aus? »Gebt ihm rohes Fleisch, das beruhigt ihn manchmal«, rät Asterix den Römern (in »Die Trabantenstadt«), als Obelix diesen wieder einmal Schrecken einjagt. Eine beruhigende Wirkung wurde bisher zwar nicht nachgewiesen, aber wenn das Rindfleisch richtig gut ist, ist Tatar, zumindest als kleine Vorspeise, eine wunderbare Sache. »Gut« bedeutet nicht nur, dass das Tier artgerecht gehalten, ausgezeichnet gefüttert und ohne Stress geschlachtet wurde, sondern auch, dass der Metzger das Fleisch post mortem sorgsam behandelt hat. Ganz besonderes Augenmerk sollte dabei auf der Reifung liegen, und zwar auf der klassischen, uralten Methode, die heute postmodern »Dry Aging« genannt wird. Kein Gourmet würde sich Tatar aus »nassgereiftem«, vakuumiertem Fleisch, das tagelang im Supermarkt liegt, zubereiten. Das Fleisch ist viel zu sauer, hat zu viel Wasser, demzufolge keinen vernünftigen Biss und vor allem fehlt es an Aroma und natürlichem Reifegeschmack. Erst das Trockenreifen in speziellen Reifekammern mit genau geregelter Temperatur und Luftfeuchtigkeit sorgt für reichlich Umami-Geschmack. Vor allem beim Kurzbraten.

Verantwortlich für die Geschmacksrichtung umami ist in diesem Fall das Zusammenspiel von Glutaminsäure – einer Aminosäure, die in jedem Protein fest eingebunden ist – und Inosinmonophosphat (IMP), dem Abbauprodukt des Muskeltreibstoffs ATP (Adenosintriphosphat). Glutaminsäure wird normalerweise beim Garen freigelegt, wenn sich die Proteine unter Temperatureinwirkung spalten. Dasselbe geschieht hier beim rohen Rindfleisch (wenngleich viel langsamer) enzymatisch: Fleischeigene Enzyme zerlegen manche Muskelproteine und legen die Glutaminsäure frei. Gleichzeitig baut sich aber der Umami-Geschmacksverstärker IMP ab, sodass es für das Fleisch eine optimale Reifezeit gibt. Eine zu lange Reifung nach dem Motto »Viel hilft viel« wäre kontraproduktiv, denn das Fleisch hätte zwar viel Glutamat, aber kaum IMP. Lässt man es hingegen zu kurz reifen, hat man nur IMP und kaum Glutamat. Die optimale Reifezeit liegt für die meisten Rinderrassen bei etwa

4½ Wochen. Während dieser Zeit entwickelt sich auch der Eindruck der Mundfülle, »kokumi« (siehe Seite 241): Zum einen bilden die Proteine bei ihrer Spaltung nicht nur Glutaminsäure, sondern auch Peptide, die diesen Eindruck erzeugen, zum anderen entstehen bei der Oxidation der Fettsäuren Oxolipine, die sich ebenfalls als kokumi bemerkbar machen. Darüber hinaus bilden sich aus dem Fett und den Proteinen beim Reifen enzymatisch typische Aromen, die leicht an Champignons und reifen Käse erinnern; sogar ein paar Röstaromen sind auszumachen. Und nicht zuletzt reift auch die Textur mit: »Dry aged« Rindfleisch hat nach 4–4½ Wochen einen optimalen Wassergehalt. Es ist nicht trocken, aber es glitscht auch nicht auf der Zunge. Diesen feinen Charakter sollte man keinesfalls zerstören, indem man das Fleisch wolft! Zu feines Wolfen kann zu einer starken Bindung zwischen den Fleischpartikeln führen, was dann einen eher klebrigen, elastischen Eindruck im Mund hinterlässt – es wäre schade darum!

Unter einem wohldirigierten Zusammenspiel dieser Fakten lässt sich nun ein ganz besonderes Tatar zubereiten: reifes Rindfleisch (geschnitten, nicht gewolft) kombiniert mit ein oder zwei geräucherten Sardellen oder etwas Räucheraal – für noch mehr umami und kokumi.

TATAR MIT RAUCHSARDELLEN

200 g Dry Aged Beef – 2 EL Thymian-Olivenöl
2 exzellente geräucherte Sardellenfilets aus dem Öl
(z. B. Konserve aus Riga, Feinkostladen;
ersatzweise 80 g Räucheraal) – 1 EL kleine Kapern
Schwarzer-Pfeffer-Mischung (je zu gleichen Teilen schwarzer Pfeffer,
Kubebenpfeffer, Langer Pfeffer)
Grobes Meersalz – 1 Spritzer Sojasauce

Das Fleisch mit einem scharfen Messer sehr fein schneiden (nicht wolfen!) und mit dem Thymian-Olivenöl vermengen. Die Sardellen ebenfalls klein schneiden und unter das Fleisch heben.

Die Kapern und den Pfeffer unterheben. Die Fleisch-Fisch-Masse mithilfe von Dessertringen auf vier Tellern flach anrichten, mit grobem Meersalz bestreuen und gegebenenfalls mit einem winzigen Spritzer hochwertiger Sojasauce abrunden.

Fleischreifung im Rindertalgmantel

Vor vielen Jahren wurde ich von einem Sternekoch und einem Sommelier auf den Rücksitz eines Autos verfrachtet. »Auf geht's, jetzt besuchen wir Ingo Holland«, lautete die Begründung. Gegen solche »Entführungen« ist nichts einzuwenden, zumal ich jede Gelegenheit gern nutze, einem begnadeten Profi über die Schulter zu schauen. Das spontane Abendessen gestaltete sich, trotz der viel gelobten Einfachheit, als genial, für mich besonders, da ich bei dieser Begegnung von Ingo wieder einmal (siehe Seite 73) eine wertvolle Idee geschenkt bekam.

Hier meine ungefähren Erinnerungen: Im Laufe des Abends wagte ich mich in die Küche, Ingo bereitete einen extrem herzhaften Salat zu und machte sich ans Fleisch. »Kennst du das?«, fragte er und hielt mir einen weißen, glänzenden Zylinder von der Größe einer großzügig dimensionierten Wurstdose vor die Augen. Es roch talgig. »Das macht unser Metzger im nächsten Ort«, fuhr er fort. Während ich noch im Gedächtnis kramte und Vergleichbares suchte, brach er die Talghülle auf und hielt sie mir direkt unter die Nase. Unter der Talghülle roch es intensiv pilzig, würzig, mit leicht käsigen, aber keinesfalls unangenehmen Noten. Es war Rindfleisch – portionsweise unter Talg gereift. »Riecht klasse, was?«, fragte Ingo rhetorisch, »aber dreh jetzt noch nicht durch, denn es wird noch viel besser schmecken.« Es schmeckte in der Tat großartig, tief und würzig, und zerging auf der Zunge. Eine Offenbarung.

Das Aroma, der Geschmack und die zarte Textur lassen sich wirklich als Potenzierung des »Dry Aging« (siehe Seite 252) bezeichnen. Mir war sofort klar, dass ich diese Methode selbst ausprobieren und eigene Erfahrungen sammeln wollte. Das Protokoll meiner Experimente bzw. die Versuchsanweisung zum Nachmachen liest sich etwa so:

Erstens: Rinderfilet, dicke Hüftsteaks oder anderes, bereits abgehangenes Kurzbratfleisch in Portionen schneiden, abtupfen und auf Zimmertemperatur erwärmen lassen. Das vorherige »Dry Aging« verhindert, dass beim Nachreifen zu viel Wasser in dem Talg verbleibt, was den Reifungsprozess, die Aroma- und Geschmacksbildung beeinträchtigen würde.

Zweitens: Rindertalg (beim Metzger vorbestellt) in Stücke schneiden, von Blutresten säubern, Knorpelstücke und eventuelle Fasern entfernen. Den Talg anschließend im Ofen bei 90 °C schmelzen (auslassen) und das heiße Rinderfett im mit im Ofen vorgewärmten Sieb durchseihen. Das Vorwärmen ist wichtig, denn sonst kristallisiert der Talg im Sieb und verstopft die Maschen. Den Talg abkühlen lassen, bis er wachsig, aber noch zähflüssig ist (ca. 40 °C). Auch das ist wichtig, bei dieser Temperatur findet keine Myosindenaturierung statt, und das Fleisch soll ja im Fett nicht garen.

Drittens: Die kalten Rinderfiletstücke in den Talg eintauchen und diesen dicht um die Fleischstücke verschließen. Abkühlen und vollständig erstarren lassen und im Kühlschrank (am besten im Nullgradfach) für mehrere Wochen nachreifen lassen. Dabei immer wieder prüfen, ob sich Risse bilden. Falls ja, diese verschließen, das Fleisch dann aber nicht mehr so lange aufbewahren.

Will man die verschiedenen Stadien der Reifung experimentell erfassen, ist es am besten, eine ca. 20 Tage gereifte Lende zu erstehen und diese zu portionieren und einzutalgen. Da es sich bei den Reifungsproben um Stücke aus einem Tier handelt, sind rassen- und postmortembedingte Schwankungen sowie Unterschiede in der Vorbehandlung in der Zeit zwischen Schlachtung und Verkauf nahezu ausgeschlossen und die Vergleichbarkeit ist gegeben. Wenn man dann jeweils im Abstand von ein paar Wochen eines der Stücke verwendet, wird man immer wieder neue Veränderungen bemerken und erkennen, wie sich Geschmack, Aroma und Textur im Laufe der Zeit immer weiter vertiefen und verfeinern. Kein Wunder, denn an der Grenzfläche zwischen Talg und Fleisch werden die Fettoxidationsprozesse betont. Es bilden sich neben den typischen »Fleischreifungsdüften« daher vermehrt Aromatypen, die den gesättigten und ungesättigten Fettsäuren des Rindertalgs entstammen, darunter solche, die pilzig riechen oder an typische Bratfettgerüche erinnern. Grünlich-grasige Gerüche sind ebenfalls vermehrt dabei. Für die richtige Luftfeuchtigkeit während der Reifung ist gesorgt: Der Fettmantel lässt Wassermoleküle nur sehr langsam nach außen dringen, ein gutes Reifungsklima unter dem Teigmantel ist sichergestellt. Dass nach einiger Zeit Wasser entweicht, ist sichtbar: das Fleisch schrumpft ein wenig und verliert etwas an Gewicht.

Für derart edle und selbst veredelte Stücke gibt es nur zwei Zubereitungsmethoden: roh als Tatar (siehe Seite 253) oder sanft in der Pfanne bzw. auf der heißen Plancha. Dazu nichts, was dominiert. Nur etwas edler Pfeffer und gutes Salz. Klar ist aber auch, dass man solche exzellenten Stücke nicht mit einem einfachen Schoppen begleiten kann. Dazu muss man andere Kaliber auffahren, beispielsweise einen Rotwein von der nördlichen Rhône oder aus dem südlichen Burgund. Wer es gerne unkonventioneller haben möchte, trinkt dazu einen rauchigen Single Malt in sehr kleinen Schlucken.

STEAK NEBST VERDÜNNTEM WHISKY

2 Steaks, im Talg gereift
Schwarzer-Pfeffer-Mischung mit einem Hauch
Timut- und Voatsiperifery-Pfeffer – Salz
20 ml Fassstärken-Whisky mit 60–70 Vol. % Alkohol (Single Malt, stark getorft, von Brennereien in Islay)
80–120 ml vollentsalztes oder destilliertes Wasser
(dazu hat der gewitzte Trinker eine Umkehrosmoseanlage mit separater Zapfstelle zu Hause)

Die Steaks aus dem Talg herausbrechen. Talgreste grob abstreifen. Einen Teil des Talgs in der Pfanne erhitzen. Die Steaks darin englisch braten. Im Ofen bei 60 °C ca. 10 Minuten ruhen lassen. Während des Garens mit den Pfeffern würzen. Ganz zum Schluss salzen.

Währenddessen den Whisky in bauchige Weingläser füllen (riechen, probieren) und mit dem vollentsalzten Wasser sukzessive auf Rotweintrinkstärke (13–16 Vol. %) verdünnen. Bei 2 cl Whisky mit 60 Vol. % Alkohol benötigt man zwischen 80 und 100 ml Wasser. Dabei ist die Wasserqualität entscheidend. Wer kein vollentsalztes Wasser über eine Umkehrosmoseanlage zur Verfügung hat, nimmt entsprechend kalzium- und magnesiumarmes Wasser, sonst gibt es Trübungen im Glas (Pastiseffekt) und starke Veränderungen im Aroma! Daher ist in Schottland nicht nur Whisky, sondern auch Wasser das Thema Nummer eins.

Die Steaks auf vorgewärmte Teller legen und ohne Beilagen mit dem verdünnten torfig-rauchigen Whisky als puren Fleischgang im Menü genießen.

Aufgewärmte Geschichten

»Eben geht mit einem Teller
Witwe Bolte in den Keller.
Dass sie von dem Sauerkohle
eine Portion sich hole.
Wofür sie besonders schwärmt,
wenn er wieder aufgewärmt.«

Warum schmecken manche Gerichte, insbesondere Kohl – wie schon Wilhelm Busch wusste – aufgewärmt besser? Erzielt man denselben Effekt, wenn man das Gericht länger kocht, oder ist das Abkühlen und Wiedererwärmen wichtig? Was passiert da genau? Das sind spannende Fragen, bin ich doch selbst ein großer Freund solcher Vorkochzeiten, bei bestimmten Gerichten. Tatsächlich sind die Vorgänge einigermaßen komplex und vielschichtig und reichen tief in die Chemie der Aroma- und Geschmacksbildung hinein. Drei Punkte erscheinen mir in diesem Zusammenhang besonders wichtig.

Erstens: Alle Kohlgemüse (und Zwiebelgewächse) enthalten sogenannte Glucosinolate, Verbindungen aus einem Zucker und einer schwefelhaltigen Aromaverbindung. Diese Verbindungen schmecken allesamt bitter, weshalb der Grundgeschmack bitter bei Kohl und Zwiebeln deutlich zu spüren ist. Erst wenn diese Glucosinolate unter Temperatureinwirkung getrennt werden, riechen wir den typischen Kohlgeruch (der viele Schwefelverbindungen enthält) und schmecken den abgespaltenen Zucker als einen winzigen Hauch süß. Die Bitterstoffe werden mit der fortschreitenden Abspaltung immer weniger bitter, während der schmeckbare Zuckergehalt wegen der jetzt freien Zucker steigt und den Bittergeschmack zusätzlich überlagert.

Zweitens: Kohl wird meist mit Fett zubereitet. Dieses Fett verändert sich durch Oxidation, und zwar nicht während des Kochens, sondern beim Abkühlen, während der drei- bis fünftägigen Lagerung im Kühlschrank und beim Wiederaufwärmen. Ungesättigte Fettsäuren (auch solche aus der Zellmembran der Pflanzenzellen) zerfallen, aus den Bruchstücken bildet sich eine Vielzahl von Aromen. Diese bemerkt man erst beim Wiederaufwärmen.

Hier könnte vielleicht die Idee aufkommen, das Gemüse sollte doch dann, siehe Hühnerbrühe (Seite 244), siehe Rinderzunge (Seite 268), siehe Ochsenbacken (Seite 266), stundenlang garen. Im Prinzip richtig, aber bitte nicht kochen! Das Gemüse wäre matschig wie in den Sechziger- und Siebzigerjahren, bevor Wolfram Siebeck mit Vehemenz einschritt und das Matschgemüse (ein Kindheitstrauma meiner Generation) aus deutschen Küchen vertrieb. Möglich ist es mit modernen Methoden dennoch: 6–12 Stunden unter 83 °C Sous vide! Also bei Temperaturen, bei denen die vollständige Erweichung der Pflanzenzellwände nicht möglich ist. Allerdings ist die Aromabildung unter Luftabschluss eine andere, wie es die Feinheiten der Aromachemie lehren.

Drittens: Beim Abkühlen und Wiederaufwärmen schreitet die Protolyse (Proteinspaltung) weiter fort. Einige Proteine aus den Zellmembranen der Gemüse zerfallen, setzen ihre Glutaminsäure (Umami-Geschmack!) frei und bilden kurze Peptide, die die Mundfülle (kokumi) deutlich erhöhen. Dazu tragen natürlich ebenfalls alle Zutaten bei, die dem Kohlgericht beigefügt werden: proteinhaltige (Hülsen-)Gemüse, Zwiebeln, Fleisch usw.

Aus diesen Gründen lohnt es sich bei vielen Kohlgerichten, etwas mehr zu kochen und ein oder zwei Portionen für die Tage danach aufzubewahren. Oder gleich nur vorzukochen und das Gericht erst ein paar Tage später zu genießen. Aber geht bei der Lagerung nicht das ganze Vitamin C flöten? Keine Sorge: Bei länger gekochten Gerichten wie Grünkohl, Rotkohl usw. ist das meiste davon schon lange futsch. Der Gewinn hingegen liegt auf der Hand: Erst die Reifung macht den wirklich runden Geschmack aus. Und gibt es ein weiteres Aufwärmen nach dem Aufwärmen? Klar, das ist natürlich möglich und schadet nicht. Jeder Heiz- und Abkühlzyklus, so seltsam es klingt, trägt nicht nur zur Haltbarkeit über die jeweilige erneute Pasteurisierung, sondern auch zur Aroma- und Geschmacksbildung bei. Lediglich die Textur wird immer ein wenig weicher, was jedoch bei Eintopfgerichten keine große Rolle spielt. Wem das dennoch suspekt ist, der entnimmt von dem im Kühlschrank lagernden Kohl eben nur einen Teil und holt sich den Rest in 2, 3 oder 4 Tagen.

SPITZKOHL MIT ROTEN LINSEN, GRÜNEM SPECK UND VANILLE

50 g rote Linsen – 100 ml Gemüsefond – 100 g grüner Speck
1 kleine Schalotte – 2 Knoblauchzehen – 1 Spitzkohl (ca. 500 g)
50 g geräucherter Speck (Dörrfleisch) – Mark von ½ Vanilleschote
100 g Crème fraîche – Salz

Die roten Linsen ca. 10 Minuten im Gemüsefond einweichen. Den grünen Speck fein würfeln und bei niedrigen Temperaturen auslassen, ohne dass er Farbe nimmt. Schalotte und Knoblauch schälen, fein würfeln und im Speck anschwitzen. Den Spitzkohl fein schneiden, zugeben und schwenken. Den geräucherten Speck fein würfeln und zusammen mit dem Vanillemark ebenfalls zugeben. Die roten Linsen mit dem Gemüsefond untermengen und ca. 10 Minuten sieden lassen. Mit Crème fraîche abbinden, salzen und weitere 5 Minuten köcheln lassen. Vom Herd ziehen, probieren und sich den Eindruck merken. Abkühlen lassen und 4–5 Tage im Kühlschrank nachreifen lassen.

Kurz aufkochen, noch einmal probieren – welch ein Unterschied! – und servieren.

Bequem und lang im Ofen garen

In Spitzenrestaurants kommt immer wieder Fleisch in zwei Präparationen – natürlich in dem Menü angepassten Miniportionen – auf den Teller: kurzgebratenes Filet und Geschmortes vom gleichen Tier. Ich gehöre zu der Fraktion von Genießern, die das (subjektiv) beste Stück auf dem Teller ganz zum Schluss verzehren. Warum? Das wissen vielleicht Esspsychologen. Aber warum auch immer, für mich ist es auf jeden Fall das Schmorstück.

Richtig schmoren ist eine Kunst, ich habe Jahre gebraucht, um es so hinzubekommen, dass ich gerade eben zufrieden bin. Mein gegenwärtiger Stand der Forschung ist in den folgenden Erkenntnissen grob umrissen. Wichtig ist zunächst das richtige Fleisch. Für Schmorgerichte darf es nicht zu mager sein, sondern sollte durchwachsen sein und Kollagen (Bindegewebe) enthalten. Beinfleisch (das bekannteste ist vermutlich Osso buco) und Kopffleisch (Maske) eignet sich sehr gut. Das beste Schmorfleisch ist und bleibt jedoch die Ochsenbacke. Der Muskelanteil ist durch das Widerkäuen ständig in Bewegung, das Fleisch ist aufgrund der hohen Durchblutung dunkel und das Bindegewebe durchzieht in feinen Adern das gesamte Stück: Saftigkeit ist garantiert. Kollagen ist wie ein aus drei Strängen geflochtenes Drahtseil aufgebaut und das belastbarste Protein überhaupt, reißfest bis zum Gehtnichtmehr. Roh kann es gar nicht zerbissen werden. Erst beim Schmoren wird das Proteindrahtseil entflochten und in Gelatine verwandelt, die Wasser bindet und für Saftigkeit sorgt. Das dauert aber.

Damit komme ich zu Punkt zwei: Eine zu kurze Schmorzeit ist fatal, das Fleisch bleibt zäh und unzerkaubar. Schmorzeiten bis zu 3 oder 4 Stunden werden dagegen mit einem Genuss belohnt, der jedes noch so feine Kurzbratstück schlägt. Ich sage nur: Textur, Aromen, Mundfülle und umami. Wie immer bei proteinreichen Lebensmitteln, die für lange Zeit erhöhter Hitze ausgesetzt sind, hydrolisieren so manche Proteine. Proteinstücke aus zwei und drei Aminosäuren, von denen eine die Glutaminsäure ist, sorgen für den Eindruck von Mundfülle, kokumi genannt (siehe Seite 241). Gleichzeitig entsteht freie Glutaminsäure, die im Gegensatz zu anderen Aminosäuren nicht weiter zu Aromen reagiert, sondern für den Umami-Geschmack sorgt. Viel Glutaminsäure ist schon gut, aber es kommt noch besser! Für noch mehr umami sorgt nämlich das Schmorgemüse wie Sellerie, Möhren und Lauch, insbesondere aber Pilze, die den Schmorprozess mitmachen. Diese liefern die Geschmacksverstärker Inosinmonophosphat (IMP) und Guanosinmonophosphat (GMP). Trifft nun die Glutaminsäure zusammen mit IMP und GMP auf die Umami-Rezeptoren auf der Zunge, feuern diese über die Nerven mit deutlich höheren Ausschlägen Ströme ins Gehirn und verstärken die Umami-Sensation. Diese klassische, jahrtausendealte Kochtechnik, Fleisch mit Gemüse, Wurzeln und Pilzen lange Zeit zu kochen, zeigt eines sehr deutlich: des Homo sapiens übergroße Lust auf umami. Andernfalls hätte diese Kochmethode nicht in fast allen Kulturen bis heute überlebt. Und das Beste daran ist: Trotz des Zeitaufwands ist Schmoren keine Arbeit, denn man muss ja nicht dabei sein. Die Ochsenbäckchen kurz anbraten (sind keine Röstaromen erwünscht, entfällt dies), Schmorgemüse anbraten, mit Wein und Gewürzen kurz ansieden und dann für 4 Stunden ab in den Ofen. Setzt man einen Timer, kann man bereits mit süßen Schmorträumen im Bett liegen, während der Braten über Nacht langsam im Ofen abkühlt.

Vor dem Spontangenuss am nächsten Tag bewahrt jedoch die dritte Erkenntnis: Wenn man sich in Zurückhaltung übt und den Schmorbraten nicht gleich aufisst, sondern ihn noch 1 Woche im Kühlschrank oder kalten Keller nachreifen lässt, wird man überrascht sein, was sich entwickelt: noch mehr Aromen, noch mehr Mundfülle, noch mehr Umami-Geschmack! Ein guter Rat vom Schmorfan lautet daher: Immer viel machen (und weniger essen) und in mehreren Portionen aufbewahren. Das Fleisch muss nicht eingefroren werden; in guten Plastikboxen (oder notfalls eingeschweißt) hält es sich bis zu 4 Wochen bei 1–2 °C im Fleischfach des Kühlschranks – und gewinnt täglich an Aroma und Geschmack hinzu (ähnlich wie die Rinderzunge, Seite 268, und das Kohlgericht, Seite 261). Das wusste schon die Großmutter: Aufgewärmtes schmeckt besser. Das ist Chemie!

GESCHMORTE OCHSENBACKEN

1 kg Ochsenbacken – 100 g Rindertalg (ersatzweise Butterschmalz)
Salz – 2–3 Fleischknochen vom Rind – 1 Schwammknochen vom Rind
1 Schalotte – 3 cm Lauchgrün – etwas Knollensellerie
1 kleine Möhre – 3 EL getrocknete Curryblätter – 1 EL Chana Dal
Masala (indische Gewürzmischung) – 1 EL Paprikapulver rosenscharf
300 ml Rinderfond – 1–2 Flaschen tanninarmer Rotwein
(z. B. stahlfassausgebaute Gamay, Cabernet Franc, Merlot)
10 g getrocknete Steinpilze – 50 g getrocknete Shiitakepilze
Butter zum Montieren

Die Ochsenbacken in große Stücke schneiden (nicht unter 8 cm, da sonst das meiste Kollagen in die Sauce wandert, und das Fleisch soll ja auch schlotzig werden). Die Stücke portionsweise im Rindertalg anbräunen, danach herausnehmen und nur leicht salzen. Die Rinderknochen im selben Topf ebenfalls anbräunen und herausnehmen.

Schalotte und Suppengemüse schälen, klein würfeln, ebenfalls im Rindertalg schwenken und leicht Farbe annehmen lassen. Gewürze und Kräuter zugeben und anschwenken.

Fleisch und Knochen zurück in den Topf geben und den Topfboden abkühlen lassen (damit es beim Fond- und Weinangießen nicht zu großen Hitzewallungen und Dampfentwicklung kommt, sondern Aromavorläufer und Aromen, die sich bereits gebildet haben, in ihrem Lösungsmittel Fett verbleiben).

Mit Rinderfond und Wein aufgießen, die getrockneten Pilze zugeben und auf dem Herd ansieden, aber nicht aufkochen. In den Ofen geben und bei 100 °C bis zu 4 Stunden schmoren lassen. Über Nacht im Ofen abkühlen lassen und anschließend mehrere Tage kühl lagern.

Vor dem Servieren das Fleisch herausnehmen und in etwas von dem entstandenen Fond erwärmen (ca. 70 °C). Den restlichen Fond durch ein Sieb passieren, den Teil, der als Sauce dienen soll, abmessen und den Rest (als Grundlage für spätere Saucen) aufbewahren. Den Saucenfond stark reduzieren, mit Salz abschmecken und mit der Butter montieren. Das Fleisch gut abtupfen, in tiefen Tellern anrichten und mit der Sauce überziehen.

Passende Begleiter zu dieser Köstlichkeit sind beispielsweise bissfest gegarte Topinambur, Kartoffeln oder Möhren – und der kräftigste Rotwein, den der Keller freiwillig hergibt.

Übrigens: Ab und zu werde ich gefragt, warum ich so gern etwas Curry oder andere exotische Gewürze dazugebe. Ganz einfach: Es ist immer so wenig, dass es gar nicht indisch oder exotisch schmecken kann, gibt aber ein raffiniertes Aroma, das kaum erahnen lässt, wo es herkommt.

Lange Zungen – edle Teile

Es gibt Stücke vom Tier, die als Menükomponente zu Unrecht in Verruf geraten sind. Die Zungen zum Beispiel. Die Vorstellung, etwas zu essen, »was andere schon im Mund hatten«, scheint vielen abwegig. Dabei bestehen Zungen, wie alles Tierische, lediglich aus hochwertigem Protein.

Besonders edel ist die Rinderzunge. Richtig zubereitet, hat sie die Konsistenz eines gekochten Schinkens und ist sowohl kalt als auch warm eine Delikatesse. Ich pökle sie gern vor dem Garen (es funktioniert aber auch ohne, siehe Rezept Seite 269). Wer keine Angst davor hat, kann Nitritpökelsalz verwenden und wird dafür mit schönen roten Farben des Zungenfleisches belohnt. Grobes Meersalz tut es aber ebenso gut. Ich reibe also die Zunge mit grobem Salz ein, gebe sie mit Salz in einen großen Plastikbeutel und lasse sie einen halben Tag lang pökeln, dann hat sie später einen leicht salzigen Geschmack und eine kompaktere Konsistenz, ohne ihre Zartheit zu verlieren.

Die Garzeiten der Zunge dürfen nicht unterschätzt werden. Rinderzunge ist zwar ein Muskel, aber durchsetzt von relativ viel Kollagen und Nervengewebe. Das Bindegewebe ist wie ein Drahtseil aus drei Proteinen gewickelt und benötigt Zeit und mindestens 65 °C, um sich zu Gelatine zu entwickeln. Anders als reines Muskelfleisch kann man Zunge daher nicht roh essen, sondern muss sie lange thermisch behandeln. Das überlasse ich gern dem Backofen, denn dabei lässt sich die Hitze einigermaßen kontrollieren und die Zunge siedet bei Ofentemperaturen zwischen 90 °C und 100 °C gemächlich 3–4 Stunden vor sich hin. Gar ist sie, wenn sich die harte Lederhaut bei Temperaturen oberhalb 40 °C problemlos von dem Zungenfleisch abziehen lässt. (Den Trick lernte ich von Vincent Klink, dem legendären wie stattlichen Stuttgarter Koch mit exzellenter Schreibe und hocherfreulich scharfer Zunge.) Schnellgerichte sind Zungen daher nicht. Dafür belohnen sie das lange Garen dank der Gelatine, die viel Wasser bindet, mit einer wunderbar saftigen Konsistenz. Aber immer noch ist das Gericht – selbst nach stundenlangem Kochen – nicht fertig. Man könnte es zwar essen, besser ist es jedoch, es in Ruhe nachreifen zu lassen, damit sich noch mehr Geschmack und Aromen bilden, am besten nicht nur ein paar Tage, wie wir es von Kohlgerichten (siehe Seite 261) kennen, sondern, ähnlich wie bei Ochsenbacken, mindestens 1 Woche. Zum Glück ist so eine Rinderzunge ein mächtiges Teil, das für viele Mahlzeiten reicht. Hat man sie also 1 Woche lang im Kühlschrank liegen lassen, kann man damit viele Mahlzeiten bestreiten – warme und kalte (und natürlich sehr schnelle. Wenn man so will, ist selbst gemachte Rinderzunge perfektes Convenience-Food). Kalt eignet sie sich zum Beispiel für Blatt- und Gemüsesalate (exzellent ist sie warm und kalt gewürfelt im Kartoffelsalat) oder für Sülzen. In sehr dünne Scheiben geschnitten, schlägt sie so manchen Schinken zum Spargel. Warm macht sie sich mit Brühe und Gemüse gut. Leichte Frühsommergemüse mag sie besonders gerne, und in Würfel von 1 cm Kantenlänge geschnitten, macht sie in sahnigen Pilzgerichten eine wunderbare Figur. Es ist also keine schlechte Idee, die nachgereifte Köstlichkeit über mehrere Tage zu strecken. Die Ideen gehen selten aus.

WEINSAURES ZÜNGERL (UNGEPÖKELTE VERSION)

1 l Weißwein – 250 ml Reisessig (alternativ Weißweinessig)
1 Zwiebel – 1 Lauchgrün – 1 Handvoll Selleriegrün – 1 Zweig Lorbeer
Senfsaat – frisch gemahlener schwarzer Pfeffer – einige Nelken
Einige ganze Kardamomkapseln – Salz
1 Rinderzunge

Den Ofen auf 110 °C vorheizen. In einem Topf aus 500 ml Wasser, Weißwein und Essig einen Sud vorbereiten. Das Gemüse putzen, grob würfeln und zusammen mit allen Gewürzen in den Sud geben. Aufkochen und auf 80 °C abkühlen lassen. Dann die Zunge hineinlegen, sie sollte mit Flüssigkeit bedeckt sein. Die Zunge im Ofen 3–4 Stunden gar ziehen lassen. Nach 1 Stunde kann die Ofentemperatur auf 90 °C gesenkt werden. Wichtig: Das Fleisch über Nacht im Sud auskühlen lassen und anschließend im Sud 1 Woche im Kühlschrank ziehen lassen.

EXAKT GETIMTER TAFELZUNGENSPITZ

1 gegarte Rinderzunge (siehe Rezept oben)
2 kleine festkochende Kartoffeln – 4 frische Bundmöhren
2 weiße Spargelstangen – 1 kleiner Kohlrabi – grobes Meersalz
1 kleines Stück Meerrettichwurzel
4–6 Tropfen Kürbiskernöl (aus einer Pipette, die gibt's in der Apotheke)

Die Zunge aus dem Sud herausnehmen, die Lederhaut abziehen, den klaren Sud durch ein feines Tuch oder Sieb passieren. Den Teil der Zunge, der gegessen wird, in Scheiben (1 cm) schneiden. 300 ml des Suds abmessen. Die Restzunge in den Restsud geben und im Kühlschrank (bis zu 1 weiteren Woche) aufbewahren, nach und nach verwenden. 100 ml des Fonds für die Tellerbrühe aufbewahren.

Die Kartoffeln schälen und halbieren. Die Möhren abbürsten und die grünen Ansätze belassen. Den Spargel schälen und in 3 cm lange Stücke schneiden. Den Kohlrabi schälen und in 3 cm lange, 1 cm dicke Stifte schneiden. Das Gemüse in vier Töpfe verteilen, mit etwas Sud bedecken und je nach Kochzeit garen (Kartoffeln 15 Minuten, Möhren 10 Minuten, Spargel 10 Minuten, Kohlrabi 8 Minuten; alles ungefähre Angaben zur Orientierung). Die 100 ml Zungenbrühe erwärmen. Die Zungenscheiben in 1–2 EL Sud (zusätzlich zu den in der Zutatenliste angegebenen 300 ml) leicht erwärmen.

Gemüse abseihen und in tiefen Tellern anrichten (die Sude der Gemüsegarung nicht wegwerfen, sondern zusammenschütten und am nächsten Tag Gemüse darin kochen). Die Zungenscheiben danebenlegen und je 1 kleinen Saucenschapf Sud über das Fleisch gießen.

Fleisch und Gemüse mit grobem Salz bestreuen, den Meerrettich über das Fleisch raspeln und in den Fond 2–3 Tropfen Kürbiskernöl pipettieren.

Wer dazu eine gut gereifte Flasche knochentrockenen Riesling von der Mosel öffnet, bedient ein gutes Stück Esskultur.

Der Weinöffner:
zum Entfernen schwieriger, alter, bröseliger Weinkorken.

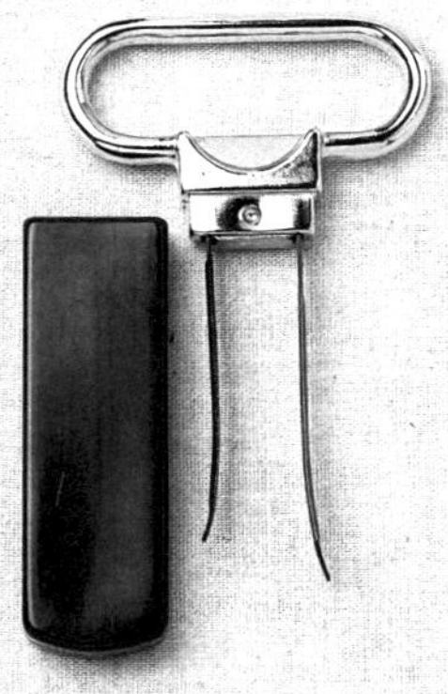

Vom Räuchern und Rösten

Der Glanz alter Pfannen

Ich bin eigennütziger Pfannenretter. Ja, ich rette gebrauchte Pfannen, Woks oder Paellatöpfe vor allzu eifrigen Spülerinnen und Spülern, denn darin befindet sich oft ein unschätzbarer, leicht angebackener Wert: Geschmack und Aromen, vorwiegend heterozyklische Geruchsstoffe, das heißt Röstaromen aller Art, außerdem Glutamat und freie Aminosäuren, Reaktionsprodukte wie Pronyl-Lysin (schön braun), Salze und Gewürzreste. Viel zu schade zum Wegspülen, sofern sie nicht stark bitter oder schwarz sind.

Werden in Pfannen Steaks, Würste, Gemüse oder Reis gebraten, in welchen Zubereitungen auch immer, backt stets ein Teil davon in Krusten leicht an und röstet weiter, seien es nun kleine Fleisch- oder Gemüsetrümmer, die sich beim Braten lösen, Röstgemüsestückchen oder hin und wieder leicht haftende Kollagenrückstände an den Pfannenrändern. Das passiert im Übrigen bei jeder Pfanne, selbst bei gut eingebrannten Guss- oder Eisenpfannen. Wird es zu heftig, ist dies ein Zeichen dafür, die Pfannen demnächst wieder neu einzubrennen (siehe Seite 303). Beste Kandidaten für dieses Experiment sind allerdings glitzernde Edelstahlpfannen, die selbst der härteste Küchenfreak nicht einbrennt, um Anlassfarben zu vermeiden. Die Krusten, die sich auf dem Boden und an den Rändern bilden, haben im Allgemeinen einen schlechten Ruf, denn sie lösen sich nur widerwillig und das Säubern ist meist eine Qual. Allerdings verströmen sie einen unbeschreiblichen Duft! Statt den stark gebräunten, mitunter verbrannten Pfannenboden abzuspülen und die Bratreste in die Kanalisation zu verabschieden, ist es deshalb besser, den darin gefangenen Geschmack und die Aromen mit Wein, Fond oder schlicht mit Wasser loszukochen und aufzufangen. Der so gewonnene »Röstextrakt« lässt sich wunderbar als flüssige Würze einsetzen. Die feinen Röst- und Würznoten in etwas Flüssigkeit und Fett/Butter erwärmt, gelöst und passiert oder gefiltert sind beste Saucenverstärker, denn die Maillardreaktion (Bräunungsreaktion), also die Aromenbildung beim Anbraten von Proteinen, Fetten und Kohlenhydraten, liefert herrliche

Röstnoten. In solch einer Würzflüssigkeit lassen sich dann wiederum gut gewürzte Würste wie Chorizo, Paprikawurst oder stark gekräuterte Würstchen angebraten. Oder aber man nutzt die Essenz zur Saucenverstärkung und verfeinert damit Gemüsegerichte bzw. Gedünstetes, das keine eigenen Röstnoten mitbringt.

Ist ja ganz nett, aber wie ist das mit dem bösen Acrylamid? Stimmt, das kommt darin auch vor, wie im Kaffee, in der Brotkruste und bei Bratkartoffeln. Acrylamid ist kaum vermeidbar. Immer wenn die Aminosäure namens Asparaginsäure auf Glukose trifft, entsteht bei höheren Rösttemperaturen Acrylamid. Je mehr von beidem vorhanden ist, desto mehr. Den Namen dieses Stoffes kannten vor der Jahrtausendwende vermutlich nur Chemiker oder sonstige Nerds. Erst als eine schwedische Arbeitsgruppe im Jahr 2000 in der Zeitschrift »Chemical research in toxicology« (Bd. 13, S. 517 ff.) die Frage stellte: »Acrylamide: a cooking carcinogen?«, erlangte die Chemikalie ungeahnte Berühmtheit. Rösten, grillen, toasten wurde für ungesund erklärt. Acrylamid gilt seitdem als wahrscheinlich Krebs erregend. Vergessen wird gern, dass die Versuchstiere damals mit Unmengen an reinem Acrylamid regelrecht ersäuft wurden. Kein Wunder also, dass Zellen wucherten und die Tiere an Krebs starben. Der kochende Hominide verleibt sich, seit er das Feuer beherrscht und darüber grillt und brät, Acrylamid ein. Tausende von Jahren schien das kein großes Problem zu sein. Ohne verharmlosen zu wollen, erlaube ich mir daraus auf die Relevanz der Gefährdung zu schließen. Bei normalem Essverhalten ist sie aus meiner persönlichen Sicht null. Wohlgemerkt: Jährlich sterben durch Alkohol mehr als 10 000 Menschen allein in Deutschland. Forschungsvorhaben zur Alkoholreduktion im Single Malt oder im Côte du Rhône würden für absurd erklärt. Selbst ein totales Alkoholverbot ist aus kulturellen Gründen tabu. Wie auch die Geschwindigkeitsbegrenzung auf Autobahnen. Daran sterben jährlich deutlich mehr Menschen als durch Acrylamid, Dioxin und Transfettsäuren zusammen.

Vermutlich war mein Vater der Auslöser meiner immer wieder praktizierten Topf- und Pfannen- bzw. Krustenretterei. Er goss sich regelmäßig das in Pfannen verbliebene Restfett von Bratkartoffeln oder

Schnitzeln über den angerichteten Teller, obwohl schwarze Trümmer darin schwammen. Ein Albtraum für Ernährungswissenschaftler. Fett und Verbranntes! Aber er kam eben aus einer anderen Zeit, kannte Krieg, Not und Hunger, also aß er alles, nichts wurde weggeworfen. Heutzutage wird jedem mit solchen Ernährungsgewohnheiten der rasche Tod vorhergesagt. Er bewies verschmitzt das Gegenteil oder war zumindest eine der vielen Ausnahmen von dieser Regel. Als ich ihn immer wieder darauf hinwies, dass es schädlich sein könnte, tat er den Spruch seines Lebens: »Geh, lass mir damit mei Ruah. Da darfst bald überhaupts nix mehr fressn!«

WÜRSTCHEN MIT SUD

4 gut gewürzte Grillwürste (Chorizo, Merguez ...)
1 Zweig Rosmarin – 1 Zweig Thymian – 5 Lorbeerblätter
150 ml Weißwein oder wenig adstringierender Rotwein

Die Würste mit einer Nadel anstechen und in einer Edelstahlpfanne mit den Kräutern kräftig anbraten, alles darf durchaus Farbe nehmen. Die Pfanne mit einem Deckel verschließen, die Würste mit den aus den Kräutern weiter aufsteigenden Aromen bedampfen und ein paar Minuten räuchern. Das Grillgut herausnehmen und warm halten.

Den gebräunten und klebenden Pfanneninhalt mit Wasser, etwas Weißwein ankochen und ziehen lassen, bis sich der Pfanneninhalt gelöst hat. Den Sud durch ein feines Sieb abgießen. Aus den eingefangenen Röstaromen eine Sauce bereiten, zum Beispiel weiter reduzieren, salzen und die Grillwürste damit bepinseln, oder mit Olivenöl zu einer lockeren Emulsion aufschlagen und über das als Beilage gereichte gekochte Gemüse geben. Die so gewonnenen Pfannenextrakte lassen sich durchaus sammeln und zu Saucen oder Brühen als Extrakick geben.

Fazit: Wegwerfen kann man den Pfanneninhalt immer, etwas daraus zu machen, ist avanciertes Kochen.

Die Eisenpfanne: für alles, was Hitze verträgt.
Muss mal wieder eingebrannt werden.

Fisch aus dem Räuchertopf

Bei Räucherfisch denkt man gern an Lachs, Aal, Heilbutt oder Schellfisch. Diese in Profischränken geräucherten Fische liegen bei einschlägigen Fischhändlerketten je nach Fangsaison in den Auslagen und schmecken wunderbar. Fitzelchen davon wirken in Gemüsesalaten fast wie ein Rauchgewürz und fördern zugleich ein schmelzendes Mundgefühl, besonders wenn man fettreiche Fische wie Aal oder Heilbutt dafür verwendet.

Aber die gekauften Rauchwaren schmecken und riechen immer irgendwie ähnlich. Klar, auch diese Ketten müssen den Massengeschmack bedienen. Irgendwann hatte ich davon im wahrsten Sinne des Wortes die Nase voll und wollte zu Hause räuchern. Ein Räucherschrank kam aus Platzgründen und wegen des abgelehnten Antrags bei der hausinternen Budgetabteilung nicht infrage. Also probierte ich es mit dem Wok: Räucherholz rein, bei Vollgas auf die Induktionsplatte, bis es glimmt, räuchern. Das ging ganz gut, aber auf Dauer war mir der Wok zu schade, außerdem erwies sich die Temperaturkontrolle als mittlere Katastrophe. Dann entdeckte ich während eines Schaufensterbummels vor Küchenshops Räuchertöpfe. Sie haben einen schweren Boden, einen durchsichtigen Glasdeckel mit guter Silikonabdichtung und einem Thermometerchen über einer dafür vorgesehenen Öffnung, wiederum mit Abdichtung. Damit waren und sind, vorausgesetzt, man hat einen starken Dunstabzug in der Küche, Räucherexperimente zwischen 40 °C und 120 °C möglich.

Seitdem kaufe ich etwas mehr Fisch, als ich für das Menü brauche, und räuchere den Rest. Es muss nicht immer ein sehr fetter Fisch sein, selbst einfache vorfiletierte Fische wie Kabeljau, Dorsch oder Seelachs lassen sich auf diese Weise behandeln, wenn die Temperatur niedriger ist. Bei zu hohen Temperaturen hat man dann Fischmuskelfasern zwischen den Zähnen.

Und was das Beste ist: Ich kann jetzt mit dem Räuchermaterial spielen! Buchen- und Nadelholz ist natürlich immer eine gute Grundlage.

Aber wer verbietet mir gemahlenes Eichenholz, das zuvor in Whisky, Rum, Madeira oder Wein lag? Niemand. Es geht jedoch noch schräger. Wer unerschrocken und bereit ist, eine wirklich ungewöhnliche Variante auszuprobieren, rennt wie ich in den Zeitungs- und Tabakladen und ersteht ein paar gute Pfeifentabake. In die Auswahl für dieses Experiment kommen hochwertige, handverlesene Tabake oder feine Blends, aber auch aromatisierte, die nach feinen Karamellnoten, Vanille oder den bereits angesprochenen Spirituosen duften. »Aber Sie raache doch nischt«, staunt die freundliche Mainzerin, die mein Gesicht eher mit Zeitungen verbindet. »Ich möchte damit Lebensmittel räuchern, in der Küche«, antworte ich. Sie guckt jetzt so, als könne man mir gar nichts mehr glauben, reicht mir die nicht ganz billigen Tabake über den Tisch und meint: »Denn saache Sie mir unbedingt, wie des geworde is.« Auf kleinen Pumpernickelquadraten mit Butter macht sich pfeifengeräucherter Dorsch ganz wunderbar, finde ich. Offiziell empfehlen möchte ich das Räuchern mit Tabak aber lieber nicht. Auch wenn der Nikotineintrag geringer ausfällt als beim Rauchen einer halben Zigarette.

DORSCH, GERÄUCHERT

300 g Dorschfilet – 2 TL Salz – 2 TL Zucker
1 EL Buchenräuchermehl
Räucherchips vom schottischen Whiskyfass (Gourmetversand)

Räuchertopf

Das Filet in kleine Stücke schneiden und mit Salz und Zucker ca. 30 Minuten beizen. Einen Räuchertopf mit etwas Buchenmehl belegen und auf dem Herd oder mit dem Flammenwerfer anglimmen, bis die Temperatur im Räucherraum ca. 60 °C erreicht. Dann die Räucherchips auf die glimmenden Späne geben und den abgetupften, trockenen Fisch hineinlegen. Bei schwacher Hitze (max. 65 °C im Räucherraum) 30–40 Minuten, je nach gewünschter Aroma-Intensität, räuchern.

Fischleber aus dem Smoker

Im Süden Frankreichs, in Spanien oder Italien bekommt man manchmal fantastische Lebensmittel, ohne danach zu suchen. Ganze Seeteufellebern, zum Beispiel. Roh haben sie die Farbe der aus dem Wasser ragenden Füße des Opfers aus dem letzten »Tatort«. Nichtsdestotrotz sind sie eine Delikatesse, wenn man sie richtig zubereitet. Heikles Thema, schon klar, denn bereits bei Kochtrivialitäten wie Hühner- oder Entenleber steigt so mancher aus und rümpft die Nase. Mit Fischleber braucht man erst gar nicht anzukommen.

Doch warum eigentlich? Fischleber ist entgegen anderslautenden Gerüchten mitnichten ungesund. Sie enthält in hohen Konzentrationen Vitamin D bzw. deren physiologisch verfügbare Vorläufer sowie Omega-3-Fettsäuren. Da spart man sich doch glatt die Lachsölkapsel aus der Apotheke, deren kulinarischer Genuss sich maximal auf den zum Runterschlucken eingeschenkten, kalten Pouilly Fumé oder Meursault beschränkt.

Ironie beiseite, warum sollte es all das in der Fischleber geben? Ganz einfach. Im Allgemeinen werden fermentierte Lebensmittel und gekeimte Saaten hoch gelobt, denn sie enthalten mehr Vitamine, mehr Proteine und mehr rasch verfügbare Aminosäuren, während die meisten phytotoxischen Stoffe abgebaut sind, und so weiter. Das leuchtet ein, weil es das Ziel der bakteriellen, enzymatischen Vorverdauung bei der Fermentation ist, ebenso wie bei der Präparation für ein werdendes Pflanzenleben bei der Keimung von Saaten. Und gesund für den Menschen muss es sein, weil's pflanzlich ist.

Was aber der Pflanze und dem Saatgut recht ist, kann dem tierischen Leben nur billig sein. Die Leber ist, vereinfacht gesagt, neben dem Darm der Hauptfermenter. Dort wird alles Lebensnotwendige synthetisiert, was der Fisch (ähnlich wie das Landtier) zum Leben braucht: Vorläuferprodukte des Vitamin D, essenzielle langkettige Omega-3-Fettsäuren, wertvolle Peptide und Aminosäuren. Und das Ganze in einer Form, die nicht nur biologisch verfügbar ist, sondern auch definitiv küchentauglich mit hohem Genussfaktor.

GRUNDREZEPT: GERÄUCHERTE SEETEUFELLEBER

1 frische Seeteufelleber (oder andere Fischleber) – Meersalz
15–20 Zweige Rosmarin (möglichst mit holzigem Anteil)

Kugelgrill

Die Leber waschen und gegebenenfalls Blutgefäße und Sehnen entfernen. Mit Meersalz einreiben und ca. 1 Stunde im Kühlschrank »beizen«. Danach abwaschen und trocken tupfen. Den Kugelgrill (oder Grill mit Deckel) anfeuern. Wenn die Glut steht, die Temperatur auf 80–90 °C regeln und die Rosmarinzweige auf die Glut geben. Sobald die Temperatur erreicht ist, die Fischleber in dem geschlossenen Grill und bei weiter sinkender Temperatur 45–60 Minuten räuchern. Vor dem Anschneiden vollkommen erkalten lassen und mindestens 1 Tag kühl nachreifen lassen. Wegen des Räucherns hält sich die Leber im Kühlschrank bis zu 1 Woche und wird täglich besser.

Auf Vorspeisentellern oder als Element zu saucenarmen Fischgerichten reichen. Auch gegrillte Fische oder Pastateller auf Meeresfrüchtebasis lassen sich mit dünnen Scheiben der Leber verfeinern

MEERESSALAT

*300 g Meeressalat (Algenmischung aus Wakame, Nori, Dulse, Arame)
1 kleiner Radicchio – 1 kleine Schalotte – 1 EL Lebertran (aus der Apotheke) – 2 EL Olivenöl – 2–3 EL Genmai Su (japanische Essigwürze) – 4 sehr frische Garnelen
4 Jakobsmuscheln – geräucherte Fischleber (s. Seite 279)*

Trüffelhobel oder Mandoline

Die Algen waschen, den Radicchio in feine Streifen schneiden. Die Schalotte würfeln. Lebertran (= Fischöl) und Olivenöl mischen und mit Genmai Su eine Vinaigrette herstellen und zu den Zwiebelwürfeln geben. Die Garnelen sehr fein (tatargleich) schneiden und unter die Zwiebelvinaigrette rühren. Die Jakobsmuscheln in einer sehr heißen Pfanne kurz auf beiden Flächen anbraten.

Den Meeressalat und den Radicchio auf Tellern anrichten und mit der Vinaigrette beträufeln. Die Jakobsmuscheln in die Mitte setzen. Mit dem Trüffelhobel (oder einer Mandoline) sehr feine Scheiben der geräucherten Leber darüberhobeln.

Zu dieser Vorspeise passt übrigens ein 10 °C kühler Rauchtee aus China, natürlich im Weinglas serviert.

Der Lebertran ist in der Tat kein Witz. Er gibt, geblendet mit anderen Ölen, Aromanoten, die sich für Salate mit Meeresfrüchten, Algen, oder für Fische ganz hervorragend eignen. Auch kalten Vorspeisen gibt er einen geheimnisvollen Dreh.

Roux – eine Rehabilitierung

Bei uns zu Hause hieß es »Bräune«, schwäbisch für »Roux« (rot), »Einbrenne« oder »Mehlschwitze« im Hochdeutschen. Schließe ich heute die Augen und versetze mich in die Küche meiner Mutter, steigt mir unweigerlich dieser typische Geruch ins Dufthirn. Meist war er ein sicherer Vorbote für braune Linsen, Saure Kutteln, Saure Nierchen. Typische Gerichte auf »Bräune«-Basis eben, ich gerate ins Schwelgen.

Butter, Mehl, Hitze. Mir hat das immer geschmeckt – trotz Wolfram Siebeck, meinem kulinarischen Ferndozenten, der in seinen Publikationen darauf schimpfte. Gewaltig. Des Öfteren. Im »Zeitmagazin« und anderswo. Meines Wissens nach das letzte Mal im Jahr 2010, ich zitiere: »Die Mehlschwitze, jene gusseiserne Säule der deutschen Plumpsküche in der ersten Hälfte des 20. Jahrhunderts, war aus dem Repertoire gestrichen. Sie tauchte erst wieder mit der Ostalgie auf, als mancher im trüben Licht der Erinnerung in der sozialistischen Mangelküche Qualitäten zu erkennen glaubte, die sie eindeutig nicht hatte.« Vertrieben aus der Küche hatte den Roux als Erster der dreifache Zentnerriese Fernand Point, der eigentliche Begründer der französischen Nouvelle Cuisine, bereits in den Vierziger- und Fünfzigerjahren des vergangenen Jahrhunderts. Er band seine Saucen nach dem Reduzieren mit Butter, sein legendärer Befehl »Du beurre, du beurre, et encore du beurre!« brachte es auf den Punkt: Das Mehl wurde weggelassen, die Butter vervielfacht. Aus stärke- und proteingebundenen »Plumpssaucen« wurden sämige Öl-in-Wasser-Emulsionen. Die sind zwar nicht kalorienärmer, wirken aber sensorisch leichter.

Und dennoch, ich bleibe dabei, die Mehlschwitze gehört zum Küchenstandard und ist immer eine bessere Lösung als gar keine Lösung. (Wenn es beim Lesen dieses Satzes donnert, schlägt Wolfram auf seiner himmlischen Küchenwolke mit dem Saucenschöpfer grantelnd um sich.) Warum maße ich mir das an? Ganz einfach: Das Anrösten von (Weizen-) Mehl in schäumender Butter vereinigt gleich zwei verschiedene Äste der

Aromabildung: Zunächst bilden sich Röstaromen aus Proteinbausteinen und der Laktose der Butter. Diese enthält nämlich 16 % Wasser, sprich: Molke, worin sich Milchproteine und bei Süßrahmbutter viel Laktose, Milchzucker, lösen, die beim starken Erhitzen über die Maillardreaktion röstige Karamell- und Nussaromen bilden. Daher wird diese gebräunte Butter im Kochjargon auch als »Nussbutter« bezeichnet. Hinzu kommen nun die Duftkomponenten des gebräunten Weizens. Vor allem bei der Aromabildung über dessen Proteinschiene (über das Gluten) bilden sich wunderbare Röstnoten, die sich mit denen der Butter ergänzen. Bei höherer Hitze kommen weitere Aromen (und Glukose aus der Stärke) hinzu. Die Aromen, die sich auf zwei unterschiedlichen Schienen bilden, addieren sich nicht, sie potenzieren sich – eine einzigartige Kombination, die man in dieser Form selten findet.

Doch die Bräunegeschichte ist damit noch nicht zu Ende: Die hohe Hitze und das anschließende Köcheln lassen manche der Proteine in Bruchstücke zerfallen, darunter die Glutaminsäure, die im Weizenkleber bis zu 33 % vorhanden ist und in größeren Mengen freigelegt wird. Sie ist sehr hitzestabil, beteiligt sich nicht an der Maillardreaktion und sorgt für einen wunderbar starken Umami-Geschmack. Und nicht zuletzt kommt noch die Physik ins Spiel: Solange das Mehl in reinem Butterfett bräunt, quillt die Stärke nicht auf, sondern wird nur partiell gespalten (siehe Aromabildung!) und behält einen Großteil der Bindekraft bei. Wird der Roux mit kaltem (sonst klumpt's) Wasser, Fond oder Brühe abgelöscht, zeigt sich seine Verdickungswirkung – zusammen mit den zuvor gebildeten Aromen und dem Geschmack eine kleine Sensation für die Sensorik!

Ostalgie wurde bei mir nicht diagnostiziert, auch nicht Schwäbalgie, dazu bin ich viel zu sehr Wahlrheinmainer, dennoch pflege ich dieses Kulturgut der »Plumpsküche« immer wieder. Meister Siebeck zuliebe nenne ich die Sache Roux. Er liefert verlässlich freies Glutamat (umami), Fett (Emulsion) und Viskositätserhöhung (Textur) – drei Basissäulen des Kochens. Nicht von ungefähr wurde die Einbrenne kürzlich rehabilitiert und in den französischen Küchenkanon zurückgeholt. Von keinem Geringeren als Yannick Alléno.

DER KLASSIKER: LINSEN MIT SAITENWÜRSCHTLE

100 g Tellerlinsen – 1 Zwiebel – 1–2 Lorbeerblätter
Nelken – weißer Pfeffer – Salz – 40 g Butter – 60 g Mehl
100–150 ml trockener Weißwein (oder Brühe)
Essig (bzw. eine andere Säure) nach Belieben
2 Paar Saitenwürste (Wienerle, Frankfurter …)
2 Scheiben Bauernbrot (Sauerteigbrot)

Die Linsen über Nacht in kalkarmem Wasser einweichen. Die Zwiebel würfeln und mit den Gewürzen, inklusive Salz, zu den Linsen in einen Topf geben und bissfest kochen.

Für den Roux die Butter erhitzen, bis er aufschäumt, dann das Mehl einrühren und unter ständigem Rühren hell anbräunen. Mit Wein oder Brühe ablöschen und aufkochen. Davon zu den Linsen geben, bis eine sämige Bindung vorhanden ist. Mit Salz und deftigem Essig abschmecken. Mit den Würsten und Sauerteigbrot servieren.

Übrigens: Wem es doch zu plumpsig ist, der möge den Rat von Michael Hoffmann (dem Gemüsepionier) beherzigen: Bei Linsen einfach einen kleinen Teil der gekochten Linsen pürieren, das gibt Sämigkeit, den Rest ganz lassen. Auch nicht schlecht, aber mit fehlenden Aromen.

Großmutters Trick mit der stark gebräunten Zwiebel

Wie bereits bemerkt, bin ich kein großer Freund von Sättigungsbeilagen. Meine gefühlte Sättigung hole ich mir lieber über mehrere Komponenten auf dem Teller. Je mehr kleine Elemente darauf liegen, desto besser, dann hat das Belohnungszentrum im Hirn reichlich zu tun. Daher kann es als Beilage durchaus einmal eine halbe Kartoffel sein, sofern sie sich von Aroma, Textur und Garung her anbietet. Oder 1 Esslöffel jenes wunderbaren Vollbutterkartoffelpürees (siehe Seite 140).

Ein Element geht immer, und das Beste daran ist, es gart ganz von selbst, nebenher auf dem sanften Ceranfeld, während Vorspeise und Hauptgericht in Arbeit sind. Ich meine die Zwiebel. Ob rot, braun, strohfarben oder Schalotte – egal. Sie ist quasi ein Universalelement für so gut wie alle Teller. Diese Idee geht auf den alten »Ur^{n}großmuttertrick« (n = die Anzahl der Generationen) zurück, allem eine angekokelte Zwiebel mit auf den Weg zu geben. Wälzt man alte Rezeptbücher oder Kladden, findet man immer wieder den Hinweis, man möge für den Saucengeschmack eine halbierte Zwiebel mitschmoren, die auf der Schnittfläche in einer Pfanne vollkommen geschwärzt wird, also praktisch auf der Oberfläche verbrannt ist. Aus Sicht der Wissenschaft ist das gar nicht so verkehrt, denn zum einen bestechen Zwiebeln mit ihrem hohen Anteil an freier Glutaminsäure (sprich: Glutamat), die für einen tiefen herzhaften Umami-Geschmack sorgt, gepaart mit einer Vielzahl an süßlichen Zuckern, und zum anderen liefert das Anrösten unbeschreibliche Aromen, deren Düfte sich irgendwo zwischen schwefligen Röststoffen, Karamell, Brotrinde und Rauch einordnen lassen – alles Attribute, die Genießer in Saucen nicht vermissen möchten. Dem Rat der weisen Alten kann hier ohne Zweifel gefolgt werden.

Bis zum Schwarzrösten gehe ich bei der Universalbeilage nicht, aber eine halbe angebratene und in einer Pfanne angegrillte Röstzwiebel hebt jeden Gemüseteller und ist als gemüsiges Würzelement ein willkommener Begleiter für Gerichte, die sonst keine Röstnoten aufweisen, wie etwa gedämpfter oder pochierter Fisch oder Huhn.

KABELJAU MIT UNIVERSALZWIEBEL

2 kleine rote Zwiebeln – Olivenöl – 400 ml Fischfond
Saure Sahne zum Montieren – 4 kleine junge Möhren
4 kleine Zucchini – 4 Handvoll Spinat
4 kleine Kabeljaufilets
(je nach Marktlage auch Seelachs oder anderen Fisch)

Die Zwiebeln schälen, halbieren und die Schnittflächen mit Olivenöl bestreichen. In einer glatten Pfanne bei halb geschlossenem Deckel auf der Schnittfläche langsam braten, sodass nur auf der Bratfläche eine starke, dunkle Bräunung entsteht und die Zwiebel im Inneren eher dämpft. Gegebenenfalls in der abkühlenden Pfanne nachziehen lassen.

Den Fischfond in einem Topf erwärmen, auf 100 ml reduzieren und mit der sauren Sahne montieren. Das Gemüse putzen bzw. schälen und separat bissfest garen: Möhren in gesalzenem Wasser (oder Gemüsebrühe) gar ziehen, Zucchini in Olivenöl leicht andünsten. Den Spinat sehr kurz blanchieren und ausdrücken.

Die Fischfilets dämpfen, sie sollten innen noch glasig sein (die Kern-Gartemperatur sollte unter 40 °C liegen).

Fischfilets und Gemüse anrichten, die Zwiebelhälften nochmals halbieren und mit der gebräunten Schnittfläche nach oben auf die Teller legen. Mit etwas von der Sauce nappieren.

Der Löffel Sättigungsreis würde jetzt nur stören.

Röstaromen allen Ursprungs vereinigt euch!

Sellerie ist ein wunderbares Gemüse, viel zu schade, um es nur im Suppengrün oder als zwangsläufige Schmorzutat einzusetzen – wobei es kein Wunder ist, dass es dort niemals fehlen darf, denn gäbe es die Knolle nicht als Gemüse, man müsste sie glatt als Gewürz erfinden. Sellerie strotzt nur so vor kräftig-würzigem Aroma. Sein Aromaspektrum ist außergewöhnlich erdig und unglaublich würzig, es duftet nach Harz und Waldboden und etwas süßlich-röstig nach Karamell. Verantwortlich für die erstaunlichen Karamell- und Röstnoten sind spezielle Aromagruppen (Phthalide), die normalerweise beim Rösten entstehen, die der Sellerie aber – als eines der wenigen Gemüse – bereits beim Wachstum einbaut. Sie geben zum Beispiel Waldorfsalaten oder den berühmt-berüchtigten Crudités der einfachen Bistros eine gewisse aromatische Tiefe. Erwärmt man nun das Gemüse (ohne es zu rösten), verstärkt sich die Karamellnote und es duftet, ähnlich wie bei Bockshornkleesaat, fast ein wenig nach Curry. Dies ist dem Aromastoff Sotolon, einem Furan, geschuldet, der sich beim Kochen aus den Pflanzenzuckern bildet und einen intensiven süßlichen, suppigen Duft verströmt – den typischen Sellerieduft.

Oft nehme ich bei Marktbesuchen eine Knolle dieses Wundergemüses auf Verdacht mit, ohne zu wissen, was genau daraus wird. Sie lässt sich ohne Probleme tagelang im Gemüsefach lagern und ist immer ein Experiment wert (apropos, ein bisschen von dem Selleriewein (siehe Seite 32) steht noch im Keller). So ist es auch diesmal. Als ich mit einer frisch gekauften Knolle vom Markt komme, überlege ich, was ich damit zaubern könnte. Mein Blick fällt auf die zum Gourmetbrenner beförderte Lötlampe und schon macht es klick: Rösten verstärkt die Röstnoten – bzw. im Unterschied zu anderen Gemüsen kann der Sellerie mit seinen eigenen Röstnoten gut dagegenhalten. Ich bürste die Kugel nur ab und flämme die Schale rundum ab, bis sie schwarz ist, bereite sie also auf die ursprünglichste, Hunderttausende Jahre alte Art zu: archaisch direkt über dem offenen Feuer. Für die eigentliche Garung greife ich dann allerdings auf den Ofen zurück und lasse das schwarz gebrannte Gemüse 4 Stunden bei 85 °C vor sich hin garen. Das Karamellaroma Sotolon sowie dunkle, verbrannte Röststoffe verbinden sich zu einem intensiven Röstduft. Die Knolle riecht nun wunderbar, aber ich warte noch und lasse das gute schwarze Stück ein paar Tage im Kühlschrank nachreifen, das kann dem Aroma nicht schaden.

Währenddessen überlege ich. Natürlich könnte ich den Sellerie als Beilage zu gebratenem oder pochiertem Fleisch einsetzen, aber ich hätte Lust, ihn zum Hauptprotagonisten eines Tellers zu machen. Als ich nach dem Reifen an dem Gemüse rieche und einen Hauch harzige, waldige Duftnoten neben den karamellig-verbrannten Aromen vernehme, weiß ich plötzlich, wie: Eine Flasche dunkles, röstmalziges Bier erscheint vor meinem geistigen Auge; ein frischer Quark dazu würde für die perfekte Cremigkeit und Textur sorgen. Dieser Teller, fand ich, ist ebenso schlicht wie genial, darum gibt es das Rezept hier zum Ausprobieren.

GRUNDREZEPT: GEFLÄMMTER SELLERIE

2 nicht zu große Knollensellerie

Lötlampe mit mindestens einer halbvollen Gaskartusche

Den Knollensellerie gut abbürsten und nicht schälen! In der Schale abflämmen, bis die Schale richtig schwarz ist und sich verbrannte Aromen in der Nase zeigen. Danach in einem geschlossenen Gefäß (zum Beispiel Römertopf, Tajine oder gusseiserner Topf) mit etwas Wasser, der Boden sollte benetzt sein, im Ofen bei 85 °C 4 Stunden fertiggaren. In der geflämmten Schale abkühlen und möglichst noch ein paar Tage im Kühlschrank durchziehen lassen. Die fertige Knolle hält sich im Kühlschrank (vakuumiert oder in Lagerboxen) bis zu 2 Wochen.

Zum Servieren im Ofen bei 60 °C auf Temperatur bringen, falls gewünscht schälen (das ist jedoch aus aromatischer Sicht eher nicht empfehlenswert), die Knollen in Schnitze schneiden und diese in einer sehr heißen Grillpfanne brandmarken.

Der Sellerie passt perfekt zu gebratenem Fleisch, selbst zart gebratene oder gar in Hühnerbrühe pochierte Hähnchenbrüstchen fühlen sich an seiner Seite wohl. Als Hauptprotagonist bestreitet er problemlos alleine einen Gemüsegang, zum Beispiel mit Bierquark und einem Stück geröstetes Bauernbrot. Röstaromen allen Ursprungs: vereinigt euch!

BRATLINGE MIT BIERQUARK

Geflämmter Sellerie (siehe Rezept Seite 290)
500 ml fester junger Quark – 50 ml dunkles, malziges Rauchbier
1 Prise Salz – Liebstöckel
50–100 ml feines Mandelöl, geröstet – etwas grobes Meersalz
4 Scheiben Sauerteigbrot

Den abgeflämmten Knollensellerie im Ofen bei 60 °C erwärmen. In 1 cm dicke Scheiben schneiden, ohne sie zu schälen. Der schwarze Rand sieht nicht nur dekorativ aus, sondern verleiht dem Gemüse wunderbare karamellig-verbrannte Duftkomponenten.

Wer möchte, kann die hellen Scheiben noch kurz in einer heißen Grillpfanne zur aromatischen Verstärkung nachmarkieren.

Quark und Rauchbier zu einem Dip verrühren, leicht salzen und etwas Liebstöckel zugeben. In der Mitte der Teller kunstvoll nach Art von Massimo Bottura verteilen. Die Selleriescheiben darauf anrichten. Mit etwas Mandelöl begießen und mit grobem Salz bestreuen.

Eine Scheibe frisch getoastetes Sauerteigbrot dazu reichen und (natürlich!) mit einem Glas des Rauchbiers genießen.

Temperaturkontrollierte Faserseparation

Pulled Pork gilt als Herausforderung am Grill und wird nicht selten als Königsdisziplin bezeichnet. Also wollte ich wissen, wie das funktioniert, obwohl ich in der Regel keine derart großen Fleischstücke verarbeite. Aber im Dienste der Küchenforschung müssen Opfer gebracht werden, und allzu groß ist das Opfer auch wieder nicht, denn nach der Pulled-Pork-Prozedur ist das Fleisch lange haltbar und kann und wird mich mindestens 1 Woche lang erfreuen.

Ich kaufe also ein für mich garantiert zu großes Stück (um 1 kg) durchwachsenes Schweinefleisch, zum Beispiel Schulter oder Nacken, würze es mit einer Senfpaste (in diesem Kontext auch »Rub« genannt) und lege es in einen mit 90 °C relativ schwach beheizten und mit Deckel versehenen Grill über Räucherspäne. Dann lasse ich es, je nach Größe, Form und Gewicht sanft 9–12 Stunden smoken. Interessant ist dabei der Verlauf der Temperatur, denn sie zeigt eine lange Plateauphase, während der sie mehrere Stunden lang nicht über 60–65 °C steigt. Wie gesagt, höchst interessant – physikalisch, aber auch kulinarisch. Denn genau in dieser Zeit entscheidet sich, ob sich zu guter Letzt saftige Muskelfasern leicht voneinander trennen lassen, oder ob man nach dem Garen auf trockenen Schnüren herumkauen muss.

Der Grund dafür liegt in der Beschaffenheit des Fleischsafts. Etwa ein Drittel dieses Wassers ist frei, der Rest an Proteine gebunden. Wäre das Fleisch ein Badeschwamm, der sein freies Wasser in mehr oder weniger konstanten Raten in den Kugelgrill abgibt, würden die benötigte Verdampfungsenergie und die erforderliche Verdunstungskälte die Temperatur (der Kenner spricht von Feuchtkugeltemperatur) leicht absenken und nach dem kompletten Austrocknen des Schwamms sofort auf die Garraumtemperatur ansteigen lassen. (Würde die Temperatur hingegen beim Grillen eines wasserfreien Stücks Speck gemessen, stiege diese gemäß den Wärmeleitungsgesetzen an.) Ähnliches passiert mit dem Fleisch im Kugelgrill. Das Kunststück besteht nun darin, Temperatur und Grilldauer so einzustellen, dass einerseits das freie Wasser nicht zu schnell verdampft, sich aber andererseits das zwischen den einzelnen Muskelfasern liegende Bindegewebe (Kollagen) in Gelatine verwandeln kann. Aus jeder Kollagentripelhelix bilden sich drei wasserlösliche Gelatinefäden, die das noch im Muskelfleisch gebundene Wasser erneut binden. Die Temperatur im Fleisch sollte daher nicht über 60 °C steigen. Das wahre Pulled Pork bewegt sich genau an der physikalischen Grenze zwischen Kollagendenaturierung und dem Wasserverlust in den Muskelfasern, denn ab 60 °C kann Kollagen langsam denaturieren, gleichzeitig steigt über 60 °C der Wasserverlust in dem Muskelanteil des Fleisches an. Dieser Balanceakt ist wichtig, sonst wird das Pork zwar »pullbar«, aber völlig »dry gesmoked«. Ist die Denaturierung des Kollagens abgeschlossen, steigt die Temperatur wieder an – und das Pulled Pork ist fertig. Die saftigen Muskelfasern können nun mit der Gabel quer separiert (»gepullt«) werden und Teller und Burger füllen – eine zarte, saftige und rauchige Belohnung für die Geduld.

Zugegeben, es ist nicht jedermanns oder gar jedefraus Sache, stundenlang einen Grill zu überwachen. Zum Glück geht es auch anders, wenngleich man unter eingefleischten Grillmeistern darüber nicht laut spricht: Der Balanceakt kann nämlich elegant im Ofen oder Sous vide umschifft werden. Bei dieser Methode kommt das Fleisch entweder samt Marinade in einen Bräter oder man schweißt es ebenfalls samt Marinade ein und lässt es im Combidämpfer für ein paar Stunden bei 58 °C vorgaren. Den Rest der Zeit darf es dann im Smoker verbringen, nicht mehr zum Garen, sondern lediglich zum Aromatisieren. Diese Methode eignet sich gut zum Vorbereiten des Pulled-Pork-Grillfests. Denn wer will schon auf einem Kasten Bier sitzend 12 Stunden vor dem Smoker verbringen, um den genauen Temperaturverlauf zu kontrollieren und zu protokollieren?

Es lohnt sich auf jeden Fall, immer mehr als nötig zuzubereiten, denn das gegarte Fleisch ist haltbar und Reste lassen sich sehr gut in Salaten, als Beilage zu Gemüsegerichten oder in Suppen verwenden. Daher ist die für mich in der Tat riesige Menge Fleisch auch eine kleine Investition in die Kulinarik der kommenden Tage.

PULLED PORK

1 kg Schweineschulter

Für die Marinade bzw. den »Rub«:
100 ml Tomatenkonzentrat (am besten selbst hergestellt, aus eingekochten Tomaten) – 100 g Senf
50 ml Honig – 1 EL Tomami – 50 ml Sojasauce
100 ml Schweineschmalz – 2–3 frische rote Chilischoten
1 EL Salz

Kugelgrill

Alle Zutaten für Marinade bzw. »Rub« mit dem Stabmixer zu einer sämigen Emulsion mixen. Das Fleisch damit einreiben, in Frischhaltefolie wickeln und über Nacht im Kühlschrank reifen lassen.

Anderntags den Kugelgrill präparieren, die Temperatur um 60–65 °C einpendeln und das Fleisch 9 Stunden darin garen. Das Stück aus dem Grill herausnehmen und mit zwei Gabeln in Fasern zupfen.

Diese sind zum Beispiel perfekt für einen selbst gemachten Burger: mit frischem Gemüse wie Gurke und Tomate, säuerlichem Naturjoghurt und knackigem Salat zwischen die Hälften eines Burger-Buns schichten und mit einem Schluck Rauchbier genießen.

Feuer bei die Fische

Man möge drei Mal die Woche Fisch essen, liest man immer wieder. Da seien gesunde Omega-3-Fettsäuren drin, diese hätten ein entzündungshemmendes Potenzial und würden Herz-Kreislauf-Erkrankungen vorbeugen. Dies ist ausnahmsweise mal die Wahrheit, denn fetter, ja fetter (!) Fisch trägt zwei essenzielle Fettsäuren in sich, die kein pflanzliches Gewächs in sein Fettspektrum einbaut. Während Landpflanzen und Nusssaaten in der Regel bis zur dreifach ungesättigten Linolensäure, vereinzelt zu etwas vierfach ungesättigter Eicosatetraensäure kommen, schaffen es Land- und insbesondere Wassertiere (sowie Rotalgen, die ebenfalls diese »Fischfettsäuren« einbauen) zu den noch höher ungesättigten und physiologisch wirksamen Fettsäuren Docosahexaensäure (DHA) und Eicosapentaensäure (EPA).

Entgegen anderslautenden Aussagen hat übrigens die Linolensäure keine präventiven Eigenschaften, wie sich in vielen Forschungsarbeiten zeigt. Außerdem wurde mittlerweile bewiesen, dass zwar manche Tiere aus der Linolensäure DHA und EPA herstellen können, der menschliche Stoffwechsel jedoch nur in sehr geringem und keinesfalls ausreichendem Maße. So viel zu modernen Ernährungsmärchen. Chia- oder Leinsamen, Nüsse und dergleichen ersetzen keinen Fisch. Wie könnte das auch sein. Die Ölsaaten entstehen und leben unter völlig anderen Bedingungen als Meeresgetier und Meerespflanzen. Daher wäre Mutter Natur schön blöd, würde sie diesen Saaten fünf- oder sechsfach ungesättigte Fettsäuren mit auf den Weg geben. Die Folgen wären klar: Man könnte beim Ranzigwerden quasi zuschauen, denn je mehr Doppelbindungen (je ungesättigter), desto instabiler die Fettsäure. Der Fettspeicher wäre rasch dahin und schon wär's vorbei mit einer erfolgreichen Keimung.

Dreimal wöchentlich Fisch zu essen, klingt daher zwar erst einmal nicht unvernünftig – ist es aber. Denn dann hat der gemeine Verbraucher zwar das gesunde Fett verspachtelt, aber unter Umständen auch jede Menge Schadstoffe, die sich dank immer verdreckterer Meere über die Lebensjahre in den Tieren akkumulieren. Ganz abgesehen von der

Überfischung der Bestände und gefährdeten Arten! Derartige Empfehlungen sind eher für die Lifestyle-Medien gedacht als für seriöse Esser und Genießer. Die essen Fisch nämlich nur aus einem Grund: weil er exzellent schmeckt und sich daraus wunderbare Teller zaubern lassen – und nur unter einer Bedingung: dass sie eine hervorragende Qualität bekommen. Damit ist klar: Allein Letzteres wird die Menge des verzehrten Fisches begrenzen, denn gute Fischqualität ist in vielen Gegenden unseres Landes ein Problem. Bei mir kommen maritime Köstlichkeiten daher meist in Frankreich auf den Tisch. Zum Beispiel maquerau – Makrele.

Makrelen gibt es zuhauf in Schwärmen, sie sind (noch) nicht überfischt und wegen ihres küstennahen Lebensraums ohne großen Beifang zu fischen. Sie gehören, das freut auch die Ernährungsberater, zu den fettreichen Fischen. Und das Wichtigste für alle Genussmenschen: Sie schmecken exzellent. Makrelen mariniert man gern roh in einem säuerlichen Sud und serviert sie mit einem Glas einfachen Wein wie Picpoul de Pinet, Muscadet oder Bourgogne Aligoté. Ich wähle – wenn die Exemplare wirklich ganz frisch und verantwortungsvoll gefangen und geschlachtet sind – den Weg zwischen pseudoroh und gegrillt: gebeizt und nur die Haut abgeflämmt, der Röstaromen wegen. Dazu darf's auch gern ein weniger robuster, feinerer Wein sein.

In der Bretagne gehören Makrelen zu den Stars des Nordatlantiks. Dort heißen Makrelen »Brezhell«, was mich an meine geliebte Brezel erinnert. Natürlich interpretiere ich die Makrele à la crème, um diese wunderbare Region zu würdigen. Nicht ohne Zitat an meine Heimat.

MAKRELE À LA CRÈME

1 kleine Laugenbrezel – 2 TL Zucker – 4 TL Salz
4 nicht zu große, sehr frische Makrelen
50 g Butter + 50–80 g zum Montieren – 100 ml Weißwein
100 ml Noilly Prat – intensives Rauchsalz
4 festkochende Kartoffeln – 2 EL zerlassene Butter
4 EL sehr feste Crème fraîche – 10 junge Spinatblätter (Babyspinat)
4 kleine Rote-Bete-Blätter

Gourmetbrenner oder Lötlampe

Die Laugenbrezel in kleinen Stücken im Ofen bei 150 °C Heißluft trocknen. Im Mixer zu einem Brezelpulver zerkleinern.

Zucker und Salz vermengen. Die Makrelen ausnehmen und filetieren. Die Filets ca. 20 Minuten in der Zucker-Salz-Mischung beizen.

In der Zwischenzeit aus Kopf, Flossen und Gräten einen Fond ziehen: Dazu in 50 g Butter, Weißwein, Noilly Prat und etwas Salz aufwallen lassen und nicht länger als 15 Minuten unter leichtem Sieden ziehen lassen, dann abseihen und den Fond einkochen, bis eine sehr dickliche Konsistenz erreicht ist.

Die Kartoffeln kochen, schälen und in Scheiben schneiden. Die Fischfilets abtupfen und mit einem Gourmetbrenner auf der Fleischseite vorsichtig abflämmen. Der Fisch sollte lediglich einige Röststellen erhalten, aber weitgehend roh bleiben. Den reduzierten Fischfond mit Butter zu einer Sauce montieren, eventuell etwas salzen.

Die Kartoffeln dachziegelartig auf Tellern anrichten, mit der flüssigen Butter bestreichen und mit Rauchsalz würzen, die Fischfilets danebenlegen, die Sauce spärlich angießen. Einige Kleckse Crème fraîche verteilen. Mit flüssiger Butter beträufeln. Die Teller mit wenigen Spinat- und Rote-Bete-Blättern garnieren. Die Makrelen mit Rauchsalz und etwas Brezelpulver bestreuen.

Kartoffelpüree mit versteckten Röstaromen

Ja, ich habe bereits vom Sellerie geschwärmt. Von seinem Aroma. Von seinen Röstnoten. Habe ihn – mit nur wenig Hexerei – in Wein verwandelt (siehe Seite 32) und in einen Braten (siehe Seite 290). Fehlt nur noch ein Loblied auf seine Fähigkeiten als Geschmacksverstärker und auf das verborgene Potenzial seiner oft zu Unrecht verschmähten Schale. Und nebenbei kommen auch seine ganz erstaunlichen, schon im rohen Zustand vorhandenen Röstaromen wieder mit ins Spiel.

Küchengesetz Sellerie, Nummer eins: Nie einen Sellerie kaufen, dessen Grün fehlt. Küchengesetz Sellerie, Nummer zwei: Immer eine saubere Gemüsebürste zur Hand haben. Experiment Sellerie, Nummer drei: würzig-röstige Umami-Brühe daraus kochen.

Von der in der Regel stark verschmutzten und haarigen Knolle bürste ich nur die Erde gründlich weg, bevor ich sie schäle. Ebenso schneide ich den Ansatz des Grüns samt harten Stängeln in nicht zu kleine Stücke und wasche sie gegebenfalls noch mal. Das alles ist für den Komposter zu schade; ich setze alles kalt mit Wasser – ohne Salz – auf, sodass die Gemüsestücke gerade bedeckt sind. Das Ganze muss etwa 1 Stunde ziehen, knapp unter dem Siedepunkt, also auf keinen Fall sprudelnd kochen. Danach gieße ich die immer noch klare Suppe einfach durch ein feines Sieb, fertig. Diese Brühe hat es in sich: Sie duftet sehr intensiv, sehr erdig und zugleich sehr frisch, eine enorme Kombination zwischen Wurzel- und Grünaroma! Und dazu gibt es – hier kommt endlich der Geschmack ins Spiel – beim Sellerie eine volle Ladung umami. Die Schalen wie die Knolle sind nämlich ein Garant für den Geschmacksverstärker Inosinmonophosphat. Gerade deswegen findet sich übrigens Sellerie in (fast) jedem Schmortopf, definitiv in jedem Fondansatz, der in (klassischen) Profiküchen ständig mit Gemüseabschnitten, Fleischabschnitten am Rande des Herds mitschmurgelt.

Heute gebe ich die Selleriebrühe in einen Kartoffelbrei, der nicht mit Butter, Sahne oder Milch abgerundet wird, sondern mit Joghurt (natürlich in Vollfettstufe). Dessen Säure macht zusammen mit dem intensiven Flavour des Selleries etwas ganz Besonderes aus dieser schlichten Zubereitung. Der gekochte Brei duftet wunderbar röstig, schmeckt ein wenig umami und wegen des Joghurts säuerlich. Cremig ist er genauso wie der mit Milch oder Sahne geschlagene Klassiker, denn es sind ja ebenfalls die bindenden Proteine und das Fett der Milch drin. Dennoch wirkt er so leicht und beschwingt, dass er fast alles begleitet: von Wienerle oder Gemüse über Fisch aller Art bis hin zu schweren Wild- und anderen Schmorgerichten. So liebe ich das: Universalelemente, die, falls ein Löffel übrig bleibt, auch noch am nächsten Tag mit der alten Frische einsetzbar sind.

ERDIG-RÖSTIGER KARTOFFELSTAMPF, MILCHSAUER ABGESCHMECKT

4 Kartoffeln (vorwiegend festkochend), ca. 500 g
4–5 EL wirklich saurer Naturjoghurt
Salz – 3 EL Selleriereste-Essenz

Die Kartoffeln weich kochen, danach pellen und mit einem Kartoffelstampfer zerdrücken. Den Joghurt und das Salz unterheben und gut mit einem Kochlöffel verrühren, dabei die Selleriereste-Essenz einrühren. Nur noch unter Rühren erwärmen. Fertig.

Als Beilage passt er hervorragend zu fast allen Gemüse-, Fisch- und Fleischgerichten. Solo ist er, aufgehäuft in einem Pastateller, mit einer Scheibe gekochtem Schinken bedeckt und einem Glas leichtem Weißwein (Roero Arneis), zwischengerichttauglich.

Pfannen einbrennen: der Trick mit dem niedrigen Rauchpunkt

Kochen ist in erster Linie Handwerk, der Umgang mit Küchengeräten zeugt davon. Als laborgeprüfter Wissenschaftler bin ich neuen Geräten gegenüber durchaus aufgeschlossen und erfreue mich meines Gärballons, der Mikrowelle, des Kammervakuumierers, des Sahnesiphons, der Wasserbäder, Keramikgrills usw. Manchmal aber ist das Einfachste und Alte tatsächlich das Beste – zum Beispiel bei Pfannen. Pfannen brauche ich fast täglich und ich habe in meinem Küchenleben viele Modelle ausprobiert. Zugegeben, in beschichteten Pfannen ist vieles relativ einfach, vor allem im schnellen Alltag. Aber auch wenn gute beschichtete Pfannen oder Neuheiten aus Keramik viel Geld kosten und viel können, so ist doch ihre Haltbarkeit begrenzt (selbst wenn man sorgsam damit umgeht). Meine handgeschmiedete Stahlpfanne hält dagegen schon ewig. Daher nehme und empfehle ich beim nächsten Pfannenkauf lieber gleich eine Anschaffung fürs Leben. Eisenpfannen (manchmal auch aus Guss) und gute Stahlpfannen sind eine sehr gute Option. Außerdem haben sie noch einen weiteren Vorteil, denn mit gut eingebrannten handgeschmiedeten Pfannen lassen sich Temperaturen erreichen, von denen beschichtete Pfannen nur träumen können. Das ist in der Küche natürlich nicht unwichtig, denn bei hohen Temperaturen kann man zum Beispiel bei im Sous-vide-Verfahren vorgefertigten Stücken rasch feine Röstaromen auftragen, ohne die bereits erzielte Garung zu stark zu verändern – ein eindeutiger kulinarischer Gewinn!

Da solche Pfannen nicht beschichtet sind, benötigen sie eine systematische Vorbereitung auf ihr Wirken auf dem Herd. Das sogenannte Einbrennen ist Pflicht. Werden Eisen- oder Gusspfannen nicht eingebrannt, hat man wenig Freude damit, denn das Gargut, vor allem Proteinreiches wie Fleisch und Eier, haftet nach dem Braten und das Servieren ist eine

Qual. Oft erhält man den Tipp, die Pfannen vor dem ersten Gebrauch mit Salz sehr hoch zu erhitzen. Das ist aber Unsinn, das Salz hat keine Auswirkungen auf die Güte des Einbrennens. Warum auch, es schmilzt nicht bei diesen Temperaturen, sondern liegt bei 300 °C genauso hart und unbeeindruckt in der Pfanne wie bei 20 °C. Richtiges Einbrennen bedeutet tatsächlich, die Pfannen selbst zu beschichten. Und das geht nur mit einem Material, das sich als ultradünne Polymerbeschichtung auf die Pfannen legt. Ja, genau: eine Polymerbeschichtung (aber ganz anderer Art als Polytetrafluorethylen).

Bevor es ans Polymerisieren geht, müssen die Pfannen von Fett, eingelagertem Wasser und Rückständen befreit werden. Spülen und anschließendes Trockenbrennen im Ofen bei 250 °C ist eine gute Vorbereitung. Manche Öfen gehen bis 300 °C, das ist auch nicht verkehrt. Dann ist die Oberfläche für eine einigermaßen gleichmäßige Beschichtung bestens präpariert. Für das Polymerisieren eignet sich am besten Öl, und zwar solches Öl, das normalerweise nicht (!) stark erhitzt wird, weil es niedrige Rauchpunkte aufweist. Öle mit vielen mehrfach ungesättigten Fettsäuren, etwa Leinöl oder gar Weizenkeimöl, ertragen keine starke Erwärmung, da die Doppelbindungen der Fettsäuren sehr instabil sind. Aber genau dort können sie über die dabei entstehenden freien Radikale »polymerisieren«. Bedeckt man den Boden einer neuen Eisen- oder Stahlpfanne dünn mit Öl und erhitzt dieses auf dem Herd, vernetzen sich Fettsäuren über ihre ungesättigten (chemischen) Doppelbindungen »quer« und bilden eine ausreichend haftende Schicht auf der Pfanne. Diese Schicht verstärkt sich nach ein, zwei Bratvorgängen (mit Gargut) noch mehr, daher ist zu Beginn des Pfannenlebens etwas mehr Öl für das Anbraten ratsam.

Das Säubern von benutzten eingebrannten Pfannen ist übrigens simpel: nur mit heißem Wasser auswischen, nichts weiter, kein Spülmittel, keine Schaber, keine Stahlwolle. Einfacher geht es wirklich nicht. Und sollten die Antihafteigenschaften einmal nachlassen, kann man die Lage nutzen, um ein paar Mal schönes flüssiges Röstgewürz herzustellen (siehe Seite 276) – und danach die Pfanne einfach von Neuem einbrennen, dann ist sie wieder wie neu. Während dieser Zeit hat man aber von den besagten beschichteten Pfannen bereits die ein oder andere in den Müll geworfen.

FLEISCHIGE AUBERGINE

4 größere Auberginen – Salz – 2 Knoblauchzehen
400 g Naturjoghurt (Vollfett) – 100 g bestes Olivenöl
½ TL Piment d'Espelette – etwas Fladenbrot

Gut eingebrannte Edelstahlpfanne

Die Auberginen halbieren und die Schnittflächen leicht salzen. Die Pfanne ohne Fett auf 180 °C erhitzen und die Auberginen auf den Schnittflächen ohne Öl kräftig angrillen. Die Hitze reduzieren und die Auberginen langsam gar ziehen lassen, bis sie fleischig weich sind.

Währenddessen den Knoblauch sehr fein würfeln. Leicht salzen. Joghurt und Olivenöl mit einem Stabmixer aufschlagen, salzen und mit dem Piment d'Espelette würzen. Den Knoblauch unterheben.

Die Auberginen aus der Pfanne nehmen und mit Joghurt und Fladenbrot servieren.

Aus weiter Ferne und ganz nah

Wiesenkraut Löwenzahn

Indischer Bratkäse, selbst gemacht

Spätzle mit Soß'

Baschdaschuddah

Foie gras: verboten, verhasst, verschmaust

Avocado gras –
die (nicht ganz) grüne Alternative

Handkäse mit Musik

Bouillabaisse – geschüttet, nicht gerührt

Kleine Stärkewunder: von Thüringer Klößen
bis zu Hoorische Knepp

Katalonischer Genuss oder Lob der Einfachheit

Rapunzel auf Reisen

Wiesenkraut Löwenzahn

Warum in die Ferne schweifen, wenn das grüne Glück so nah liegt, direkt um die Ecke, vielleicht sogar im eigenen Vorgarten? Löwenzahn wächst auf jeder Wiese, in jedem (Klein-)Garten und sogar zwischen den Pflastersteinen findet man im Frühling und im Sommer die leuchtend gelben Blüten über den charakteristisch gezähnten, tief grünen Blättern. Bestimmt jeder hat schon einmal versucht, eine Löwenzahnpflanze als Unkraut auszureißen, und hat festgestellt, dass sie besonders lange und dicke Wurzeln hat. Die wenigsten aber wissen, dass man diese auch essen kann, wie überhaupt alles vom Löwenzahn, angefangen von der Wurzel über die Blätter und den Stängel bis hin zu den Knospen und Blüten. Der kulinarische Gewinn liegt vor allem in den feinen, unnachahmlichen Bitternoten, die sich in unterschiedlicher Ausprägung in allen Pflanzenteilen zeigen. Zugegeben, seine Reputation liegt in der Vorstellung mancher Gourmets doch nahe beim Hasenfutter, aber meist sind sie rasch zu überzeugen. Vor allem im Vergleich zu seinem optischen Pendant, dem bisweilen beliebig wirkenden Rucola, bietet Löwenzahn weitaus spannendere Bitternoten und fruchtigere Aromen.

Junge Pflanzen sind weniger bitter und wirken eher mild. So können sie fast überall auf den Wiesen, im eigenen Garten oder bei Spaziergängen entlang von Bachläufen geerntet werden. Wer dem wilden Löwenzahn nicht traut, kann ihn frisch auf Märkten erwerben. Bekannt ist er vor allem in Frankreich und Norditalien, aber auch bei uns bekommt man im Frühjahr Zuchtversionen auf praktisch allen Märkten. Ich kaufe ihn gern auf meinen Wochenmärkten, insbesondere dann, wenn ich eine größere Menge benötige, etwa für Salate oder Pürees.

Frische Löwenzahnblätter von (unbehandelten) Wiesen oder Blätter von Zuchtlöwenzahnsorten sind für Löwenzahn-Anfänger sicher die beste Wahl für ein Geschmacksexperiment. Sie erinnern ein wenig an Friséesalat und lassen sich auch so einsetzen. Ich streue sie gern als Bittergewürz in viele Salate, finalisiere Risottos oder tomatenbasierte

Pastasaucen damit oder gebe winzige Schnipsel über Fisch oder Hähnchengerichte. Lange erwärmen oder gar kochen sollte man Löwenzahn nur mit Vorsicht. Sein frischer Knack gehört einfach dazu. Wunderbar ist übrigens Löwenzahnpesto: Löwenzahn (bitter), Olivenöl (bitter), Walnüsse (bitter, adstringierend), reichlich Knoblauch (bitter, trigeminal) und sehr alter Gruyère (umami, salzig). Dann haben die Rezeptoren auf der Zunge schon einiges zu entdecken.

Ältere, dunkle Blätter lassen sich ähnlich verwenden, sind jedoch deutlich bitterer – eine Frage des Geschmacks und der Vorliebe. Welches Potenzial dunkelgrüner bitterer Löwenzahn hat, zeigt die einfachste Form seines Genusses: ein gutes sauerteiggeführtes, dunkel gebackenes Bauerbrot dick mit gesalzener Rohmilchbutter bestreichen und reichlich mit Löwenzahn bestreuen. Und wem das zu hasenfutterig ist, der kann gern zwischen Butter und Löwenzahn noch eine dicke Schicht Leberwurst streichen.

Übrigens: Schon seit Langem wird dem Löwenzahn harntreibende (nierenheilende) Wirkung nachgesagt, sein französischer Name »Pissenlit« erinnert daran. Nachgewiesen wurde sie allerdings bisher nicht, und definitiv harntreibender sind gewiss die zwei Halbe Export, die so mancher nach getanem Löwenzahnpflücken dürstend in sich hineinschüttet.

Doch zurück zum Genuss: Fortgeschrittene Superregionalhobbyköche schrecken auch vor Wurzeln und Blüten des Löwenzahns nicht zurück. Die angebratenen oder frittierten Wurzeln wirken bitter-süßlich und ergeben eine fast fettige Textur, was dem hohen Anteil an Inulin, einem löslichen Ballaststoff auf Fruktosebasis, zuzuschreiben ist. Geröstete, anschließend getrocknete und pulverisierte Löwenzahnwurzeln sind ein köstliches, bitter-süßes Streugewürz, das selbst Desserts auf Obst- oder Sahnebasis ungewohnten Schmackes gibt.

Die frischen Knospen und gelben Blüten veredeln farblich wie geschmacklich viele Teller, angefangen von Vorspeisen bis hin zum Dessert. Es lohnt sich auf jeden Fall, mit diesen kleinen bitteren Elementen zu experimentieren. Die geschlossenen Blütenknospen erfahren in der gegenwärtig immer hipper werdenden »Brutal-Regionalküche« eine neue Renaissance, ähnlich den mittlerweile inflationär angebotenen Holunderkapern (gekochten und sauer gepickelten unreifen Holunderbeeren), denn sie lassen sich gut sauer einlegen: Mit heißem säuerlichem Sud (oder warum nicht mal mit leicht gesalzener Molke?) überbrüht und einige Tage gereift, sind die Löwenzahnkapern eine wunderbare Alternative zu Kapern in Saucen à la grenobloise.

FORELLE MIT LÖWENZAHN

2 fangfrische Forellen – 1 weißer Rettich – Salz
1 kleine Schalotte – 100 g Butter + etwas zum Dämpfen
1 EL Kapern (wer hat, gerne selbst gemachte Löwenzahnkapern)
1 TL glatter, mittelscharfer Senf
½ Bund Löwenzahn, in feinste Streifen geschnitten
1–2 EL fruchtiges Olivenöl

Die Forellen filetieren, die Filets portionieren und aus den Gräten, Köpfen und Flossen in 20 Minuten ohne viel Tamtam (also kein Gemüse oder sonstige Zutaten) einen schlichten Forellenfond ziehen.

Den Rettich in dünne Scheiben hobeln, salzen und immer wieder mit etwas von dem werdenden Fond beträufeln (nicht zu viel, der Rettich weint sowieso und möchte nicht vollkommen ersäuft werden).

Die Schalotte sehr fein würfeln und in den 100 g Butter anschwitzen, keine Farbe nehmen lassen. Mit etwas von dem frischen Forellenfond emulgieren. Kapern und Senf zugeben und zu einer groben, aber bindenden Sauce rühren, dann die Löwenzahnstreifen unterheben.

Die Forellenfilets nur 3 Minuten mit etwas heißer Butter und Fond in einer Extrapfanne dämpfen, sie sollen weitgehend roh bleiben.

Den Rettich abtropfen lassen, in Teller geben, die Forellen daraufsetzen und mit der Löwenzahnsauce umgießen. Den Rest des Löwenzahns separat in Schälchen, mit etwas Olivenöl übergossen, servieren.

Indischer Bratkäse, selbst gemacht

Gern lasse ich mich von Ideen aus fernen Küchen inspirieren. Meine Liebe zur Küche des indischen Subkontinents geht auf meine Zeit in England zurück. Bereits nach den ersten Besuchen in den dortigen Restaurants stand fest: Dies war der Beginn einer langen Freundschaft. Gefestigt wurde sie unter der Anleitung von Kolleginnen und Kollegen, die mich in versteckte Restaurants mitnahmen, die ich nie gefunden oder in die ich mich gar nicht hineingetraut hätte. Sie waren authentisch und hatten mit dem gemeinhin bekannten Indischen Restaurant, wo es Curry gibt, wenig zu tun.

Die Kochtechniken der indischen Küche lassen sich aber auch für nicht indische Gerichte nutzen, speziell das Phänomen des indischen Bratkäses, Paneer genannt, ist dafür ein wunderbares Beispiel. Und mit Milch experimentiere ich ja sowieso sehr gern (siehe Seite 28, 39 und 159).

Die kulinarische Besonderheit dieses Käses ist, dass man ihn im Unterschied zu normalen Labkäsen braten und kochen kann, ohne dass er schmilzt. Das liegt an seiner Herstellung. Da er gekocht wird, bilden sich feste, elastische Gele, die sich nicht mehr auflösen können. Labkäse wird indes, der Enzymaktivität zuliebe, bei maximal 36 °C hergestellt. Diese Temperatur ist für die Netzwerkbildung viel zu niedrig, daher ist der Käse lediglich ein »weiches Koagulat« aus Kasein-Mizellen, die nicht fest verbunden sind, sondern sich lösen lassen – sei es bei der Reifung, der eventuell durch Schmelzsalze oder Natron nachgeholfen wird, sei es, wie beim Fondue, durch vorsichtiges Erhitzen.

Doch von vorn. Milch ist für mich ein Paradebeispiel dafür, was in der Physik der kondensierten Materie komplexe Flüssigkeiten genannt wird. Komplexe Flüssigkeit? Gibt es auch einfache Flüssigkeiten? Ja, Wasser (obwohl das selbst schon komplex genug ist, mit all seinen schrägen Eigenheiten, Anomalien genannt). Reinstes Wasser besteht nur aus Wasser(molekülen), Milch hingegen aus Fett, Wasser und verschiedenen Eiweißen. Wie komplex diese Mischung ist, zeigt bereits das gleichzeitige Vorkommen von Fett und Wasser. Beide mischen sich nicht, sie hassen

Der uralte Kochlöffel:
ein Erbstück mit sichtbaren Gebrauchsspuren.

sich sogar wie die Pest. Das Fett muss in der Milch daher so verpackt werden, dass es in der wasserartigen Molke umherschwimmt, und zwar in winzig kleinen Tröpfchen, sodass die Flüssigkeit nahezu stabil, aber undurchsichtig wird. (Die weiße Farbe ist eine Folge der geringen Fettpartikelgröße: Das Licht wird in alle Richtungen gestreut, ähnlich wie bei Wassertröpfchen in den Himmelswolken.) Neben den Fettteilchen befinden sich in der Milch außerdem Proteinteilchen, die weitaus kleiner sind, also – Achtung! – Nanopartikel aus Proteinen, die sich hochtrabend Kaseinmizellen nennen. Hier kommen wir dem Käse bereits näher, zumindest klingt das Wort »Käse« in dem Kasein assoziativ mit. Die Mizellen sind nur 60–70 nm groß und wahre Stabilitätswunder. Im Inneren pappen Kalzium-Phosphat-Gruppen einige der Kaseine zusammen, an den Rändern strecken κ-Kaseine ihre wasserliebenden Ärmchen in die Molke. Da jedes dieser κ-Kaseine negativ geladen ist, sind diese ganzen Kaseinmizellen stark negativ geladen. Sie stoßen sich daher stark ab – solange der pH-Wert der Milch hoch genug ist. All das macht die Kuh mit ihrem Bauchgefühl, ohne dass sie jemals an einer Kolloidphysikvorlesung teilnahm.

Erst außerhalb der Kuh kommt der Mensch ins Spiel. Er erhöht die mittlere Molekülgeschwindigkeit gemäß den Maxwell-Boltzmann'schen Gesetzen. Die Milch wird auf 80–90 °C erhitzt, die Kaseinmizellen bewegen sich schneller, stoßen dauernd wie beim Jahrmarkt die Scooter zusammen, aber ihre Ladung lässt sie voneinander abprallen wie der Gummiring die Boxautos. Die Milch bleibt unter Kochen weiterhin stabil. Daher wird Säure dazugekippt. Zitronensaft wäre banal, Essig fast schon ekelhaft; die für mich einzig milchkompatible Säure ist vollfetter Naturjoghurt, der zudem noch Fett und Protein im Gepäck hat. Der pH-Wert sinkt, die Kaseinmizellen sind chancenlos, als fehle den Boxautos der schützende Gummiring. Ihre elektrostatischen Abstoßungskräfte streben gegen null, aus den Mizellen wird so etwas wie ein Hochtemperaturkäsebruch. Alles klumpt während der Massenkarambolage zu riesigen Clustern zusammen, Fett wird einfach mitgerissen und im Riesenkäsecluster versenkt. Schön fürs resultierende Mundgefühl. Jetzt muss der Protein-Fett-Klumpen nur gut ausgedrückt werden, damit die darin ebenfalls gefangene Molke herausgequetscht wird. Das geschieht, indem man ihn in ein Tuch packt und zum Beispiel mit einem Topf zusammendrückt. Ist die Masse fest, lässt sie sich in Stücke schneiden und sofort zum Braten oder Kochen verwenden. Der Vorteil gegenüber Labkäse ist also nicht nur seine Festigkeit, sondern auch die Schnelligkeit seiner Produktion, der Nachteil – das liegt bei der fehlenden Reifezeit auf der Hand – eine viel schwächere Aromenbildung. Bratkäse schmeckt und duftet nach »säuerlicher Milch« und kann gewürfelt in Salaten kleine milchige Texturwunder bewirken. In der Pfanne kommen natürlich die Röstaromen hinzu.

Übrigens: Die Molke ist viel zu schade zum Wegwerfen! Man kann sie trinken, etwas darin marinieren (zum Beispiel Löwenzahnknospen, siehe Seite 310) oder kochen. Oder man reduziert sie zur dicken Sauce, dabei karamellisiert der vorhandene Milchzucker und bildet mit freien Aminosäuren Vorläufer zu Maillardprodukten – die Sauce erinnert stark an Karamellbonbons und lädt zu weiteren Experimenten nicht nur in Desserts ein.

Wie immer verwende ich Rohmilch meiner geliebten Jerseykühe, selbst wenn sie gekocht wird. Im Prinzip funktioniert der Paneer mit jeder Milch, sogar mit fettarmer. Die Physik gibt den Weg vor, es kommt nur auf die Destabilisierung der Kaseinmizellen an. Aber das Attribut fettarme Milch und der Name Vilgis sind komplett unverträglich.

PANEER

1 l Vollmilch – 1 Prise Salz – 500 ml Naturjoghurt

Die Milch auf 70–80 °C (maximal 90 °C, wenn es sehr schnell gehen muss) erwärmen. Die Prise Salz zugeben. Den Joghurt vorsichtig einrühren. Vom Herd ziehen und mit einem Kochlöffel sanft streicheln, bis die Milch komplett ausgeflockt ist.

Den Käsebruch in ein feines Tuch geben und gut ausdrücken, anschließend aufhängen und weiter abtropfen lassen. Den Käsebruch im Tuch flach drücken und mit einem schweren Topf (mit Wasser gefüllt) zu einem handtellergroßen, flachen Zylinder pressen. Die Molke aufbewahren.

JUNGES GEMÜSE MIT KÄSEWÜRFELN

200 g selbst gemachter Paneer (Rezept siehe Seite 315)
500 ml Molke (Rezept siehe Seite 315) – 400 g junge Möhren
Olivenöl – 4 Stangen grüner Spargel
400 g Erbsen – Abrieb von 1 Bio-Zitrone – 4 Frühlingszwiebeln
1 TL Sojasauce – 1 EL Butterschmalz – etwas Sesamöl
Etwas Thaibasilikum – 8 geröstete Haselnüsse, halbiert

Den Bratkäse in Würfel von 1 cm Kantenlänge schneiden. Die Molke reduzieren, bis eine leichte Bindung entsteht. Möhren schälen, in 2 cm lange Stücke schneiden und in Olivenöl andünsten. Den Spargel ebenfalls in 2 cm lange Stücke schneiden und in Olivenöl andünsten. Ganz zum Schluss die rohen Erbsen zugeben, mit dem Zitronenabrieb würzen und in der Hitze des Topfes nachziehen lassen.

Die Frühlingszwiebeln schräg in 2 cm lange Stücke schneiden und in der Sojasauce marinieren.

Die Käsewürfel in Butterschmalz anbraten, bis sich eine leichte Bräunung zeigt. Die reduzierte Molke in Teller geben, das Gemüse darauf anrichten und mit den Käsewürfeln garnieren. Jeden Teller mit 1–2 Tropfen Sesamöl und dem Thaibasilikum würzen und zum Schluss mit den Haselnüssen dekorieren.

Spätzle mit Soß'

Spätestens nach zwei Worten aus meinem Mund ist jedem Zuhörer klar: Der kommt aus dem Schwabenland, bestimmt ein Spätzle-Schwob, der sofort nach dem Abstillen mit Spätzle und Soß' aufgezogen wurde. Ach so, für alle Nichtschwaben: Spätzle mit Soß' ist nichts weiter als ein Teller Spätzle mit einer Schöpfkelle sämiger, tief dunkler, umami-herzhafter Bratensauce. (Spätzle einfach durch Nudeln zu ersetzen, gilt bis heute in manchen Landstrichen des Südwestens als Todsünde!) Ein einfaches Zweimarkfünfzig-Gericht also, das neben der Schinkenwurst mit Senf und Wecken praktisch in jedem schwäbischen Bauerngasthof angeboten wurde. Schließlich ist jeder Schwabe sparsam und gibt möglichst wenig Geld für Essen aus (wobei auch hier Ausnahmen die Regel bestätigen, wie ich aus der sichersten aller Quellen weiß).

Das Wort Spätzle klingt zwar urschwäbisch (und ist im Ländle bezeichnenderweise auch ein Kosename für die Herzallerliebste), kommt aber aus dem Italienischen. Im Mutterland der Pasta steht »spezzare« etwa für »in kleine Stücke teilen« und bezeichnete den Vorgang, dass aus größeren Teigkugeln (schwäbischer: Teigbatzen!) mit einem Messer Streifen herausgeschnitten wurden, die im heißen Wasser gar zogen. Die geschabten spezzare sind damit ein Stück weit Italiener. Schaut man heute im modernen Wörterbuch (Deutsch – Italienisch) unter »Spätzle (südd.)«, findet man die Erklärung: »tipo di pasta a base di farino e uova« (Art von Nudeln aus Mehl und Eiern), was keinesfalls verkehrt ist. Die Mehl-Eier-Nudeln fanden schließlich wie so vieles den Weg über die Alpen, wurden in Österreich, der Schweiz und in vielen Teilen Süddeutschland einregionalisiert und heimisch, aus spezzare wurden Spatzen und im schwäbischen Diminutiv letztendlich Spätzle, korrekt ausgesprochen natürlich »Schbädsle«, gell! (Ein hartes B ist so selten wie Perfekt und Genitiv in der Schwabengrammatik. Und wie echte spezzare im heutigen Italien.) In den 1960er-Jahren bekamen die schwäbischen Spätzle im Zuge der zweiten italienischen Nudelwanderung plötzlich Konkurrenz: Südliche eifreie Hartweizengrießpasta hielt mit Spaghetti, Makkaroni

& Co. Einzug in die schwäbischen Haushalte (zum Beispiel unseren, siehe Seite 324). Dennoch lebt die Spätzletradition weiter, mit allen Varianten und den dazugehörenden Dogmen und Küchengeräten. Zum Glück, denn regionale Esskulturen sind weit prägender als flüchtige Trends wie Superfood oder »to-go« und ihre Bewahrung lohnt in der einfachen wie der Spitzenküche. Bei den echten Spätzleschwaben gibt es insbesondere zwei fundamentale Streitfragen:

Mit oder ohne Wasser?
Echte Spätzlefreaks (dazu zähle ich mich) machen den Teig nur mit Ei, komplett ohne Wasser. Der Teig bindet gut ab und bekommt eine festere Textur, da sowohl die Proteine des Eies als auch das Gluten des Mehls für eine gute »Vernetzung« und Elastizität sorgen. Der Geschmack und das Aroma des Eigelbs setzen sich durch, ebenso wie die typischen Aromen der gekochten Eier. Echte Hardcore-Spätzlefreaks verstärken das, indem sie nur Eigelb verwenden (aus dem Eiklar werden Baisers oder Cremes). Dann hat aber der Knethaken respektive die Hand- und Armmuskulatur ordentlich was zu schaffen (was ja bekanntlich zur Lieblingsbeschäftigung der Württemberger und Badener gehört). Ersetzt man das ein oder andere Ei durch Wasser, werden die Spätzle zwar lockerer, können aber im Wasser eher zerfallen. Daher ist es ratsam, in diesem Fall das Wasser nicht wallend kochen zu lassen.

Noch ein Wort zum Mehl: Ob mit oder ohne Ei, am besten nimmt man nicht die übliche Type 550, sondern Dunst (doppelgriffiges Mehl) mit größeren Partikeln. Es setzt weniger Stärke und Protein frei und man erhält zwischen den Partikeln eine gute Bindung, ohne dass der Teig und die Spätzle zu klebrig wirken. Findet sich im Vorratsschrank kein Dunst, lässt sich, Italien lässt grüßen, ein Teil des üblichen Weichweizens durch Hartweizengrieß mit gröberem Mahlgrad ersetzen. Der Molekularphysiker arbeitet hin und wieder auch mit Shortenings, also Zutaten, die die Dehnbarkeit eher verkürzen. Beim Gluten sind das zweiwertige Salze, etwa Kalziumlactat, das einen Teil des Kochsalzes ersetzt. Die zweiwertigen Kalziumionen binden das Gluten stärker zusammen und verhindern kaugummiartige Spätzle.

Ein wichtiger gemeinsamer Nenner aller Spätzleteige – unabhängig von der Wasserzugabe – ist übrigens das (ziemlich kraftfordernde) Schlagen mit der Hand. Auf diese Weise kommt genau die richtige Menge Luft in den Teig, was der Textur zugutekommt; sie wird fest und gleichzeitig locker und nicht zu elastisch. Ist der Teig dann fertig, stellt sich gleich die zweite grundlegende Frage, die nach der richtigen Verarbeitung.

Schaben oder pressen?
Das Schaben des Teigs vom sogenannten Spätzlebrett(le) erfordert einiges Geschick und zackiges Arbeiten, denn die Spätzle sollen ja die gleiche Textur haben. Bei Ungeübten ist der zeitliche Abstand vom ersten bis zum letzten Spatz der Charge zu groß, was zur Folge hat, dass die Garzustände unterschiedlich sind. Zum Üben sollte man also eher weniger Teig aufs Brett geben und die Spätzle lieber in mehreren Portionen in den Topf schaben (immer wieder abschöpfen und warm halten). Geschabte Spätzle von geübten Schabern erkennt man daran, dass sie filigraner (und unregelmäßiger) sind als gepresste. Mein Tipp: Am besten das Brett und den Schaber im heißen Kochwasser anfeuchten, ein bis zwei Löffel Teig auf das Brett geben, das zugespitzte Ende an die Wasseroberfläche halten und mit dem Schaber sehr kleine, unregelmäßige »Würmer« direkt in das heiße Wasser schaben.

Der »Spätzle-Schwob« (im Gegensatz zu den Einwohnern des Ländles mit Bindestrich geschrieben) ist eine langhebelige Spätzlepresse, die in meiner Region das Mittel der Wahl waren. (»Schaben tuen nur Stuttgarter, Remstäler und Badenser, die henn oifach mea Zeit«, lautete so ein Spruch auf der Alb.) Mit ihrer Hilfe (und viel Muskelkraft) drückt man den Teig direkt ins Wasser. Auf diese Weise erhält man längere Spätzle mit einem einheitlichen Durchmesser. Sie landen schneller im heißen Wasser und werden daher gleichmäßiger gar. Das ist aber der einzige Unterschied. Geschmack und Aroma der Spätzle sind nur eine Frage der Zutaten und nicht des Bretts oder der Presse. Der Spätzle-Schwob lief mir sogar in einem der besten Profi-Küchenläden in Marseille, dem Maison Empereur, einer auf mehrere Häuser verteilte Mischung zwischen

Baumarkt und Gastrobedarf, über den Weg. Was aber der gemeine Provenzale damit macht, ist mir bis dato nicht bekannt. Für mich ist es hier und dort auch die schönste Kartoffelpresse der Welt.

Mittlerweile gibt es schon Spätzle-Shaker. In dieses Gerät wird nur Wasser, Eier, Mehl und Salz hineingegeben, das Ganze geschüttelt und mit darin befindlichen Kugeln gemischt und geknetet und dann durch die Löcher gepresst. Aber »desch too much« (!), um es mit dem Schwabenjazzer Wolfgang Dauner zu sagen. Als Physiker bin ich normalerweise gegenüber neuen Geschichten mehr als aufgeschlossen, aber hier gibt es sachliche Gründe für meine Weigerung: Der Teig muss recht flüssig sein, sonst ließe er sich nicht durch Schütteln so rasch kneten und durch die Löcher pressen. Die Rezeptur ist somit wässriger, die Textur weniger fest. Man kann das natürlich als Vorteil betrachten und sagen, dass der Teig, folglich die »geshakten« Spätzle, in aller Regel schön luftig sind – man kann sie aber auch labberiger und elastischer nennen. (M)einen reinen Eiteig ohne Wasser aus dem Hahn, oder gar auf reiner Eigelb-Mehlbasis, kann man nicht shaken.

Ob mit oder ohne Wasser, geschabt oder gepresst – die richtige Antwort auf diese Fragen zu geben ist schwierig. Letztlich unterscheiden sich die Bräuche von Tal zu Tal und von Ort zu Ort (selbst wenn diese nur 5 km voneinander entfernt liegen). Nur eine Frage lässt sich mit Sicherheit beantworten: Wann sind die Spätzle fertig? Antwort: Sobald sie an die Oberfläche steigen. Ihre Dichte nimmt beim Kochen ab, denn das Wasser (und etwas freie Stärke und Protein (Gliadin)) aus dem Teig wird ans Kochwasser abgegeben, dann steigen die Spätzle nach oben.

Dampfende Spätzle auf den Tellern sind allein schon köstlich, kein Wunder also, dass man auf Fleisch verzichten kann und das Arme-Leute-Gericht »Spätzle mit Soß'« lange Zeit in den Wirtschaften Kultstatus erreichte. Zu Festtagen wurden bei uns die Spätzle gern mit Butterbröseln (Paniermehl in Butter geschwenkt) serviert. Auch das darf man gern immer wieder einmal machen, es ist einfach köstlich. In dem folgenden Rezept habe ich versucht, die schwäbische Tradition mit ihren italienischen Ursprüngen zusammenzubringen – durchaus lohnend, wie ich finde. Natürlich kommt im Kochertal, dem Tal meines und des Kochers Ursprungs, kein Wasser in den Teig.

KOCHERURSPRUNGSSPÄTZLE MIT SPECK UND GORGONZOLA

Für die Spätzle:
400 g Doppelgriffiges Mehl – 5 Eier – 1 TL Salz

Für die Sauce:
1 kleine Schalotte – 50 g Butter – 100 ml trockener Weißwein
100 g Räucherspeck – 200 ml Sahne – Mark von ½ Vanilleschote

Zum Servieren:
300 g Gorgonzola

Zunächst die Sauce zubereiten: Die Schalotte fein würfeln und in der Butter anschwitzen, dabei immer wieder mit Wein ablöschen und den Wein verdunsten lassen. Den Speck sehr fein würfeln und zu den Schalotten geben. Ganz zum Schluss die Sahne und die Vanille unterziehen und nur noch ziehen lassen. Den Gorgonzola in unregelmäßige, mundgerechte Stücke »rupfen«.

Aus Mehl, Eiern und Salz einen Teig herstellen und diesen so lange schlagen, bis er Blasen wirft und sich etwas von den Schüsselwänden löst. Der Teig darf nicht zu weich werden und kann 15–20 Minuten ruhen (zwingend ist das nur bei Vollkornspätzle). In einem großen Topf Wasser zum Kochen bringen und gut salzen. Die Spätzle in das heiße Wasser schaben oder pressen und ziehen lassen, bis sie oben schwimmen. Dann herausnehmen, abtropfen lassen und in der Sauce schwenken. Auf aus der Mode gekommenen geblümten schwäbischen Suppentellern anrichten und den Gorgonzola darübergeben und keinesfalls (!) unterheben. Dazu passt ein dunkles, rauchig-röstiges Porter mit dezenter Restsüße.

Baschdaschuddah

Auch wenn es so klingt – dies ist kein Ayurvedagericht, das von Buddha auf die Erde befohlen wurde, sondern meine erste Version eines Pastatellers. Irgendwann trafen im Ludwig Erhard'schen Wirtschaftswunderwestdeutschland die ersten Gastarbeiter aus Italien ein. In meiner Erinnerung sah man den schwarzhaarigen und immer Stakkato sprechenden Männern zunächst etwas argwöhnisch hinterher. Das legte sich jedoch schnell, vor allem bei uns Bambini, denen sie mit Herzlichkeit begegneten, anfangs radebrechend und mit typischem, heute würde man sagen »Mama-ihm-schmeckt's-nicht«-Akzent. Spätestens als Familien kamen, waren plötzlich Spätzle (si, si spezzare!) und »echte schwäbische Eierteigwaren« zweitrangig. Auf einmal gab es Pasta aus Hartweizengrieß ohne Ei bei José Sogas (so hieß eine Familie, die ursprünglich aus Katalonien stammte, aber schon seit einer Generation im Schwabenland ein kleines Lebensmittelgeschäft à la »tienda de la tía Emma« betrieb).

Dies geschah zu der fernen Zeit, als ich meine Liebe zum Selberkochen entdeckte. In der Schule wurde – sensationell! – eine Koch AG, auch für Buben, angekündigt. Es kam einer kleinen Revolution gleich, aber es war die Zeit der Umbrüche. 1966/67, als SDS und APO gegen den Vietnamkrieg demonstrierten und von Revolution sprachen und kurz darauf Rainer Langhans mit Uschi Obermaier dauernd nackich herumlief oder auf der Sitar plonkerte, ging ich also als 12- oder 13-Jähriger in die Koch AG. Geleitet wurde sie von einer waschechten Hauswirtschafterin und Ehefrau vom damaligen Ochsenwirt, die eine fundierte gutbürgerliche Gastroerfahrung in den Unterricht mitbrachte, aber »neuen« Gerichten gegenüber aufgeschlossen war.

Ein mir bis damals unbekanntes und somit prägendes Gericht war besagtes »Baschdaschuddah«, wie es die Lehrerin aussprach. Es entpuppte sich als »Pasta asciutta« (so stand es im Rezept) und es handelte sich um »Spaghetti Bolognese« (die unter diesem Namen in Italien damals unbekannt waren), besser gesagt: »Ragù alla bolognese«. Ob die Spaghetti damals al dente waren, weiß ich nicht mehr, aber es war ein

Rezept, das zu Hause Einzug hielt. Ich kochte es am eigenen bzw. Mutters Herd und es wurde zum festen Repertoire in meinem Elternhaus.

Heute weiß ich, dass es einen großen Fehler enthielt: Gemäß der Anleitung in der Koch AG war die Sauce nach 20 Minuten fertig. Darüber hätte schon damals jede italienische Mamma gelacht: Die Sauce muss natürlich lange, sehr lange gekocht werden. Selbst wenn es noch lange dauern sollte, bis man über Umami-Geschmack und Kokumi-Mundfülle sprach, wusste man ja in Italien immer schon, wann es am besten schmeckt.

PASTA DOPO TOMASSO

1 Knolle Knoblauch – 3 Sardellen – 2–3 EL bestes Olivenöl + etwas für Pancetta und Paste – 2 große Zwiebeln
100 g Staudensellerie – 50 g Möhren – 100 g Pancetta (Speck)
5 Fenchelsamen – 300 g Rindfleisch, grob gewolft
100 ml trockener Weißwein – 300–400 g frische, vollreife Tomaten, geschält
(oder reine Tomatencoulis, Rezept siehe Seite 195)
100 ml Rinderfond – 50–80 ml Milch – Salz
Frischer Oregano – 160 g Tagliatelle

Die Knoblauchzehen mit den Sardellen und etwas Olivenöl im Mörser zu einer Paste zerdrücken. Zwiebeln, Sellerie und Möhren fein würfeln. Den Pancetta sehr fein würfeln, in einen Schmortopf geben und anschwitzen, bis er Fett abgibt, gegebenenfalls mit etwas Olivenöl nachhelfen. Die Fenchelsamen zugeben und anbraten, sobald er sein Aroma abzugeben beginnt, sofort das Gemüse zugeben und anbraten, danach gleich das Hackfleisch untermengen und weiterbraten. Mit Wein ablöschen und den Wein komplett einkochen. Die ganzen geschälten Tomaten sowie die Knoblauch-Sardellen-Paste zufügen, danach den Fond angießen. Aufkochen und bei sehr schwacher Hitze mindestens 2 Stunden schmurgeln lassen. Gegebenenfalls Fond nachgießen. Kurz vor dem Servieren die Milch unterrühren, noch mal aufkochen, mit Salz abschmecken und mit 2–3 EL Olivenöl montieren. Mit frischem Oregano abschmecken.

Die Tagliatelle al dente kochen, abgießen und im Topf mit der Sauce vermengen, bevor sie in Pastatellern angerichtet werden.

(Den letzten Schritt hat mir Mario Furlanello 45 Jahre später beigebracht, man lernt eben nie aus.)

Foie gras: verboten, verhasst, verschmaust

Die klassische französische Gastronomie pflegt mit großer Leidenschaft sogenannte »Edelprodukte« in vielfältigen wie formvollendeten Versionen: Austern, Hummer, bestes Charolais usw. – und natürlich die Foie gras, die Enten- und Gänsestopfleber. Seit den Küchenrevolutionen von Fernand Point und später Paul Bocuse, Roger Vergé oder Paul Haeberlin werden diese Grundzutaten quer durch Frankreich rauf und runter dekliniert und haben die gehobene Küche weltweit erobert. Doch einige dieser Delikatessen stehen wegen ihrer Produktionsbedingungen in der Kritik. Paradebeispiel dafür ist die geliebte Stopfleber. Herkömmliche Patés und andere Produkte aus Enten- und Gänsestopflebern zeichnen sich durch ihr hohes gastronomisches Potenzial aus. Das Stopfen von Enten und Gänsen gilt jedoch als Tierquälerei und ist in Deutschland laut Tierschutzgesetz § 3 Absatz 9 nicht zulässig. Gleichzeitig bietet bei uns jeder Sternekoch, insbesondere in der kalten Jahreszeit, Foie gras in seinen Menüs an. Gekauft wird sie bei den Nachbarn: in Osteuropa oder eben in Frankreich, das sich im Jahr 2005 die Foie gras als gastronomisches Kulturerbe schützen ließ. Absurd. In der Tat ist die ethische Entscheidung hier nicht einfach.

Das Stopfen von Enten und Gänsen ist ein altes Kulturgut der Menschheit, die Methode geht zurück bis ins alte Ägypten vor 4500 Jahren, die Römer brachten sie von dort mit und trugen sie weiter in ihre Provinzen – unter anderem nach Gallien, das heute als Mutterland der Stopfleber gilt.

Bisweilen sind die Diskussionen um das unethische Verhalten der Hochgastronomie – sei es nun der französischen oder der (fröhlich importierenden) deutschen – schwer erträglich, wenn man sich vor Augen führt, dass es sich hier zum einen schon wegen des hohen Preises um eine sehr limitierte Produktion handelt, während Tonnen von Discounter-Billigfleisch aus sicher nicht artgerechter Massentierhaltung kein

Gewürzschneider: zum Schneiden – nicht zum Mahlen – besonderer Gewürze.

Aufregerthema sind, und wenn man zum anderen die sehr unterschiedlichen Bedingungen der Stopfleberherstellung genauer in den Blick nimmt: Bis heute gibt es kleine handwerkliche Betriebe im Elsass, die in den Wochen vor Weihnachten ihre Tiere von Hand stopfen. Seltsamerweise kommen die Tiere freiwillig angewatschelt, um sich das anzutun. Die Gänse und Enten haben zuvor ein Leben lang Freilauf und erhalten im Herbst kurz vor dem Stopfen Mastfutter. Die Bauern erklären, eine Fettleber gehöre zu den Gänsen wie der Winter zum Jahr. Im Herbst lagerten die Gänse Fett als Energiespeicher in der Leber ein, um sich für den langen Flug in warme Gefilde zu rüsten. Ganz falsch ist diese Aussage nicht, denn in den Fettzellen werden tatsächlich reine Fette und keine Fettmetaboliten eingelagert, wie aus wissenschaftlichen Untersuchungen bekannt ist. Das Gegenteil, die Fettleber sei ein sehr krankes Organ, verkünden meist Leute, die reale Gänse nur aus dem Zoo oder aus YouTube-Kanälen kennen. Die Fettleber bildet sich übrigens nach dem Fasten bei den Tieren wieder zurück. Wie gesagt, Ethik ist kompliziert.

Doch da die Stopfleber nun mal verboten ist, soll sie hier auch nicht auf den Tisch kommen, sondern vielmehr ein Succédané de foie gras (kurz: Stopfleberersatz). Dieser verwendet ganz im Sinne des Ansatzes »nose-to-tail« die (wie viele Innereien oft als Abfall weggeworfenen) Gänse- und Entenlebern ungestopft. Die Herausforderung liegt darin, den berühmten Schmelz so hinzukriegen (wenn nicht gleich noch besser) wie bei der zartesten Stopfleber. Ich muss sie also post mortem mästen – natürlich nicht mit Graupen, sondern gleich mit Fett. Butter!

Das »nachträgliche Stopfen« hat den Nachteil, dass es nicht über Tage und Wochen erfolgt, sondern während der Zubereitung in der Küche. Ausgelassenes Gänsefett allein reicht in diesem Fall nicht, denn es enthält (im Unterschied zur natürlichen Einlagerung) kein Kollagen und andere Proteine mehr, das die Fettzellen umgibt und das für die fragile Stabilität der realen Foie gras notwendig ist. Also muss ich in der Küche tricksen. Entweder nehme ich Gänsekollagen aus einem sehr stark reduzierten Gänsefond (hergestellt aus Knochen, Knorpeln und Häuten) und mixe ihn zusammen mit Gänseschmalz in die ungestopfte Leber hinein, oder ich greife auf Butter und/oder Sahne zurück. Beide enthalten zwar

Fremdfett aus der Kuh, aber genügend hochemulgierende Molkenproteine, die für Stabilität sorgen. Die Gänsefond-Gänseschmalz-Leber-Kombination funktioniert gut, ist aber ungleich fragiler und erfordert mehr Fingerspitzengefühl als die Butter-Sahne-Version, daher hält Letztere hier Einzug in das Gastronauten-Kochbuch. Das beigefügte Ei kann man übrigens beim zweiten Versuch auch weglassen, es ist lediglich ein Back-up-Stabilisator.

Das Ergebnis ist ein beeindruckender Schmelz – und ein Stück Vertrauen in die Physik von festen Emulsionen an der Stabilitätsgrenze zwischen Proteinen, wenig Wasser und viel Fett. Genau das ist die gemeinsame Demarkationslinie zur echten, immer noch unschlagbaren Foie gras. Mit einer Paté de foie gras kann aber dieser »Ersatz« jederzeit konkurrieren.

GÄNSELEBERSCHMELZ

100 g Butter – 100 g Gänseschmalz – 100 ml Sahne
1 Prise Zimt – 1 Prise frisch gemahlene Muskatnuss
1 Prise Kardamom – 1 Prise Vanillepulver
400 g Gänse- oder Entenleber (pariert, von Sehnen und Häuten befreit)
1 Ei – 50 ml reduzierter, dichter Geflügelfond (am besten Gans oder Ente) – 5 cl sehr rauchiger und torfiger Whisky
Feines Salz – frisch grob gemahlener schwarzer Pfeffer
Grué de Cacao (geröstete und zerstoßene Kakaobohnen)
Ungesalzenes Brot zum Servieren (Rezept siehe Seite 58)

Die Butter in einem Topf zerlassen und leicht zur Nussbutter bräunen, danach auf 35 °C abkühlen lassen, sodass sie noch flüssig ist, dann mit dem Gänseschmalz legieren. Die Sahne mit den Gewürzen vermengen, aufkochen und abkühlen lassen. Die Gänseleber mit Ei, Geflügelfond, Whisky, der aromatisieren Sahne und der Nussbutter zu einer glatten Masse pürieren. Dabei nicht zu heiß werden lassen, die Leberproteine dürfen nicht ausflocken. Mit dem fein gemahlenen Salz und dem groben Pfeffer abschmecken. Die Masse in Silikoneisbereitern verteilen und mit Frischhaltefolie vorsichtig abdecken.

Im Kombidämpfer bei 65 °C 40–50 Minuten stocken lassen.

Anschließend mindestens 24 Stunden ruhen lassen, dann die Leberwürfel herausnehmen, mit Grué de Cacao bestreuen und mit getoastetem ungesalzenem Brot à la Toscana und einem Glas Champagner, edlem Winzersekt oder gar einem Schlückchen Whisky genießen. Über Letzteren freut sich besonders das wunderbare, aromareiche Fett auf der Zunge.

Avocado gras – die (nicht ganz) grüne Alternative

Sie kommen aus Mexiko, Peru oder Chile, aus Israel oder Südafrika und bereichern schon seit Langem, in letzter Zeit aber massiv, unsere heimischen Speisekarten. Avocados haben es in sich: Sie duften grün, erinnern an Gras und Olivenöl und tragen auch gurkige Aromen mit sich herum. Mich begeistern vor allem ihre Fettigkeit und ihr Schmelz, ein für Gemüse ganz ungewöhnliches Mundgefühl, das sich sowohl in der klassischen Guacamole zeigt als auch bereits das Zerbeißen der rohen Schnitze zu einem besonderen Genuss macht. Diese wunderbare Mundfülle, japanisch »kokumi« (siehe Seite 241), der reifen Avocado geht auf spezielle Oxidationsprodukte mancher Fettsäuren zurück, von denen das Gemüse besonders viele enthält. Kreative Gemüseköche zaubern aus der Avocado bestechende grüne Mayonnaisen, und dank ihrer Fettigkeit und der cremigen Textur kann man sie in manchen Gerichten tatsächlich als Alternative zu Butter und Sahne (oder gar Stopfleber, dazu gleich mehr) verwenden.

Das alles kann die Avocado – sie ist nur kein ökologisch-veganes Allheilmittel, als das sie in den letzten Jahren oft angepriesen wurde. Im Gegenteil. Um die Nachfrage des weltweit zum Power- und Superfood erkorenen Lorbeergewächses zu befriedigen, wurde in vielen Teilen Südamerikas Raubbau an der Natur betrieben. Wenn Abholzung von Naturwäldern, sehr hoher Wasserverbrauch, unfairer Handel und Transport in Rechnung gestellt werden, bleibt von dem vermeintlichen Superfood nur noch wenig übrig. Letztlich ist unklar, was schlimmer ist: Massenavocadoanbau oder Massentierhaltung. Ich denke, beides. Unabhängig von der Entscheidung, ob vegetarisch oder karnivor, plädiere ich daher stets für den Genuss in Maßen statt in Massen. Der Vorteil der selbst auferlegten Verknappung ist (außer einem etwas reineren Gewissen), dass das edle Produkt etwas Besonderes bleibt.

Denn ein Edelprodukt ist die hoch gelobte Avocado auf jeden Fall – ähnlich wie die in Deutschland geächtete und heimlich geliebte Stopfleber (siehe Seite 327). Mit der Foie gras (deren Verzehr in manchen Kreisen schon die Lynchjustiz auf den Plan ruft) teilt die Avocado nicht nur die ethische Problematik, sondern – jetzt bleiben wir beim Kulinarischen – den besonderen Schmelz, die grünen Noten und die leichte Bitterkeit. Die vielen gemeinsamen Bitternoten sind kein Wunder: Lebern verstoffwechseln Fette, Avocados ebenfalls, also entstehen ähnliche Geschmacks- und Aromageber. Auf der molekularen Skala ist es irrelevant, ob die Fettsäuren tierisch oder pflanzlich sind. Übrigens auch für die kontrovers diskutierten Ernährungsfragen. Der Physiologie ist es vollkommen egal, ob eine Linolensäure aus der Avocado oder aus der Gänseleber stammt. Beim Schlucken der Bissen werden alle Lehren, Ideologien oder Religionen abgestreift: Unsere Zellen holen sich mit Vehemenz, was ihnen geboten wird.

Von der ähnlichen Textur, Fettigkeit und den leichten Bittertönen lebt die Rezeptidee: Wir faken eine Foie gras mit reifer grüner Avocado, denn sie kommt dem Schmelz der Stopfleber schon sehr nahe. Die Bitternoten unterstreichen wir mit vorsichtigem Rösten der Avocado. Dann sind wir schon sehr tief in der Bitterchemie, »fettigen Aromen« und dem daraus resultierenden Flavour.

Avocados dürfen im Allgemeinen nur kurz erwärmt werden, da sie sonst zu bitter werden, daher gehe ich kurz und schmerzlos mit dem Flammenwerfer (vulgo meiner Lötlampe) über die Oberfläche. So werden sie außen bitter und röstig gewürzt, während sie innen roh bleiben. Perfekt, fast eine Stopflebertextur – in Grün.

Übrigens: Der optimale Genuss ergibt sich bei der perfekten Reife, unreife Avocados sind katastrophal, überreife auch kein Vergnügen. Der Test, ob die Schale bei vorsichtigem Drücken sanft nachgibt, kann zwar helfen, eine Garantie ist er aber nicht. Besser ist es, grüne Avocados zu kaufen, denn sie reifen ohne Probleme nach. Zu Hause empfiehlt sich der Stielansatztest: Wird dieser abgezupft, zeigt sich die Farbe: leuchtend gelb, perfekt, grünlich, lieber noch 1–2 Tage liegen lassen. Ist die Farbe des Fruchtfleisches bräunlich, besser gleich verarbeiten und eventuelle leichte Bittertöne mit Säure überspielen.

FAKESTOPFLEBER MIT PORTWEINZWIEBELN

200 g Schalotte, fein gehackt – 1 TL Apfelessig oder Cidreessig
200 ml Portwein – 100 ml heller Geflügelfond
50 ml Orangensaft – Abrieb von ½ Bio-Orange
1 Prise geriebene Tonkabohne – ½ Korn Langer Pfeffer
2 reife Avocados – 2 TL sirupartig eingekochter Apfelsaft
Grobes Meersalz

Gourmetbrenner oder Lötlampe

Die Schalotten in Apfelessig einlegen. Portwein, Geflügelfond und Orangensaft auf ein Drittel der Menge dicklich reduzieren und mit Orangenabrieb, frisch geriebener Tonkabohne und mit dem Gewürzschneider geschnittenem Langen Pfeffer würzen und warm halten.

Die Avocados schälen, halbieren, den Kern entfernen und in Längsscheiben (ca. 1 cm dick) schneiden.

Sofort mit der Lötlampe in einer Pfanne auf beiden Seiten abflämmen, es dürfen sich ruhig ein paar braune Röststellen bilden.

Die Avocadoscheiben auf warmen Tellern anrichten, mit etwas Apfelsirup beträufeln und mit dem groben Salz bestreuen. Mit der Portweinsauce nappieren und die marinierten Schalotten anrichten.

Handkäse mit Musik

Am Mainzer Handkäse mit Musik scheiden sich die Geister. Entweder wird er geliebt oder gehasst. Ein »Ja, geht so« oder »Manchmal geht's schon« gibt es nicht. Traditionellerweise wird der Harzer Käse (Handkäse) gewürfelt und mit einer Vinaigrette (meist auf Basis des Frankfurter Apfelweins, oft mit Apfelessig), Zwiebeln und Brot als Vesper gereicht. Meist gibt es dazu einen Äpplwoi aus dem Gerippten, dem typischen Frankfurter Apfelweinglas, in Mainz auch gern einen einfachen Riesling oder Silvaner oder gleich ein Glas Bier. Der Ursprung des manchmal mit Rotschmierekulturen behandelten Käses liegt im Harz und in der Butterproduktion, das Grundprodukt des »Harzer Rollers« ist die entrahmte Sauermilch. Der Handkäse, wie er in Mainz genannt wird, ist ebenfalls solch ein Sauermilchkäse, wurde aber, namensgebend, von Hand geformt. Es gibt ihn in verschiedenen Varianten praktisch in fast allen Milch verarbeitenden Regionen nördlich der Alpen.

Der für viele Nasen plump wirkende Magerquarkkäse ist im Normalzustand fast transparent und leicht elastisch. Seine Transparenz erhält er durch die Zugabe von etwas Natron. Dieses setzt den pH-Wert nach oben, bei der Reifung wird das Gel elastisch und sorgt, zusammen mit den fermentierten Noten, für sein leicht seifiges Aroma. Im voll- bis überreifen Zustand verströmt der Käse eine ganze Reihe von stechend-käsigen und säuerlichen, aber durchaus milchig wirkenden Düften, dann ist er am besten. Meist wird der Käselaib mit Kümmel bestreut, der sich auch in vielen Handkäsezubereitungen als essenzielles Gewürz entpuppt.

Welche Faszination das bäuerliche Gericht »Handkäse mit Musik« auf Sterneköche ausübt, lässt sich an zwei Beispielen erkennen. Die abgefahrenste Version des Rheinhessen- und Hessenklassikers aß ich bei Sven Elverfeld, einem exzellenten Dreisternekoch im »Aqua« in Wolfsburg. Der aus Hanau stammende Koch kann immer noch hessisch babbele und hat aus diesem Gericht eine wirklich große Avantgardeversion geschaffen: eine dünnschalige, geeiste, mit geröstetem Kümmel bestreute Handkäsekugel, auf marinierte Handkäsewürfel und Musik in

Form von Schalotten gebettet, von gerösteten Brotwürfeln umflankt. Zu Tisch wird dieses Werk durch das Übergießen der geeisten Kugel mit der Vinaigrette (natürlich auf Äpplwoi- und Apfelessigbasis) partiell zerstört. Geschmack und Aroma sind unglaublich nahe am banalen Original, mit vielen kleinen sensorischen Nebeneffekten, vor allem durch die Temperatur- und Schmelzunterschiede. Matthias Schmidt (vormals Küchenchef in der »Villa Merton«), zwei Sterne, nahm sich ebenfalls des Handkäses an. Er servierte ihn als warme Creme und verpackte die Zwiebel und die Vinaigrette in Sphären, wie sie aus der Avantgardeküche bekannt sind. Das Brot kam ebenfalls in gerösteten Würfeln.

Auch mich als Wahlmainzer, Handkäsemusik-Liebhaber und Hobbykoch hat es gereizt, dem traditionellen Gericht einen besonderen Touch zu entlocken. Bei meinen Experimenten bin ich auf eine Version gestoßen, die den Käse – mit geringem Aufwand – in ganz neuem Licht erscheinen lässt. Ich habe einfach mal dünne Scheiben des Käses getrocknet. Das Ergebnis: Der Käse verliert seine charakteristische Elastizität und wird brüchig, durch die fremde Textur wirkt er neu und ungewohnt auf der Zunge; außerdem intensivieren sich bei dem Wasserverlust seine käsigen Aromen sowie der Umami- und Salzgeschmack. So wird er mit seinem Kümmel selbst zum Gewürz. Was beim Käse intensiver wird, mildere ich bei der Musik ab, indem ich Lauch statt der stechend riechenden Zwiebeln verwende und seine weniger schwefeligen Noten noch in Butter bette. Dazu aus Frankreich (aber vom Bäcker um die Ecke) ein frisches Baguette, und schon habe ich ein feines leichtes Mainzer Abendessen.

LAUCH MIT GETROCKNETEM HANDKÄSE

½ Mainzer Handkäse – 2 Lauchstangen
250 g gesalzene Butter

Den Mainzer Handkäse (mit einem Trüffelhobel) in feine Scheiben schneiden. Diese im Ofen (oder im Dehydrator/Dörrautomaten) bei 50 °C 4–5 Stunden trocknen (für Bevorratung danach luftdicht verschließen). Alternativ an der Luft trocknen, aber das dauert wesentlich länger und ist mit höheren Aromaeinbußen verbunden.

Den Lauch putzen und in 2 cm lange Stücke schneiden. Die Butter in einem kleinen Topf schmelzen und die Lauchstücke darin senkrecht eng packen, sodass alle von der Butter umgeben sind. Bei nicht mehr als 90 °C in der Butter weich garen (konfieren). Herausnehmen und anrichten, mit den Handkäsescheiben belegen.

Mit etwas frischem Baguette ist dies ein köstliches, leichtes Abendessen für sich. Der Handkäselauch passt aber ebenso wunderbar zu Fisch und hellem (Kalb-)Fleisch, der bzw. das dann mit etwas von der flüssigen Lauchbutter übergossen wird. Wenn man aus Mainz dabei in Richtung Frankfurt blickt, darf es durchaus ein Äppler im Gerippten sein, sofern er vollständig durchgegoren ist und trocken wirkt.

Die zur intensiven Lauchbutter mutierte Butter darf keineswegs weggeworfen werden! Sie hält sich in einer verschließbaren Box im Kühlschrank lange und lässt sich für weitere Garungen verwenden (zum Beispiel Spargel) oder einfach so mit etwas Toastbrot genießen.

Bouillabaisse – geschüttet, nicht gerührt

Mein erster Besuch in Marseille, es war noch im letzten Jahrtausend, führte mich ins Restaurant »Miramar« am Alten Hafen. Dort gebe es die beste und die originellste Bouillabaisse nach Marseiller Art, behaupteten Kenner; andere widersprachen, die gebe es bei »Fonfon« draußen im Vallon des Auffes. Wiederum andere Spezialisten erklärten, die einzig wahre Bouillabaisse gebe es nur in Toulon. Egal, irgendwo muss man ja mal beginnen, die andern würden ohnehin noch drankommen. Beim Blick in die Karte wollte ich meinen Augen nicht trauen, die Fischsuppe sollte 300 Francs kosten, damals etwa 100 Deutsche Mark. Pro Person, versteht sich. Ganz schön happig für einen Teller Suppe, dachte ich. Nun ja, der Teller entpuppte sich als mehrgängiges Menü. In einen großen Pot wurden nach und nach in bestimmter Reihenfolge Fische gelegt, in mehreren Gängen quasi. Immer saftige Fische, die das Mittelmeer hergab. Dazu Aioli, Rouille zu Beginn, Café Gourmand danach inklusive. Summa summarum saßen wir mehr als 2 Stunden und eine Flasche Cassis später am Tisch und schauten selig dem periodisch pendelnden Ferryboat zu, das den Lacydon überquerte.

Warum so viele Worte über diesen Bouillabaisse-Erstling? Ganz einfach: Das Problem bei vielen Fischsuppen sind trockene Fische als Einlage. Hart wie ein Eierstich. Und faserig im Mund. Der Grund: Sie werden schlicht und einfach zu lange mitgekocht. In der echten Bouillabaisse werden Fische nur mitgekocht, wenn sie das auch ertragen, und dann zum exakten Zeitpunkt in die warme Suppengrundlage gegeben. Empfindliche Fische garen sogar allein durch das Ziehen in einer warmen Suppe.

Das Garen von Fischen benötigt Temperaturen von weit unter 50 °C, oft sind nur 40 °C notwendig, damit die zarte Muskelstruktur erhalten bleibt. Der Grund dafür liegt in dem speziellen Aufbau der Muskelproteine bei Fischen und am kaum vorhandenen Bindegewebe. Und bedenkt man, dass die Gartemperaturen für Myosin (es ist der effektivste Wasserbinder des Muskelgewebes) stets etwa 12–15 °C über den Lebendtemperaturen der Tiere liegen, ist es nicht verwunderlich, dass Fisch schnell gart: Aufgrund seiner niedrigen Lebendtemperatur in kalten Gewässern beginnt die Myosindenaturierung schon bei 35 °C (bei Süßwasserfischen liegt die Temperatur entsprechend höher). Geflügel dagegen ist mit 45 °C Lebendtemperatur heißblütig (da sind Mensch, Schwein und Rind schon lange hops), deshalb ist zum Beispiel Huhn selbst bei 60 °C noch zart.

Kurz und gut, die Bouillabaisse hat mich dazu inspiriert, eine Fischbrühe zu kreieren, die etwas einfacher ist als der französische Klassiker, aber auf demselben Prinzip beruht, Fisch kurz zu garen bzw. lediglich zu überbrühen, sodass er saftig bleibt. Für meine Fischsuppe verwende ich gern Bauchlappen. Sie sind fettiger und zarter als andere Stücke, allerdings schwer zu bekommen, man muss gegebenenfalls beim Fischhändler dealen oder die entsprechenden Abschnitte beim Kauf ganzer Fische (ist ohnehin besser) verwenden. Außerdem greife ich nicht nur zu klassischem Fisch-Gemüse, sondern setze Kombualgen und Bonitoflocken ein. Damit weist die Brühe klar in Richtung Dashi und damit deutlich in Richtung umami.

ÜBERBRÜHTE FISCHE

800 ml Fischfond (selbst gemacht, nur zur Not aus dem Glas)
1 Stück Kombualge (in 4 Stücke gebrochen) – 2 Frühlingszwiebeln
2 EL gute Sojasauce – 4 EL Bonitoflocken – 1 Stück Ingwer (2 cm)
1 Lauchstange mit Grün – 4 Shiitakepilze
Etwas Togarashi (japanische Gewürzmischung) – Salz
400 g Fisch(-bauch)

Den Fischfond mit der Kombualge auf maximal 60 °C erwärmen und ca. 1 Stunde extrahieren lassen. Die Frühlingszwiebeln schräg in 2 cm lange Stücke schneiden und mit der Sojasauce marinieren.

Den Kombu-Fischfond aufkochen und vom Herd nehmen. Die Bonitoflocken und den Ingwer in einen Teebeutel geben und in dem Fischfond ziehen lassen. Den Lauch (das Grün und das Weiß) in dünne Scheiben schneiden und im Fischfond leicht garen (der Lauch sollte Biss haben). Die Shiitakepilze in Würfel schneiden und mit in den Fischfond geben. Mit Togarashi würzen, gegebenenfalls leicht salzen (es wird aber wegen der Kombualge kaum notwendig sein). 20 Minuten ziehen lassen, den Teebeutel mit Bonitoflocken und Ingwer entfernen.

Die Fischbäuche in Streifen schneiden und in Schalen verteilen. Mit der heißen Suppe und dem Gemüse übergießen, dabei in jede Schale ein kleines Stück Kombualge geben und sofort servieren. Die Fischstreifen ziehen in der heißen Brühe während des Essens gar.

Die in Sojasauce marinierten Frühlingszwiebeln in einem kleinen Schälchen separat dazu reichen.

Kleine Stärkewunder: von Thüringer Klößen bis zu Hoorische Knepp

Kartoffelklöße oder gar Kartoffelknödel gab es in meinem schwäbischen Heimatort ursprünglich nicht. Erst als sich 1945 eine große Firma aus Jena dort ansiedelte und mit ihr zahlreiche Familien aus Thüringen (die bis 1961 ungehindert »umziehen« konnten), hielten die Thüringer Klöße auch in schwäbischen Küchen Einzug. (Zögerlich, aber immerhin schon bevor »Lutherische« »Katholische« ohne Familiendramen und Glaubenskriege heraufzubeschwören heiraten konnten.) Die Optikfirma revolutionierte nach und nach das Dorf, das dann 1968 zur Stadt erhoben wurde. Oberkochen gehört somit zu den Achtundsechzigern.

Die Kloßkultur zieht sich allerdings quer durch das kochende Europa, denn was wäre ein Festtagsbraten im Saarland ohne Hoorische Knepp oder ohne Halb-und-halb-Kartoffelknödeln im Bayernland? Tatsächlich scheint das heutige Saarland die europäische Westgrenze des Kartoffelkloßes zu sein. In Frankreich habe ich bisher keine gegessen (außer jenen Quenelles de pommes de terre als »pfannengebratenen Kartoffelbrei« und den adaptierten Gnocchi, aber diese däumlinggroßen Kartoffel-Mehl-Ei-Konstruktionen wage ich nicht mal als Klößchen zu bezeichnen, so wunderbar sie auch schmecken). Die Ostgrenze scheint entlang des Streifens Ungarn, Böhmen, Weißrussland zu verlaufen.

Regionale Nuancen gibt es innerhalb des Kloßgebiets, und zwar sowohl im Verhältnis von gekochten zu rohen Kartoffeln im Teig als auch in der Frage, ob in Butter gebratene Semmelbrösel darüber oder Brotbröckchen hineinkommen oder nicht. Doch egal in welcher Variante, dieses Kulturgut funktioniert auf Tellern immer! Das ist nicht nur aus kulinarischer, sondern ebenso aus naturwissenschaftlicher Sicht höchst interessant. Die schmackhaften Kugeln strotzen nicht nur vor Geschmack, sondern bestechen vor allem durch ihre besonders geschätzte Saucenaufsaugfähigkeit, sie sind wahre Saucenschwämmchen. Dies liegt an der traditionellen Zubereitungstechnik, die – irgendwann damals vielleicht per Zufall entdeckt – zum Großteil auf den physikalischen Eigenschaften des Amylopektins, der hochgradig verzweigten Stärkemoleküle der Kartoffeln, beruht. Kartoffelstärke ist ein Gemisch aus den aus Zucker (Glukose) aufgebauten Polysacchariden Amylose und Amylopektin, zwei Makromoleküle unterschiedlicher Struktur. Amylose sind lange, zu Helices geformte Kettenmoleküle. Amylopektin ist komplizierter aufgebaut, denn in diesem Molekül verzweigen sich die Ketten an vielen Stellen immer mehr, sodass sich riesige, baumartig verästelte Moleküle bilden. Die Äste bilden dabei geordnete Strukturen (Kristalle). Diese können bei Temperaturen ab ca. 65–70 °C aufschmelzen und bilden riesige hochverzweigte Strukturen, die reichlich Wasser einfangen können. Dann verkleistern sie und halten den Kloß zusammen. Bei der Zubereitung verknetet man deshalb den heißen Kartoffelstampf aus gekochten Kartoffeln rasch mit der rohen Kartoffelmasse. Trotz dieser ersten Verkleisterung dürfen die Klöße danach nicht kochen, denn eine wallende Kochbewegung würde die Klöße auseinanderreißen, und Kochwasser darf nicht in die Klöße eindringen. Selbst die Brotwürfel im Zentrum der Klöße haben eine Funktion: Die Wärme des Kochwassers muss nicht ganz bis zur Mitte diffundieren. Somit ist die Kochzeit kürzer und die Oberfläche zerfleddert nicht, sondern bleibt stattdessen schön haarig (saarländisch: hoorisch).

Damit die fertigen Klöße nicht nur schön aussehen, sondern auch Saucen gut aufnehmen, ist das traditionelle Auspressen der rohen Kartoffelmasse entscheidend: Durch die Zugabe der Stärke aus dem Presswasser erhält man nicht nur den nötigen »Klebstoff« für die erste Bindung, sondern es entsteht quasi ein Stärkeüberangebot. Diese Amylopektine sind nicht mit kartoffeleigenem Wasser gequollen wie bei den gekochten Kartoffeln, sie gieren nach Flüssigkeit. Dass während des Siedens dennoch kein Kochwasser eindringt, liegt an dem Gelblocking-Effekt: In der äußeren Schicht quillt die Stärke komplett auf (weswegen der Kloß an der Oberfläche feucht schimmert und manchmal glitschig wirkt), aber diese gequollene Stärkeschicht ist mit dem Wasser vollkommen einig, sprich: im thermodynamischen Gleichgewicht, sie gibt das Wasser nicht mehr her und leitet es nicht nach innen weiter. Während die gequollene Außenschicht schließlich kein weiteres Kochwasser mehr aufnehmen kann, leidet das Kloßinnere während des Kochens an physikalischem Wassermangel.

Bricht man die Klöße dann auf dem Teller auf, saugen die Schnitt- oder Bruchstellen gierig jede Flüssigkeit auf – und sind deshalb die perfekten Saucenauftunker.

KLÖSSE SCHWÄBISCH-THÜRINGISCHER ART

500 g mehligkochende Kartoffeln – Salz
1 Handvoll in Butter gebratene Weißbrotwürfel (zum Füllen der Klöße)

Die Kartoffeln schälen und etwa zwei Drittel davon fein reiben. Die rohen Kartoffelschnipsel mit der Kloßpresse stark pressen, sodass sie sich nahezu trocken anfühlen. Alternativ mit der Hand und viel Muskelkraft pressen. Das ausgepresste Kartoffelwasser auffangen und stehen lassen, bis sich die Stärke absetzt. Das Wasser abgießen und die verbleibende Stärke zu der ausgedrückten Kartoffelmasse geben.

Die restlichen Kartoffeln in Salzwasser weich kochen und mit einem Kartoffelstampfer zu Brei zerdrücken. Diesen Kartoffelbrei möglichst heiß (etwa 70 °C) zu der rohen, stärkeangereicherten Kartoffelmasse geben und für die erste Bindung schnell und kräftig kneten.

Aus dem Teig Klöße formen, die Weißbrotwürfel in die Mitte drücken. Die Klöße im heißen, aber nicht kochenden Wasser gar ziehen lassen. Sie sind fertig, wenn sie – dem archimedischen Prinzip gemäß – an die Oberfläche steigen.

Katalonischer Genuss oder Lob der Einfachheit

Manchmal sind es winzige Kleinigkeiten, die mich gleich beim ersten Mal so beeindrucken, dass ich sie ein Leben lang verinnerliche. Einfach, weil sie schlicht und gut sind. Solche Entdeckungen passieren mir manchmal zu Hause, aber auch oft auf Reisen. In diesem Fall war es in Spanien, besser gesagt Katalonien. Pan con tomate (spanisch) bzw. Pa amb tomàquet auf Katalanisch heißt eine wirklich simple Konstruktion, in die ich mich in Sitges verliebte. Dort fand ein Workshop zu abstrakten Themen der Statistischen Physik statt, die man nur mit anständigem Essen verdauen kann. Etwa das Konzept zur Replikasymmetriebrechung in gequencht ungeordneten Systemen, dass mir bis heute nicht aus dem Kopf gehen will und für immer untrennbar verbunden ist mit der Erinnerung an das katalonische Tomatenbrot.

Das späte Abendessen im Restaurant – heute würde man solche Gaststätten vornehm Bistronomie nennen – fand draußen im Garten statt. Auf jedem Tisch lagen bzw. standen alte, geschälte, leicht gekeimte Knoblauchzehen, Olivenöl, Salz, reife Tomatenhälften und dünne getrocknete Brotscheiben, etwa so groß wie die Scheibe eines dickeren Baguettes. Und Wasserkaraffen mit Eis. Mir war nicht klar, was das sollte, also schaute ich zu, was die einheimischen Gäste damit anstellten (Touristen waren keine da, solche Restaurants gefallen mir). Sie schenkten sich vom Wasser ein, nahmen eine Scheibe Brot und rieben zuerst ein Stück Knoblauch und anschließend eine Tomatenhälfte mit der Schnittfläche darüber ab, bestreuten sie mit Salz, begossen alles mit etwas Olivenöl und schoben es sich in den Mund. Fertig. Da mein Magen leicht knurrte, lud diese Prozedur zum Nachahmen ein. ¡Hola! Santa Maria i Josep! Was für ein Geschmack, was für ein Mundgefühl, welch kleine Sensation! Schlicht, aber mit allem, was das Geschmacksherz begehrt. Selbst der Wein, der an den Tisch kam, hatte seine wahre Freude damit. Ein perfektes diversió vor dem Blick in die Karte.

Sicher, sucht man den Begriff Pa amb tomàquet im Internet oder in Kochbüchern, stößt man auf allerlei raffinierte Konstruktionen. Das kann man machen, muss man aber nicht. Mir geht es hier nur um größte Schlichtheit bei maximaler kulinarischer Freude. Wichtig ist natürlich ein sehr gutes Olivenöl, das das ganze Spektrum an fruchtigen und grünen Aromen, Bitterkeit, eventuell sogar phenolische Adstringenz mitbringt. Für Frische, Süße und Säure und Umami-Geschmack sorgen dann die Tomaten und für einen wunderbaren Schwefelduft der alte Knoblauch. Genau, alt muss er tatsächlich sein! Pan con tomate mit frischen Zehen fehlt eine gewisse Muffigkeit, die Tomate und Olivenöl einfordern. Nicht zu unterschätzen ist ebenso die Rolle des Brotes, das unbedingt krachend trocken sein sollte, denn nur dann wirkt es wie ein Reibeisen und ordentlich Knoblauch bleibt beim Reiben daran hängen. Darauf haben mich die katalonischen Gäste des Restaurants damals geeicht. Und so mache ich es bis heute im Sommer, mit frischen, knallroten Tomaten, bestem Olivenöl – und dem alten Knoblauch, der (mit voller Absicht) übrig geblieben ist.

PA AMB TOMÀQUET, LA VERSIÓ MÉS SENZILLA

1 Sauerteigbaguette
4–5 ältere Knoblauchzehen – 4 reife Tomaten
Bestes, fruchtig kratzend bitter grünes Olivenöl (z. B. Les Beaux oder katalonisches Olivenöl aus dem französisch-spanischen Grenzbereich) – etwas Fleur de Sel
1 Flasche kalter (katalonischer) Rosado oder guter provenzalischer Rosé

Am Vortag das Baguette schräg in dünne Scheiben schneiden und im Ofen zwischen 120 °C und 160 °C ca. 50 Minuten gut trocknen. Bei 120 °C wird es nur trocken, bei 160 °C bekommt man noch feine Röstnoten, denn das Brot bräunt dann leicht nach. Auskühlen lassen und trocken aufbewahren.

Alle Zutaten in kleinen Schüsseln auf dem Tisch servieren, dann verfahren wie auf Seite 344 beschrieben: eine trockene Brotscheibe mit Knoblauch einreiben, darüber eine Tomate zerdrücken, mit reichlich Olivenöl beträufeln und leicht salzen. Immer wieder von dem Rosé nippen.

Es ist auch nicht verboten, salzige Minisardellen (zum Beispiel Morcillas, Escalivada, Jambónt) dazu zu essen.

Das ist der Aperitif, der das Warten auf das hoffentlich bald startende Menü wirklich leichter macht. (In manchen katalonischen Familien gibt es das Pa amb tomàquet sogar zum Früstück, dann vermutlich mit etwas weniger Rosado.)

Rapunzel auf Reisen

Was mich an Salaten oft stört, sind, ganz abgesehen von fantasielosen Blattsalaten mit Alibimais, unpassend stechende Essige (inklusive des inflationären Balsamico unklarer Herkunft) sowie schlichte und ausdruckslose Öle. Langeweile allenthalben. Ganz anders zu Hause, was allerdings nicht auf meine Leistung zurückgeht. Für die kalte Küche ist meine Frau zuständig, die Vorspeisen und Salate quasi hinter meinem Rücken zubereitet, während ich am Herd hänge oder in der Kellerküche am schweren Gerät hantiere. Die Salate, die so von mir unbemerkt entstehen, stecken meist voller kreativer Überraschungen. Hochintelligentes Foodpairing par excellence, und mit goldenem Händchen für Säuren und Öle zubereitet. Dabei geht die Reise bisweilen quer durch viele Länder und Küchenkulturen.

Der folgende Feldsalat ist ein solches Beispiel. Unser heimischer Feldsalat duftet aromatisch grün mit leicht fettigen und wachsigen Aromen, aber bei genauem Riechen kann man auch dezente Fruchtnoten erschnuppern. Diese lassen sich deutlich besser herausarbeiten, wenn die armen Blätter nicht durch zu saure Essige erschlagen werden, sondern zum Beispiel mit 1–3 Teelöffel Orangensaft »befruchtet«. Da Feldsalate typische Wintergewächse sind, kommt als zusätzliche Säurekomponente klein geschnipseltes Sauerkraut vom Gemüsebauern der anderen Rheinseite infrage. Richtig, kein Sauerkrautsaft, der in der ganzen Schüssel hin- und herschwappt und alles benetzt, was ihm vor die Ausbreitungsfront kommt, sondern Sauerkraut, das seine Säure erst im Mund auf der Zunge freigibt.

Für einen süßen Gegenpart stehen nordafrikanische Datteln, die wiederum die Fruchtnoten unterstreichen. Jetzt fehlt nur noch ein wenig Salz (sehr wenig, das Sauerkraut hat es schon dabei) und Öl – in diesem Fall flüssiges (fraktioniertes) Kokosöl mit seinen cremigen, butterig-sahnigen Aromakomponenten und einem leicht exotischen Anklang, der sich mit dem Sauerkraut wunderbar verträgt. Fertig ist der Cross-over-Salat. Eine frische, einfache, aber dennoch geschmacks- und aromaintensive

Vorspeise. Während diese verputzt wird, klingelt der Kombidämpfer und signalisiert: Hauptgang fertig. Perfektes timing. Und in ½ Stunde heißt es: Hauptsach guud gess.

FELDSALAT MIT ORANGE, DATTELN, SAUERKRAUT UND KOKOS

1 kleine Bio-Orange – 1–2 EL Sauerkraut
1 kleine Schalotte – Salz – 2 Datteln – 150 g Feldsalat
Flüssiges Kokosöl

Die Orange auspressen. Das Sauerkraut sehr fein hacken.

Die Schalotte schälen, sehr fein würfeln, leicht salzen und mit dem Sauerkraut und dem Orangensaft vermengen. 10–15 Minuten ziehen lassen, damit die rohen Schwefelaromen der Zwiebel oxidieren können.

Die Datteln sehr fein würfeln, den Feldsalat putzen und beides zugeben. Mischen und nicht zögerlich mit flüssigem Kokosöl begießen. Vor dem Servieren nochmals durchmischen.

Stichwortregister

Rezeptregister

Stiftung Warentest
Lützowplatz 11-13
10785 Berlin
Telefon 0 30/26 31-0
Fax 0 30/26 31-25 25
www.test.de
email@stiftung-warentest.de

USt.-ID-Nr.: DE 1367 25570

Vorstand: *Hubertus Primus*
Weitere Mitglieder der Geschäftsleitung:
Dr. Holger Brackemann, Daniel Gläser

Programmleitung: *Niclas Dewitz*
Autor: *Thomas A. Vilgis*
Projektleitung: *Lisa Frischemeier*

Lektorat: *Angelika Winnen, Berlin; Lisa Frischemeier*
Korrektorat: *Hartmut Schönfuß, Berlin; Julia Bauer, Berlin; Nicole Woratz, Berlin*
Layout, Satz und Titelentwurf: *Schimmelpenninck.Gestaltung, Berlin*
Mitarbeit: *Merit Niemeitz*
Fotografie und Styling: *Joerg Lehmann, Berlin*
Food-Styling: *Flora Hohmann, Berlin*

Produktion: *Vera Göring*
Verlagsherstellung: *Rita Brosius (Ltg.), Susanne Beeh, Romy Alig*
Litho: *typocepta, Köln*
Druck: *CPI – Ebner & Spiegel, Ulm*

ISBN: 978-3-86851-483-4

Wir haben für dieses Buch mineralölfreie Druckfarben verwendet. Stiftung Warentest produziert ausschließlich in Deutschland, weil hier hohe Umweltstandards gelten und kurze Transportwege für geringe CO_2-Emissionen sorgen.